"十二五"职业教育国家规划教材
经全国职业教育教材审定委员会审定

新编旅游中等职业教育系列教材

旅游职业礼仪与交往（第2版）

刘伟 主编
郭伟 高阳 副主编

LÜYOU ZHIYE LIYI YU JIAOWANG

旅游教育出版社
·北京·

图书在版编目（CIP）数据

旅游职业礼仪与交往 / 刘伟主编. -- 2版. -- 北京：旅游教育出版社，2022.1（2023.3重印）
新编旅游中等职业教育系列教材
ISBN 978-7-5637-4334-6

Ⅰ. ①旅… Ⅱ. ①刘… Ⅲ. ①旅游服务—礼仪—中等专业学校—教材 Ⅳ. ①F590.63

中国版本图书馆CIP数据核字（2021）第245180号

新编旅游中等职业教育系列教材
旅游职业礼仪与交往
（第2版）
刘伟 主编

责任编辑	何 丹
出版单位	旅游教育出版社
地　　址	北京市朝阳区定福庄南里1号
邮　　编	100024
发行电话	（010）65778403　65728372　65767462（传真）
本社网址	www.tepcb.com
E - mail	tepfx@163.com
排版单位	北京旅教文化传播有限公司
印刷单位	三河市灵山芝兰印刷有限公司
经销单位	新华书店
开　　本	787毫米 × 1092毫米　1/16
印　　张	15.75
字　　数	285千字
版　　次	2022年1月第2版
印　　次	2023年3月第2次印刷
定　　价	40.00元

（图书如有装订差错请与发行部联系）

出版说明

2019年国务院颁布的《国家职业教育改革实施方案》明确了办好新时代职业教育的施工图，宣告职业教育大改革大发展的格局基本形成。2020年，由教育部等九部门印发的《职业教育提质培优行动计划（2020—2023年）》正式发布，这标志着我国职业教育正在从“怎么看”转向“怎么干”的提质培优、增值赋能新时代。

为了更好适应时代发展，贯彻党的方针政策，落实立德树人的根本任务，我社组织旅游职业院校的专家和老师编写了这套教材。

该系列教材具有如下特点：

（1）编写宗旨上，构建了以项目为导向、以工作任务为载体、以职业生涯发展路线为整体脉络的课程体系，重点培养学生的职业能力，使学生获得继续学习的能力，能够考取相关技术等级证书或职业资格证书，为旅游业的繁荣和发展输送学以致用、爱岗敬业、脚踏实地的高素质从业者。

（2）体例安排上，严格按教育部公布的《中等职业学校专业教学标准（试行）》中相关专业教学要求，结合中等职业教育规范以及中职学生的认知能力设计体例与结构框架，组织具有丰富教学经验和实际工作经验的专家，按项目教学、任务教学、案例教学等方式设计框架、编写教材。

（3）内容组织上，根据各门课程的特点和需要，除了有正文的系统讲解，还设有案例分析、知识拓展、课后练习等延伸内容，便于学生开阔视野，提升实践能力。

旅游教育出版社一直以“服务旅游业，推动旅游教育事业的发展”为宗旨，与全国旅游教育专家共同开发了各层次旅游及相关专业教材，得到了广大旅游院校师生的好评。在将这套精心打造的教材奉献给广大读者之际，深切地希望广大教师学生能一如既往地支持我们，及时反馈宝贵意见和建议。

旅游教育出版社

立体化教学资源

再版前言

本教材是根据2014年教育部颁发的《中等职业学校旅游服务与管理专业教学标准》编写的“十二五”国家规划教材，配套了立体化教学资源，利用“信息技术+”教学手段，突出教学重点，突破教学难点，以方便教师教学和学生学习，提高教学效果。为了适应新的旅游业发展形势，落实《职业教育提质培优行动计划（2020—2023年）》，发挥培养高素质技术技能人才、能工巧匠、大国工匠的课程作用，我们对教材进行了修订。本次修订有以下几个特点。

1. 注重教学内容与旅游服务工作岗位标准的对接。以“必需、够用”为度，将“1+X”证书标准有机融入教材中，强化“课程思政”，提升学生的职业素养。

2. 注重教学过程与旅游企业工作过程的对接。选用大量企业服务案例，强化学生的实践教学，提高学生的专业技能。

3. 关注行业新信息、新动向，更新知识内容。在教材修订过程中，充分调研行业发展现状和趋势，发挥企业专家、技术骨干的协同作用，以项目为引领，以任务为驱动，对知识点及技能点进行更新。

本教材由刘伟任主编，郭伟、高阳任副主编，刘伟编写项目八、九及附录，郭伟编写项目一、二、三、四、五、六及附录，高阳编写项目七及附录。

本教材在编写过程中得到了沈阳市旅游学校教师们的帮助，在此表示感谢。同时感谢旅游教育出版社的领导和编辑。

因水平有限，本书难免存在不足和疏漏之处，敬请各位专家和广大读者提出宝贵意见，以便修改和完善。

编者

2022年1月

目 录

项目一 旅游从业者的礼仪认知

《毛诗序》云:“雅者，正也。”“正”通“整”(zhěng)，其意为使之正，整理、端正。《红楼梦》中有“常言道主雅客来勤”一说，意为作为主人要讲究礼仪、高雅、有情趣、有品位、为人和善，就会让客人欣赏、欢喜，从而主动、经常与其交往。这对旅游从业者来说是个启示。要想在激烈竞争的旅游行业中脱颖而出，我们要从旅游职业礼仪的认知开始。

任务导读

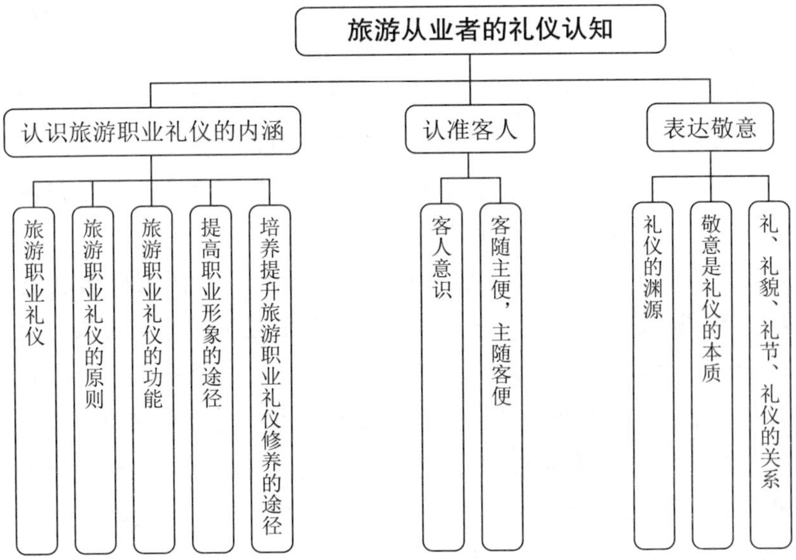

学习目标

1. 知识目标：理解礼仪、旅游职业礼仪的概念、礼仪的本质及渊源，能够理解旅游职业礼仪的原则和功能，及提升途径。

2. 职业认知：能够逐步使用正确的商务礼仪方法，提升个人的职业形象。

3. 技能目标：能够识别和了解不同的顾客，能完成一般的旅游接待服务任务。

任务一　认识旅游职业礼仪的内涵

任务描述

旅游职业礼仪是由一系列的规范、程序所构成的。要全面、系统地提高旅游职业礼仪的修养，除了要运用在实践中，掌握旅游行业的礼仪规范和操作要求外，还应当注意学习提高职业礼仪修养的方法。

本任务要求学生能够掌握提高旅游职业礼仪修养的方法，从学习礼仪知识、明确角色定位、陶冶礼仪情感、锻炼礼仪意志、养成礼仪习惯和学会自省等方面提高自身的素质，从而成为高素质旅游从业人才。

情境导入

孟母教子

战国时期的思想家、政治家和教育家孟子，是继孔子之后儒家学派的主要代表人物，被后世尊奉为仅次于孔子的“亚圣”。

孟子一生的成就，与从小母亲对他的教育是分不开的。孟母是一位集慈爱、严格、智慧于一身的母亲。孟子年少的时候，孟母就十分重视对他的教育，给后人留下了“孟母三迁”“孟母断织”等富有深刻教育意义的故事。孟子成年娶妻后，孟母仍不断利用各种方式来启发、教育他，帮助孟子从各方面进一步完善人格。

有一次，孟子的妻子在房间里休息，因为是独自一人，便无所顾忌地将两腿叉开坐着。这时，孟子推门进来，一看见妻子这样坐着，非常生气。原来古人称这种姿势为“箕踞”，箕踞向人是非常不礼貌的。孟子一声不吭就走出去，看到母亲便说自己要休妻。孟母问：“为什么？”孟子说妻子既不懂礼貌，又没有仪态。孟母又问原因，孟子说妻子“箕踞向人”。“那你又是如何知道的呢？”孟母问。孟子便说了刚才见到的情况。孟母听完后说：“那么没礼貌的人应该是你，而不是你妻子。难道你忘了《礼记》上是怎么讲的？进屋前，要先问一下里面是谁；上厅堂时，要高声说话；为避免看见别人的隐私，进房后眼睛应向下看。你想想，卧室是休息的地方，你不出声、不低头就闯了进去，已经先失了礼，怎么能责备别人没礼貌呢？没礼貌的人是你自己呀！”

一席话说得孟子心服口服，再也没提休妻的话了。

☞ **分析**

从案例中可以看出，提高礼仪修养有多种途径。阅尽万卷书不如实际接触人和事，朋友、亲属的多方面的启发和教育，能使一个人对于他人的认知和了解更加完整、准确，也可以使个人的礼仪修养有很好的提升。

相关知识

现代社会中，商务礼仪已成为商务活动中必不可少的交流工具，与商务组织的经济效益密切相关。商务礼仪是商务人员开展商务活动的金钥匙，是商务活动的通行证，有利于塑造商务人员良好的个人形象和企业形象，是从事商务活动的基本的行为准则。

一、旅游职业礼仪

旅游职业礼仪是旅游服务从业人员在旅游服务交往活动中为了塑造和维护良好的个人或组织形象，对服务对象表示尊重与友好的规范和程序，是一般礼仪在旅游服务活动中的具体运用和体现。也可以说，旅游职业礼仪是对旅游服务从业人员的言谈举止、仪表仪容等方面的规范，是旅游服务从业人员与服务对象进行交往与沟通的基本技巧。旅游职业礼仪涉及旅游服务从业人员所从事旅游服务工作的各个方面。

二、旅游职业礼仪的原则

在旅游职业活动中，运用旅游职业礼仪同宾客沟通，建立良好的旅游服务合作关系，应遵循一定的原则。

（一）沟通、互动

在旅游服务交往中，人们通常有接触才会有了解，有了解才会有沟通，有沟通才会有互动。因此，沟通是旅游服务中旅游服务人员与宾客之间的桥梁。在旅游职业礼仪中，沟通的原则是要求服务者在服务工作中，既要了解交往对象，更要被交往对象所了解。礼仪的主旨在于尊重，而尊重他人就必须首先了解他人，并令自己为对方所了解，才能实现有效的沟通。

旅游服务交往要求旅游服务人员在其旅游服务往来中必须主动地进行换位思考，要善解人意。换位思考的基本点就是要求旅游服务人员必须善于体谅交往对象。旅游服务人员要在旅游服务活动中以宾客为中心，处处为宾客着想。

（二）宽容、敬人

宽容是要求旅游服务人员在商务交往中既要严于律己，更要宽以待人。要多容忍他人，多体谅他人，多理解他人，而不能求全责备、斤斤计较，不能过分苛求、咄咄逼人。在商务交往中，要容许他人有个人行动和独立进行自我判断的自由，要学会容忍，不必苛求他人处处与自己保持完全一致，这实际上也是尊重对方的表现。

孔子曾经对礼的核心理念进行过高度概括："礼者，敬人也。"

所谓敬人的原则就是要求旅游服务人员在旅游服务工作中，与交往对象要互谦互让、互尊互敬、友好相待、和睦相处，要将对交往对象的重视、恭敬、友善置于第一位。在旅游职业礼仪中，对待他人的诸多做法中最为关键的一条就是要敬人之心常存，处处不可失敬于人，不可伤害他人的尊严，更不能侮辱他人的人格。掌握了这一点，就等于掌握了旅游职业礼仪的灵魂。

（三）自律、自省

在旅游服务交往中，每一位旅游从业人员都必须自觉遵守旅游服务礼仪，以旅游服务礼仪规范自己在交际活动中的一言一行、一举一动。对旅游职业礼仪不仅需要学习、了解，更重要的是学习了就要运用，要将其付诸实践。在旅游服务活动中，旅游从业人员不论身份高低、职位大小，都有自觉遵守、应用旅游职业礼仪的义务。

从总体看，旅游职业礼仪的具体规范由对自身的要求与对待他人的做法两大部分构成。对自身的要求是旅游职业礼仪的基础和出发点。学习、应用旅游职业礼仪时，首先需要自我要求、自我约束、自我控制、自我对照、自我反省、自我检点，这就是自律的原则。古人云:“己所不欲，勿施于人。”若不严格要求自己，人前人后不一样，不讲“慎独”与“克己”，遵守旅游职业礼仪就是一句空话。

（四）真诚、平等

真诚就是要求在旅游服务交往中运用旅游职业礼仪时，务必待人以诚、言行一致、表里如一，只有这样，在运用旅游职业礼仪时所表达的尊敬和友善，才会更好地被对方所理解和接受。相反，若仅把旅游职业礼仪作为一种形式，在具体操作旅游职业礼仪规范时口是心非、言行不一，则有悖于旅游职业礼仪的基本宗旨。将旅游职业礼仪等同于“厚黑学”肯定是行不通的。

在具体运用旅游职业礼仪时，允许因人而异，根据不同的交往对象，采取不同的方法。同时必须强调在运用旅游职业礼仪时，对任何交往对象都必须一视同仁，给予同等的礼遇，不允许因交往对象在年龄、性别、种族、文化、职业、身份、地位、财富等方面有所不同或与自己关系的亲疏远近而厚此薄彼、区别对待。

（五）从俗、适度

由于国情、民族和文化背景的不同，在现代旅游服务工作中存在着“十里不同风，百里不同俗”的情况。对这一客观现实要有正确的认识，不要自高自大、唯我独尊，简单否定其他人、其他地区不同于己的做法。必要时必须坚持入乡随俗，与绝大多数人的习惯做法保持一致。遵守从俗原则会使得人们对商务礼仪的应用更得心应手，更有助于人们的商务交往。

适度的含义主要是要求应用商务礼仪时，必须注意技巧，合乎规范，特别是要注意把握分寸，得体。凡事过犹不及，运用旅游职业礼仪时，假如做得过了头，或者做得不到位，都不能达到目的。运用旅游职业礼仪时要真正做到恰到好处、恰如其分，只有勤学多练，别无他途。

三、旅游职业礼仪的功能

旅游职业礼仪之所以受到社会各界的普遍重视，主要是因为它具有多重功能。

（一）有助于提高自身修养

在旅游服务工作中，旅游职业礼仪的应用不仅反映了旅游从业人员的交际技巧和应变能力，而且反映了旅游从业人员的气质风度、阅历见识、道德情操、精神风貌。因此，旅游职业礼仪的应用体现了旅游服务人员的个人素养，也就是说，通过一个人对旅游职业礼仪运用的程度可以观察到其个人修养及道德水平。反之，通过学习和运用旅游职业礼仪也有助于提高个人修养，有助于提高道德水平。

（二）有助于美化自身、美化生活

个人形象是一个人仪容、举止、服饰、谈吐、教养给人的综合印象，旅游职业礼仪在上述诸方面都有详尽的规范，因此学习和运用旅游职业礼仪无疑将有益于旅游从业人员更规范地设计和维护个人形象，更好、更充分地展示良好的修养和优雅的风度。当个人重视自身形象，个个以礼待人时，人际关系将会更和睦，生活将变得更温馨，美化自身便发展为美化生活。

（三）有助于促进旅游服务工作，改善人际关系

《红楼梦》里有副对联："世事洞明皆学问，人情练达即文章。"这句话讲的其实就是处世的学问和交际的重要性。只要从事旅游服务工作就不能不讲旅游职业礼仪。运用旅游职业礼仪除了可使自己在旅游服务工作中充满自信、处变不惊之外，其最大的好处就在于它能帮助人们规范彼此的交际行为，更好地向交往对象表达自己的尊重、敬佩、友善之意，增进彼此的了解和信任。

（四）有助于净化社会风气

一般而言，人们的教养反映其素质，而素质又体现于细节，细节往往决定一个人的成败。旅游职业礼仪是人类文明的标志之一。旅游职业礼仪水准往往反映了一个人、一个组织、一个国家的文明水平、整体素质。遵守、应用旅游职业礼仪将有助于净化社会风气，提升个人乃至全社会的精神品位。

四、提升职业形象的途径

在现代社会，"让人喜欢你"是一条重要的人际交往准则。无论是个人交际还是旅游服务工作，职业形象都非常重要，良好的职业形象是"让人喜欢"的最基本条件。旅游从业人员在职业生涯中要想不断发展，必须学会塑造良好的职业形象。

（一）掌握职业礼仪规范

交往中要让大家都有一个轻松、和谐的环境，每个人就必须把自己不符合社会环境、不符合礼仪规范的随意性用同一尺度、同一标准来进行约束和规范，这个尺度、标准就是礼仪。因此，必须掌握和实践礼仪规范，这样在与人交往中才能做到有礼有节。

（二）提高自身内在素质

礼仪虽然是人际交往中的外在表现，却是一个人内在素质的综合反映和自然流露。短时间的形象包装只能暂时掩盖或修饰，并不能真正塑造一个良好的职业形象。职校学生从进校的第一天开始，就应该有意识地学习职业形象知识，培养良好的职业形象理念和修养。

（三）强化礼仪实践训练

要切实掌握礼仪就必须花大力气进行实践、训练。在日常生活中应根据自身特点进行仪容、仪态、仪表的设计和训练。训练良好的体态、规范的姿势，刻意纠正不雅观的举止、习惯等。反复运用，重复体验，才能真正掌握。

（四）形成良好的行为习惯

在日常生活和工作中，我们要注重培养良好的行为习惯，注意自我检查、自我监督，坚持按礼仪规范行事，养成习惯。

形象很大程度表现在人的行为举止上。举止首先是指人在日常生活与工作中的基本姿态，包括站、立、坐、蹲、行等，每一种姿态要做到端庄优雅，并不是一件容易的事情。其次是指人的手势与表情等，主要表现在交际中的手势、表情、眼神等。有研究表明，人们相互沟通的过程中，有 65% 的信息是通过体态语言来交流的，体态语言是心迹的表露，是人际交往中不可缺少的沟通方式。一个人要在各种社交中做到举止有度、举止得当、举止文明、举止潇洒，就必须掌握姿态端庄优雅的基本知识，同时要进行基本姿态的形体训练，养成姿态端庄、表情和善的好习惯。

五、培养提升旅游职业礼仪修养的途径

学习礼仪知识是提高礼仪修养的起点，也是实现礼仪修养其他环节的前提和基础。

学习礼仪知识是将礼仪规范逐渐内化的过程。通过学习、评价、认同、模仿和实践过程，逐渐学习、构造、完善自己的社交礼仪规范体系，并以此来评价自身和他人的行为，调整自己的交往行为。应尽可能扩大自己的视野，丰富礼仪知识，多观察、多读书、多思考。礼仪知识的来源是多方面的，可以是通过学礼仪史，并掌握一些伦理学、心理学、公共关系学等方面的知识，也可以是通过日常的观察、学习，了解社会习俗和风土人情，积累各方面的社会知识，这些对于开阔眼界、提高礼仪认识都是大有裨益的。

一般来说，提升旅游职业礼仪的修养有理论学习、社会实践和向专业人士学习三条途径，在这三条途径中，又以前两条最为根本。

（一）多途径学习旅游职业礼仪理论知识

旅游职业礼仪修养的观念落后，会影响旅游职业礼仪在实践中的运用。通过理论学习来提高旅游职业礼仪的修养，就是利用图书资料、广播电视、互联网、教学函授等方式系统地、全面地进行学习。

（二）提高礼仪修养必须与实践相结合

实践是检验真理的唯一标准，同时也是提高旅游职业礼仪修养最好的老师。旅游服务工作中交往的成功，往往有赖于必要的经验。实践作为提高旅游职业礼仪修养的一个具体过程，不仅可以使人加深对礼仪修养的理解、强化印象，而且还会检验其作用，并能据此

判断个人运用礼仪的实际效果。与实践相联系是提高礼仪修养的根本途径。一切礼仪修养如果脱离了实践，就必然是空洞的礼仪说教。

加强礼仪修养与实践相联系，主要内容如下。

其一，只有在人们相互交往中所形成的礼仪关系，才能不断提高自己的礼仪修养，也就是说，一切礼仪修养必须结合人与人之间的交往活动来进行。

其二，礼仪修养的一个重要方面，就是要主观和客观相统一、理论和实践相联系，要身体力行。在礼仪修养学习中，人们懂得了哪些行为是符合礼仪的，哪些行为是不符合礼仪的，就要把这些原则、规范运用到自己的交往实践中去，运用到自己的生活和工作中去，并时刻以这些准则为镜子，对照、检查、改正一切与礼仪不符的言谈举止，从而不断提高自己的礼仪修养。

其三，礼仪修养是一个从认识到实践的不断反复的过程。礼仪修养的形成是一个长期的过程，是不能在短期内一蹴而就的。人们在社会生活中会受到各种不同行为的影响，那些失礼的行为随时都有可能发生，所以，要使自己成为一个知礼、守礼、行礼的人，就必须把对礼仪的认识运用到实践中去，化为实际行动。然后，对自己的行动再进行反省、检查，并把从反省中得出的新的认识再贯彻到行动中去，如此不断循环，从而达到提高礼仪修养的目的。

角色练习

做自己的礼仪“医生”

★技能训练目标

（1）通过旅游职业礼仪概念和原则的学习，使学生能够掌握旅游职业礼仪的内涵知识。

（2）能够通过学习掌握提高旅游职业礼仪的途径，找到适合自己的方法。

（3）通过自查自检，找到自身不足，制定个人提升目标。

★技能训练准备

（1）查看旅游职业礼仪的相关标准。

（2）结合要点，分组讨论。

★技能训练步骤

（1）自查自检个人职业礼仪形象的不足处。

（2）小组讨论、交流。

（3）选出小组代表进行礼仪展示。

（4）师生点评。

特别提示

本任务练习可划分小组进行，结合礼仪演示，找出职业礼仪形象存在的问题。分组讨论、分析效果较理想。

视野拓展

只有漂亮是远远不够的

北京奥运会，1000余名来自各院校的颁奖礼仪志愿者为产生金牌最多的田径赛事服务，她们也同时负责“鸟巢”场馆贵宾迎宾、开闭幕式及其他赛事服务。

得体的裙装、漂亮的脸蛋、甜美的笑容……相比运动员们在场上的挥汗如雨、激烈争夺，为比赛做引导和颁奖服务的志愿者们则是场上的另一道风景线。

为了承担赛事颁奖礼仪工作，她们究竟付出了怎样的辛苦和努力呢?

一、颁奖礼仪志愿者培训标准高

负责为颁奖礼仪志愿者培训的袁春颜老师说:“颁奖礼仪志愿者要达到要求，都得经过严格培训。”

比如在颁奖时，几名志愿者有同时转身的动作，脚步就要一致。再比如，在颁花鞠躬时，向前是以髋关节为轴，向下15度到30度。由于颁花时是多人一组，在鞠躬时，容易出现时间不统一、动作不整齐的情况，所以要求每个人心里都要有一个一致的节拍。

托盘的动作也有要求，手臂与侧腰大约是一拳远的距离，端托盘时，大拇指是露在托盘外面的。在训练中最有难度的就是控制步速和颁奖衔接。控制步速就是在颁奖时，几名礼仪颁奖志愿者在行走了一段距离之后，她们的间距还应保持一致。

二、要想功夫深，铁杵磨成针

每名礼仪志愿者必须穿着5厘米高的高跟鞋，头上顶一本书，两腿膝盖间夹着一张普通的白纸，坚持站立一个小时，期间不论是书还是纸都不可以掉下来，否则就要重新计时。

三、注重细节

颁奖仪式上需要的笑容与我们平时的笑不一样，有详细的要求，比如露出的牙齿数，应在6到8颗。每个人在练习笑容时，嘴里都要咬着一根筷子坚持练习几十分钟。行走、步速、转身等分解练习也是一样，对每一个环节都有详细的要求。

任务评价

序号	任务内容	任务要求	等级	待改进技能	备注
1	了解旅游职业礼仪的概念和原则	能够复述旅游职业礼仪的内涵			
2	了解培养提升旅游职业礼仪修养的途径	掌握提升方法，自查自检，制定整改目标			

任务二　认准客人

任务描述

根据《辞海》解释，“客”指客人（跟“主”相对）、宾客，也指旅客、客商、顾客。

本任务要求学生能通过学习了解主和客的关系，了解旅游服务中哪些角色是主人，哪些角色是客人，以便在旅游工作中摆好自己的位置，树立旅游服务者的良好形象。

情境导入

齐顷公尊母笑客

公元前592年，齐国国君齐顷公在朝堂接见来自晋国、鲁国、卫国和曹国的使臣。各国使臣带来了墨玉、币帛等贵重礼品献给齐顷公。接受献礼时，齐顷公一看，只见晋国的亚卿郁克是独眼，鲁国的上卿是秃顶，卫国的上卿孙良夫是个跛脚，曹国的大夫公子首是驼背。他不禁暗自发笑：怎么四国使臣都是有毛病的人？！

当晚，齐顷公见到自己的母亲萧夫人，便把白天看到的四个人当笑话讲给她听。萧夫人一听便乐了，执意要亲眼见识一下。正好第二天齐顷公设宴招待各国使臣，于是便让萧夫人躲在帷帐后面观看。当四国使臣依次入厅时，萧夫人掀开帷帐向外观望，一看到四个使臣便忍不住大笑起来，她的随从也个个笑得前仰后合。笑声惊动了众使者，当他们明白原来是齐顷公为了让母亲开心，特意做了这样的安排时，个个怒不可遏，于是都不辞而别。四国使臣约定各自回国后请兵伐齐，一洗在齐国所受的耻辱。四年后，四国联合起来讨伐齐国，齐国大败，齐顷公只得讲和。

☞ **分析**

齐国为什么会招来战争呢？从案例中可以看出，齐顷公为了让母亲萧夫人开心，而安排萧夫人躲在帷帐后面观看并引发了嘲笑，这样的安排使得使臣个个怒不可遏，全部不辞而别。主宾之间没有相互的尊重和敬意，就会使得本来融洽的主宾关系破裂，相反，主人和宾客之间有尊敬和敬意，双方关系就会向好的方面发展。

相关知识

主人，一般指接待客人的人。

先秦典籍《仪礼·士相见礼》中清楚地表述了主人接待客人的过程。首先是“主人请见”，即首先主人应主动邀请客人，比如现在我们常说的“来我们单位看看”“到我们家坐坐”，等等。之后，“宾反见”，即客人反馈，接受邀请。客人应在主人邀请前提下，才好去别人家做客。客人要走了，主人应主动送到门外，同时应“再拜”，作揖送别。当然现在人大多不作揖了，但是口头送别语还是应该有的，比如“走好”“慢走”“下次再来玩”等。

客人的礼仪主要是尊重主人的规矩，常言道“客随主便”，不要喧宾夺主。因此，主人要尽到地主之谊，要有主张、有安排，最终目的是让客人满意。而客人则应尊重主人，听从主人安排，还有很重要的一点是要表示感谢。

一、客人意识

（一）客人的概念

从字面上看，做客于企业的人士就叫客人，具体地说，光顾企业或购买企业商品的人都可统称为企业的客人、顾客。

企业的顾客是多样的，大致来讲可分为目标顾客和潜在顾客。

1. 目标顾客

目标顾客是指企业在制定产品销售策略时所选定的消费群体。

下面以酒店企业中的住店客人举例说明目标顾客。根据住店客人入住酒店的目的不同，目标顾客可分为以下几种类别。

（1）旅游度假客人。

此类客人入住酒店的目的是旅游观光或度假休息，分为国内客人、国外客人。他们入住酒店的目的主要是休息，对酒店的要求是安静、舒适。

（2）商务客人。

此类客人入住酒店的目的主要是前来本地区进行商务活动，例如考察或参加商品交易会、展示会、商业洽谈，进行商品宣传、商品推销、商业采购等。

此类客人入住酒店不受时间和气候的影响。他们对酒店商务服务设备设施和条件要求较高，比较注重酒店交际场所的商业气氛。

（3）政府官员和群众团体。

此类客人入住酒店的目的是出于访问、出差、开会、考察、表演、业务交流等活动的需要，他们中有高中级政府代表团、社会群众团体、文艺团体、体育团体、科学技术团体等。他们对酒店的要求则偏重于接待规格和酒店环境等。

2. 潜在顾客

下面以酒店企业中常见的住店客人举例说明潜在顾客。酒店的潜在顾客可分为两类。

（1）主要是来酒店及酒店的餐厅、商场、娱乐场所等进行消费的客人。这些是酒店的直接客人，是酒店服务的直接对象。

（2）并非来店直接进行消费的客人，而是来店参观、考察或探亲、访友的客人。这些客人虽然不在酒店消费，却是酒店潜在的客源，他们对酒店的形象具有一定的宣传力，会直接或间接地影响酒店的促销工作。

（二）客人就是上帝

在商务活动中，我们接触最多的是上述客人。客人不仅仅是登记册上的一个个名字，他们是有血、有肉、有感情、有需求、有喜爱和憎恶、有嗜好和偏见的实实在在的人。

顾客是人，服务人员也是人。从某种意义上说，顾客是重要的，企业员工也是重要的，顾客的需要应当得到满足，企业员工的需要也应当得到满足。那么为什么还要提出“顾客至上”的口号，强调顾客比企业员工更重要，强调企业员工的需要应当服从顾客的需要呢？这是因为客我双方在交往中扮演着不同的角色。

企业经营中，来者都是客，凡是客人都应该受到全体企业员工的高度重视。因为他们光顾了我们的企业，使用了我们的产品和企业的设施设备，为我们提供了经营的经济支撑（包括薪金和利润）。

也可以说客人是我们的衣食父母。客人的到来为我们提供了就业的机会，从这个意义上讲，没有客人，就没有企业；没有客人，就没有企业的生存环境。

客人就是“上帝”，因为他们主宰着企业的经济命脉，企业员工要想生活得更好，就必须为“上帝”付出辛勤的劳动，做到想客人之所想，急客人之所急。

要随时注意观察和了解客人的喜好，协助客人解决困难和需求。当你为客人提供产品和服务时，千万不要认为你所做的一切是施恩于客人。

商务活动本身就是为客人服务的，客人的光顾就是对我们的信任，如果我们的工作受到了客人的挑剔、指责或投诉，说明客人虽然对我们产品和服务不满意，但是对我们还有信任感，希望我们能够做得更好，只要我们虚心接受、改正，他们下一次还有可能光顾。

客人的投诉实际上是给我们提供了改进工作的机会，如果客人对我们的服务并不满意，却不投诉也不指责，反而是对我们失去了信心，下一次一定不会光顾了。

每一位企业员工都应该牢记，无论在任何时候都应与客人和谐相处。如果你与客人争辩，即使是你赢了，实际上也是输了，因为你输掉了客人，输掉了全体员工的利益，输掉了企业获取经济效益的机会。

有时客人真的在某方面做得欠妥当，这时我们也应尽量为客人保留面子，运用服务技巧提示客人，让客人自己去纠正自己。

客人是带着需要而来，我们满足了客人的需求不仅有利于客人，也有利于我们自己。

良好、周到的服务会赢得客人对我们产品的兴趣、尊敬、钦佩、赞美与好的印象，这会使客人再次光顾。

作为企业的员工应该时刻为企业着想，任何时候都不应有损害企业形象的行为。尽管企业不可能在任何方面都为每一位员工想得那样周到，但是企业的命运终归是同员工的命运连在一起的。只有企业的社会形象好，员工才有自豪感；只有企业的经济效益好，员工才有满足感、成就感和自我价值感。

坚持“顾客至上”并不违背“双赢原则”。“双赢”是要让双方都得到自己想得到的东西，而当双方扮演着不同的角色时，双方应该得到和能够得到的东西是不一样的。在服务人员为顾客服务的时候，前者是生产者，后者是消费者，我们应该明白这种生产关系。一般酒店要求女服务员不能打扮得比顾客更漂亮，这种规定既符合顾客至上的原则，也是合情合理的。

（三）客人总是对的

在商务活动中强调“客人永远是对的”，强调的是当客人对企业的服务方式、服务内容发生误会或对企业产品提出意见时，企业员工应首先站在客人的立场上看问题，从理解客人、尽量让客人满意的角度来解决问题。另外，强调客人总是对的，主要是指企业员工处理问题的态度要委婉，要富有艺术性。当错误确实是在客人一方，或客人确实是对企业员工的服务发生了误会时，企业员工应当通过巧妙的处理，使客人的自尊心得到维护，特别是有其他客人在场时则更要如此，不能让其他客人觉得某一位客人判断有误或是非不分。当然，如果客人出现严重越轨或违法行为，这一原则就不适用了。

企业必须面对客人，必须生产客人所需要的产品，提供客人所需要的服务。如果你不知道企业该怎么办，那就去请教你的客人吧，听客人的话是不会错的，于是有人提出“客人总是对的”。实际上，制定企业的经营战略不仅要考虑客人的需要，而且要考虑企业本身的实力，同时还要考虑到自己的竞争对手。“客人总是对的”这一口号强调的是企业一定要“以销定产”，绝不能做没有客人的生意。

后来，“客人总是对的”这口号被引用到如何处理服务人员与客人之间的争论这个问题上来了。于是这一口号本身又引起了许多争论。在服务人员与客人的争论中，难道错的都是服务人员，客人就一点错也没有吗？如果肯定了客人永远是对的，那不就是说服务人员永远是错的吗？这些问题的确有必要讨论清楚。有道是“人非圣贤，孰能无过”。谁都不可能永远正确。客人既然是人，当然也不例外。从实际情况来看，在服务人员与客人的争论中，有时是服务人员不对，有时是顾客不对，有时是双方都不对。说客人永远是对的，这显然是不符合事实的。然而，“客人总是对的”这一口号还是有它的积极意义的。我们应当把这句话当作一个口号，而不要当作一个判断。作为一个口号，它的意思是：客人是我们服务的对象，而不是我们要与之争论的对象，更不是我们要去“战胜”的对象。

“客人总是对的”这句话表面上说的是“对”和“错”的问题，实际上说的是“输”和“赢”的问题。有些服务人员在与客人有了意见分歧时总要争一争。争什么呢？无非是要说明“我是对的你是错的，不是我要向你认错，而是你要向我认错。我赢了，你输了”。应当说这是不明智的，因为身为服务人员根本就不可能“战胜”客人。如果客人被你驳得“理屈词穷”了，被你训得“不敢吭声”了，被迫向你认错，向你赔礼道歉了，那意味着什么呢？那究竟是你的胜利还是你的失败呢？从你当时“出了一口气”来说，你似乎是胜利了。从维护企业的声誉来说，那肯定不是胜利，而是失败。因为客人是来“花钱买享受”而不是来“花钱买气受”的。你把他推到失败者的位置上去，他即使忍气吞声地走了，也绝不会善罢甘休的。必须记住，如果客人失败了，你也就失败了。

总之，企业的目标就是向客人提供最佳的服务，企业服务和产品就是为客人的存在和需要提供的。客人是企业经营利润的来源，是企业经济收入的财源，是企业真正的“老板”。奉行“宾客至上”“以客人为中心”的经营宗旨，推崇“客人总是对的”的信条，是使企业经营获得成功的重要基石。

二、客随主便，主随客便

人们常常讲“客随主便，主随客便”。这句话在外交场合的意思是：我们到外国人那里去做客，作为客人要尊重主人的安排，尊重对方的风俗习惯；外国人到我们这里来做客，我们作为主人，同样要尊重外国人的风俗习惯，使对方有一种宾至如归的感觉。强调的是要尊重客人。

我们每天都要与人沟通、交流，其目的自然是希望事情朝着双方期盼的方向发展。那么，怎样才能更好地让双方达成心愿呢？那就是“客随主便，主随客便”。

“客随主便，主随客便”还包含两层意思：一方面，我是主，他是客，我们要根据对方的变化而及时地调整自己，让对方感受到足够的尊重同时又觉得舒适和放松，只有在轻松的环境下，沟通和交流才会顺畅。另一方面，在与客人的交往中，不要试图去改变对方，让客人适应自己。

中国人做客和待客都是很有讲究的，如果我们是客人，一定要入乡随俗，客随主便，不要给主人添麻烦；如果我们是主人，那一定要殷勤备至，主随客便。

角色练习

我来当主人，你来当客人

★技能训练目标

（1）了解主人和客人角色的不同特点。

（2）通过角色扮演，使学生设身处地了解主人和客人的角色特点，能够对服务者和被服务者的角色有切身的感受。

（3）通过角色扮演，学生自评、互评，检验学生对主人、客人角色的了解程度。

★技能训练准备

（1）复习主人和客人的概念知识。

（2）结合教师给出的旅游服务情境，学生分组进行角色演练。

★技能训练步骤

（1）根据旅游服务情境编写表演脚本。

（2）分组分角色。

（3）分组情境预演，评比优胜组。

（4）优胜组表演服务情境。

（5）师生评价。

特别提示

本任务练习需要注意情境的选择，要突出旅游服务行业特点，根据学生的个人表演能力的不同来进行角色的分配，这样效果会好些。

视野拓展

客人总是对的

斯塔特勒，这个农家孩子只读过两个冬天的书。他 9 岁时就在一家玻璃厂做学徒，13 岁时开始在家乡的一家酒店做服务员，13 岁时毛遂自荐当上了领班。但他并不满足这一小小的成功，不久，他承包了酒店弹子房的经营，还在酒店开展了代理火车票的业务，接着他又独立经营一家具有 500 个餐位的餐厅。

从当初进入酒店当服务员的时候起，斯塔特勒就养成了一个习惯，随身携带一个小笔记本，随时随地记录自己对酒店管理的一些想法和心得。他当酒店业主时，对酒店的设计建造从不盲目相信建筑师，他认为，酒店的一切设施、设备和服务都必须从客人的实际需要出发，而不能只考虑建筑美学这一单一因素。

一天，麦克勒饭店总台走来一位客人。他气冲冲地质问总台服务员：“那位服务员跟我争吵。我要你决定谁是谁非？”总台服务员想这人一定是酒喝多了，于是耸耸肩说：“好吧，因为我对他的了解要比对你的了解多得多，要我说的话，是他对。”客人一听，掉转头回到房间，取了行李便退房离开了饭店。

当时，年纪还不到 16 岁的斯塔特勒正是饭店服务员领班，在目睹这一切之后，他在永远随身携带的一本笔记上写下了几个字——“客人总是对的”。饭店的经理麦克勒也正好在场，麦克勒思考了片刻后说：“嗯，这倒是一个很好的理论，但是……我们失去了一位顾客，不是吗？”一个月之后，斯塔特勒被提拔为夜班经理。

后来，斯塔特勒成为美国，也是世界饭店业的传奇人物之一。今日饭店业中的许多服务以及广告促销等做法都是从他这里开始的。

任务评价

序号	任务内容	任务要求	等级	待改进技能	备注
1	了解主与客的知识	制表说明企业客人分类			
2	了解顾客为上	能够举例服务中“顾客永远是对的”的道理			
3	了解主随客便	提升旅游服务者的客人意识，能够主动为客人服务			

任务三　表达敬意

任务描述

古人云：礼兴人和、谦恭礼让、谅解宽容、与人为善。“礼”指的是行为举止，含义是“尊重”。礼者敬人，既要尊重别人，更要尊重自己。“仪”指的是仪容仪表，含义是表达尊重的形式。“礼仪”就是指我们待人接物、为人处世的方式和行为习惯，是人际交往中重要的行为规范，其中“敬意”是礼仪的本质。

本任务要求学生能够了解人际交往中敬意的内涵点，能够分辨礼、礼貌、礼节、礼仪的关系。

情境导入

张良圯上受书

张良是西汉高祖刘邦的军师，他的祖先是韩国人。在秦灭韩后，张良立志为韩国报仇。后来他因刺杀秦始皇未遂，受到追捕而避居下邳。一天，张良闲步下邳沂水圯桥头，碰到一个穿着粗布短衣的老人。他走到张良旁边，故意把鞋子掉到桥下。然后回过头来冲着张良说：“孩子，下桥去给我把鞋子拾上来！”张良听了一愣，但还是强忍着心中的不满，到桥下把鞋拾了上来。那老人竟又命令说：“把鞋子给我穿上！”张良一想，既然已经给他拾来了鞋子，不如就给他穿上吧，于是就跪在地上给他穿鞋。那老人把脚伸着，让张良给他穿好后就笑嘻嘻地走了。但他走了一段路，又折回身来，对张良说：“你这个孩子是能培养成才的。五天以后，天一亮，就到这里来同我会面。”张良跪下来说：“是。”第五天天刚亮，张良来到下邳桥上。不料老人已经等在那里了，见了张良就生气地说：“和老人约会，怎么迟到了？五天之后的早上再来相会！”说完就离去了。五日后鸡一叫，张良就赶去。可是那老人又等在那里了，见了张良又生气地说：“怎么又掉在我后面了？过了五天再早点来！”说完又走了。到第五天，张良没到半夜就赶到桥上，等了好久，那老人也来了，见到张良高兴地说：“这样才好。”然后他拿出一本书来，指着说道：“认真研读这本书，就能做帝王的老师了。过十年，天下形势有变，你就会发迹了。十三年后，你会在济北郡谷城山下看到我——那儿有块黄石就是我。”老人说完就走了。天亮时分，张良拿出那本书来一看，原来是《太公兵法》（辅佐周武王伐纣的姜太公的兵书）。张良十分珍爱这本书，反复地学习、研究。十年过去了，陈胜等人起兵反秦，张良也聚集了一百多人响应。沛公刘邦率领几千人马，在下邳的西面攻占了一些地方，张良就归附于他，成为他的部属。从此张良根据《太公兵法》经常向沛公献计献策，沛公认为很好，常常采用他的计谋，后来他成了刘邦运筹帷幄、决胜千里的军师。刘邦称帝后，封他为留侯。

张良始终不忘那个给他《太公兵法》的老人。十三年后，他随从刘邦经过济北时，果然在谷城山下看见了那块黄石，并把它取回，称之为“黄石公”，作为珍宝供奉起来，按时祭祀。张良死后，家属把这块黄石和他葬在一起。

想一想：这个动人的传说中，张良拜师，第三次才得到老师的指导，如果是你，你会去第三次吗？为什么？

☞ 分析

从案例中可以看出，人与人的沟通是需要有敬意的。张良以幼敬长，礼敬老人；经受考验，最终得到老师的垂爱，拿到兵书，最后协助刘邦成就了大业。

作为旅游服务专业的学生，不仅要学习、掌握理论知识，锻炼、培养专业技能和综合能力，而且要不断学习和实践人际礼仪，塑造良好的个人形象。

相关知识

一、礼仪的渊源

中华民族源远流长，在五千年的历史长河中，创造了灿烂的文化，形成了高尚的道德准则、完整的礼仪规范和优秀的传统美德，被世人称为“礼仪之邦”。早在2000多年前，孔子就曾说过“不学礼，无以立”，提倡尊重师长、仁者爱人的重礼思想。可见中华民族对礼仪的推崇与重视由来已久。孔子以前，中国古代就有三部著名的礼典：《周礼》《仪礼》《礼记》，总称“三礼”，是关于各种礼制的百科全书。其中《周礼》偏重政治制度，《仪礼》偏重行为规范，而《礼记》则偏重对礼的各个分支做出符合统治阶级需要的理论说明。这“三礼”涉及的各种礼制的总和，也就是礼的全部内涵。

孔子是我国历史上第一位礼仪学专家，他把“礼”作为治国安邦的基础。他主张“为国以礼，克己复礼”，并积极倡导人们“约之以礼”，做“文质彬彬”的君子。孟子也重视“礼”，并把仁、义、礼、智、信作为基本道德规范，他还认为“辞让之心”和“恭敬之心”是礼的发端和核心。荀子曰:“人无礼则不生，事无礼则不成，国家无礼则不宁。”意思是说，人不守礼就无法生存，做事没有礼就不能成功，国家没有礼则不安宁。

在西方，礼仪一词最早见于法语，原意为“法庭上的通行证”；在英文中则有了礼仪的含义，意为“人际交往的通行证”。

西方的文明史，同样在很大程度上体现着人类对礼仪的追求及其演进。人类为了维持与发展血缘亲情以外的各种人际关系，避免格斗或战争，逐步形成了各种与格斗、战争有关的动态礼仪。比如为了表示自己手里没有武器，让对方感觉到自己没有恶意而创造了举手礼，后来演进为握手；为了表示自己的友好与尊重，愿在对方面前“丢盔卸甲”，于是创造了脱帽礼等。

在古希腊的文献典籍中，如苏格拉底、柏拉图、亚里士多德等先哲的著作中，都有很多关于礼仪的论述。中世纪更是礼仪发展的鼎盛时期。欧洲文艺复兴以后，欧美的礼仪有了新的发展，从上层社会对遵循礼节的烦琐要求到20世纪中期对优美举止的赞赏，一直到适应现今社会平等关系的比较简单的礼仪规则。

历史发展到今天，传统的礼仪文化不但没有随着市场经济发展和科技现代化被抛弃，反而更加多姿多彩。国家有国家的礼制，民族有民族独特的礼仪习俗，各行各业有自己的礼仪规范，国际上也有各国共同遵守的礼仪惯例等。有的国家和民族针对不遵守礼仪规范者，还制定了一定的处罚规则，有的已把礼仪作为公民就业前的入门课；被企业录用的大学毕业生，也必须先经过严格的礼仪训练才能上岗工作。

二、敬意是礼仪的本质

从礼仪的渊源，我们可以清楚地看到礼仪的本质和特点。

（1）礼仪是一定社会中人们约定俗成、共同认可的规范、程序。礼仪是人们在人际交往中以一定的程序、方式来表现律己敬人的过程，是以敬意为本质的一种行为规范，涉及穿着、交往、沟通等内容，是施礼者与受礼者的情感互动过程。正如《礼记·曲礼上》所云:“礼尚往来，往而不来非礼也；来而不往，亦非礼也。”

（2）从个人修养的角度来看，礼仪是一个人的内在修养和素质的外在表现；从道德的角度来看，礼仪是为人处世的行为规范、行为准则；从交际的角度来看，礼仪是人际交往中使用的一种艺术，也可以说是一种交际方式；从民俗的角度来看，礼仪是在人际交往中必须遵守的律己敬人的习惯形式，也可以说是在人际交往中约定俗成的待人以尊重、友好的习惯做法。

三、礼、礼貌、礼节、礼仪的关系

礼仪，是“礼”和“仪”两个字的合成词，它们虽有联系却有着不同的含义。

（一）礼

“礼”的含义比较丰富，其跨度和差异也比较大。按《辞海》中的解释，主要体现在以下四个方面。

（1）本来的含义是敬神，后引申为表示敬意的统称，如敬礼、礼貌。

（2）为表示敬意或表示隆重而举行的仪式，如典礼、婚礼、丧礼。

（3）泛指奴隶社会、封建社会贵族的等级制以及社会生活中的社会准则和道德规范。

（4）指礼物，如送礼、礼品、礼单。

随着历史的发展，“礼”的内涵已经有了延伸和扩展，在许多场合它已成为“礼貌”“礼节”“礼宾”“礼仪”等的代名词。因此，礼是表示敬意的通称，是人们在社会生活中处理人际关系并约束自己行为的准则。礼属于道德的范畴，是社会公德中极为重要的部分。道德是由社会经济基础决定的一种社会意识形态，是一个社会用以调整人们之间以及个人与社会之间关系的行为的总和。礼渗透于人们的日常生活之中，体现着人们的道德观念，确定着人们交往的准则，指导着人们的行为。在社会生活中，人人以礼相待，互尊、互爱、互谅，并成为自觉的行为，这是社会文明进步的表现。

（二）礼貌

礼貌是人们在交往时相互表示敬重和友好的行为规范，它体现了时代风尚、道德水准以及人们的文化层次和文明程度。人们交往时对礼貌的基本要求是：诚恳、谦恭、和善和有分寸，做到待人“诚于中而形于外”。礼貌是一个人在待人接物时的外在表现，主要通过礼貌语言和礼貌行为来表达对他人的谦虚和恭敬。在日常生活与工作中，礼貌表现在人们的举止、仪表、语言上；在服务行业表现在服务的规范程序上，表现在对客人的态度上。一个微笑，一个鞠躬，一声“您好”，一声“谢谢”，一句“祝您旅途愉快”，都是礼貌的具体表现。良好的教养和良好的道德品质是礼貌的基础。有教养的人的礼貌是出于自然的。因此，我们应该自觉地培养和训练自己良好的礼貌习惯。

从道德、社会风尚方面来研究礼貌，可以将其分为三类：一是各种公共场所最起码的行为准则；二是各种人际交往中最起码的礼节；三是个人私生活中应有的行为习惯。

礼貌的主要内容包括遵守秩序、言必有信、敬老尊贤、待人和气、仪表端庄、讲究卫生。礼貌的内容既是社会公德的核心内容，也是商务职业道德的基本规范。

（三）礼节

礼节是礼貌的具体表现形式，是礼貌在语言、行为、仪表等方面的具体规定。礼节是人们在日常生活中，特别是在交际场合相互表示尊敬、祝颂、问候、哀悼、致意、慰问，以及给予必要协助和照料的惯用形式，是社会文明的组成部分。

从形式上看，礼节具有严格的仪式；从内容上看，礼节反映着某种道德原则，反映着对他人的尊重和友善。例如，在某人生日那天，亲戚、朋友、同事、同学对他说一句“生日快乐”，或给他送上生日贺卡、一束鲜花，或送上一个生日蛋糕等，这就是礼节；在宴会服务时，服务员送茶、斟酒、上菜、送毛巾等并按照先宾客后主人、先女宾后男宾等程序进行，这也是礼节。

在国际交往中，交际礼节也是各式各样的。日常见面礼节就有鞠躬礼、点头致意礼、举手注目礼、握手礼、吻手礼和接吻礼等。虽然现代社会的交际礼节有从简及趋向一致或相通的趋势，但是，各国人民的文化特征是客观存在的，仍存在着各国、各地区、各民族的不同习惯。因此，我们平时应十分注意不同礼节的具体运用，在交往时必须注意尊重对方，以免出现失礼的行为。

（四）礼仪

礼仪作为一种调整人际关系的道德行为要求，是人类社会为维系社会正常生活而共同遵循的最简单、最起码的道德行为规范。对个人而言，礼仪是一个人思想水平、文化修养、交际能力的外在表现；对于社会而言，礼仪是精神文明建设的重要组成部分，是社会文明程度、道德风尚和生活习俗的反映。从礼仪的历史沿革看，现代社会的礼仪主要是在人际交往、社会交往和国际交往中，为表示尊重和友好的一系列行为规范和惯用形式。狭义的礼仪通常是指合乎社交规范和道德规范的仪式，是指人们在社会交往中由于受历史传统、风俗习惯、宗教信仰、时代潮流等因素的影响而形成的，既为人们所认同，又为人们所遵守，表示重视、尊重、敬意等行为准则或规范的总和。例如，在接待外宾时鸣放礼炮；外宾到达宾馆时，服务员在宾馆门前列队站立、微笑、鼓掌欢迎等。

（五）礼、礼貌、礼节、礼仪的联系与区别

礼、礼貌、礼节、礼仪之间既相互联系，又有区别。

1. 相互联系

（1）礼包括礼貌、礼节、礼仪，其本质都是表示对人的尊重、敬意和友好。

（2）礼貌、礼节、礼仪都是礼的具体表现形式。

2. 区别

（1）礼貌是礼的行为规范。

（2）礼节是礼的惯用形式。

（3）礼仪是礼的较隆重的仪式。

角色练习

给同学当五分钟的礼仪老师

★技能训练目标

（1）通过讲授礼仪概念，使学生掌握礼仪的内涵知识。

（2）通过讲述礼仪相关故事，提高学生对礼仪知识的理解能力。

（3）通过对礼、礼貌、礼节、礼仪的阐述，检验学生对知识点的掌握程度。

★技能训练准备

（1）找个感兴趣的知识点或概念，或礼仪故事，讲授对礼、礼貌、礼节、礼仪的理解和认识。

（2）结合要点，分组讨论个性化的授课方法。

★技能训练步骤

（1）准备讲授内容。

（2）分组编写授课要点。

（3）讲授礼仪要点。

（4）师生点评。

特别提示

本任务练习可划分小组，从案例入手，体会敬意是礼仪的本质。或举例说明礼、礼貌、礼节、礼仪四个概念。根据不同讲授内容来确定小组讲授人，其他同学辅助，分小组讨论案例给我们的启示，效果会理想些。

视野拓展

程门立雪的故事

杨时是北宋才子，南剑州将乐人（今属福建）。杨时中进士后，放弃了做官，继续求学。程颢、程颐兄弟俩是当时很有名望的哲学家、教育家，也是北宋理学的奠基人。他们的学说为后来的南宋朱熹所继承，世称“程朱学派”。杨时仰慕二程的学识，投奔洛阳程颢门下拜师求学，四年后程颢去世，又继续拜程颐为师。这时杨时年已四十，仍尊师如故，刻苦学习。一天，大雪纷飞，天寒地冻，杨时碰到疑难问题，便冒着凛冽的寒风，约同学游酢一同前往老师家求教。当他来到老师家，隔着窗子见老师坐在椅子上睡着了，他怕影响老师休息，不忍打搅，就静静地立于门外等候。当老师一觉醒来时，他们脚下的积雪已一尺深了，身上全是雪。老师忙把两人请进屋去，为他们讲学。后来，“程门立雪”成了广为流传的尊师故事。

任务评价

序号	任务内容	任务要求	等级	待改进技能	备注
1	了解敬意是礼仪的本质	掌握敬意的呈现方式，能够对客人用四种不同的方式致敬			
2	区分礼、礼貌、礼节、礼仪四个概念	举例说明礼、礼貌、礼节、礼仪四个概念的异同点			

项目关键词

礼仪　旅游职业礼仪　旅游职业礼仪的原则　客人意识　客随主便，主随客便

课后练习题

1. 从自身的情况入手，看看自己礼仪修养有哪些方面需要提高。
2. 找些相关资料，补充自己的商务礼仪知识，扩大知识面。
3. 选一个适合自己的提升个人商务礼仪修养的途径，说出来大家谈论一下。
4. 从案例入手，体会主与宾的角色。
5. 分别举例说明“客随主便”“主随客便”的不同情形。
6. 从案例入手，体会敬意是礼仪的本质。
7. 分别举例说明礼、礼貌、礼节、礼仪四个概念。

项目二 旅游职业形象

旅游服务人员的个人形象是宾客对旅游服务人员的总体印象和评价。无论是在工作服务场所还是在其他接待场合，旅游服务人员的着装打扮、言谈举止等外在形象都会出现在宾客的眼里，并给对方留下深刻印象。可以说，旅游服务人员个人形象的好坏，直接关系到旅游服务和社交活动的成败。

任务导读

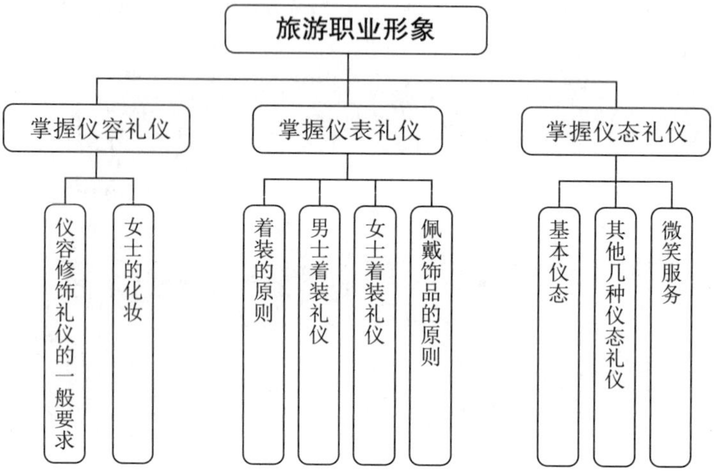

学习目标

1. 知识目标：了解旅游服务人员的个人形象中的仪容、仪表标准，了解旅游服务人员形象中仪态美的重要性和规范要求。

2. 职业认知：熟悉不同岗位的旅游服务人员仪容仪表规范要求，做好进入职业角色的准备。

3. 技能目标：能够根据旅游服务人员的不同旅游服务情境的需要和自身的特点，美化个人形象，展现优雅的仪态美。

任务一　掌握仪容礼仪

任务描述

本任务要求学生能用规范的仪容形象对客服务，主要通过课上学习、课上实训及课后反复演练等方法，塑造自己的职业形象。

情境导入

小青善妆

小青是某高职院校会展专业学生，毕业后在一家旅游服务公司做职员。为适应工作需要，上班时，她放弃了“清纯少女妆”，化了漂亮、端庄的“白领丽人妆”——涂不脱色粉底液，修饰自然、稍带棱角的眉毛，与偏灰服装色系搭配浅色的眼影，紧贴上睫毛根部描画灰棕色眼线，黑色自然型睫毛，再加上略显浓艳的唇色，整个妆容清爽自然，浓淡相宜，尽显自信、成熟、干练的气质。

但在工作之余的假日，她化了“清纯少女妆”——粉蓝或粉绿、粉红、粉黄、粉白等颜色的眼影，彩色系列的睫毛膏和眼线，粉红或粉橘的腮红，自然系的唇彩或唇油，看上去青春美丽、清纯淡雅。

心情好，自然工作效率就高。一年来，小青以自己得体的外在形象、勤奋的工作态度和骄人的业绩，赢得了公司同人的好评。

你作为即将去旅游企业入职的新员工，在仪表方面做了哪些职业准备呢?

☞ 分析

小青的化妆非常合适，充分考虑到职业、年龄和场合要求。上班是整洁、漂亮、端庄的“白领丽人妆”，清爽自然，显得自信、成熟、干练。休闲时刻则是“清纯少女妆”，显示了少女的朝气和清新，看上去青春阳光、美丽淡雅，给人留下青春、靓丽的印象。

相关知识

个人形象泛指一个人的外表或容貌，是他人对自己的印象和评价。社会学者普遍认为，一个人的形象在其人格发展及社会关系中起着举足轻重的作用。由于每个人的身体特征不同导致形象存在差异，譬如身高、体重、体态、体型等会有不同：由于遗传的缘故从而导致形象的差异，譬如皮肤、毛发、眉型、眼睛、鼻子、耳朵等也不尽相同。

旅游服务人员的个人形象是外界对旅游服务人员的印象和评价。清洁的仪表、得体的修饰往往影响着工作的效果，不能被忽视。心理学上讲的“首轮效应”，即人的第一印象往往会形成顽固的心理定式，通常在30秒内形成的第一印象，对后期一切信息将产生指导效应。在当今市场经济条件下，形象就是宣传，形象就是效益，形象就是服务，形象就是生命，形象重于一切。

仪容就是人的仪表和容貌，是一个人精神面貌和内在气质的外在体现。旅游服务人员只有具备端庄、美好、整洁的仪表仪容，才能让宾客产生好感，使旅游服务活动顺利开展。

清洁是仪容美的关键，是个人礼仪的基本要求，也是当今社会与人交往、取得成功的必要条件。旅游服务人员的仪容仪表清洁包括面容、口腔、胡须、头发、手部等方面。

一、仪容修饰礼仪的一般要求

仪容指人的外观、外貌，重点是人的容貌。仪容是一个人形象的重要组成部分，它不仅关系到是否能给人赏心悦目的感觉，还会让人联想到个人的处世风格。整洁、美好的仪容总是与办事认真踏实、有条理、一丝不苟联系在一起。

一个人的仪容，大体上受到先天条件和后天修饰维护两大因素影响。一个人的相貌如何，主要受制于先天条件和遗传因素。不管是长得美丽无比，还是丑陋不堪，实际上从出生时便已“命中注定”。然而，每个人的先天条件固然重要，但并非意味着一个在相貌方面先天条件优越的人，便可以过分地自恃其长，而不去进行任何修饰或维护。修饰与维护对于仪容的优劣往往会起到一定的作用。

如果一个正常人不注意对本人的仪容进行合乎常规的修饰与维护，往往在他人的心目中也难有良好的个人形象。所以我们必须时刻不忘对自己的仪容进行必要的整理和修饰，做到“内正其心，外正其容”。

（一）头发的修饰

发型是构成仪容美的重要内容。不同的发型能给人整洁、庄重、洒脱、文雅、活泼等不同的感觉。我们要能够根据本人的发质、服装、身材、脸型等选择合适的发型，以达到扬长避短、和谐统一的目的，增加人体的整体美。

1. 保持日常整洁

为了保持头发的整洁，要做到勤于清洗、勤于修剪、勤于梳理，特别是在出门之前换装和摘帽之后要自觉梳理，但不能当众梳理。

2. 长短适中

男士一般以短发为主，头发长度最好在7厘米左右，要做到前发不覆额、侧发不掩耳、后发不及领。

女士以长发为主，但也不能绝对，应视身高、年龄、职业而异。一头飘逸披肩的秀发往往使少女显得青春靓丽，而老年女性则不宜留长发。服务人员在服务时一般不适宜留长发，如留长发可以扎起来。

3. 根据本人的特点选择发型

（1）与自己的脸型相协调。

鹅蛋形脸适合采用中分头路、左右均衡的发型。圆脸型可采用轻柔的大波浪，将头发分层削剪，使两颊旁的头发贴紧，使之盖住脸颊，或将头前部和顶部的头发吹高，给人以蓬松感。方脸型要尽量用发型缩小脸部的宽度，脸颊两侧的头发要尽量垂直，以产生紧凑服帖感，使头部形态显得清秀一些。长方脸型可把头发梳平些，刘海儿稍长，齐眉或将眉盖住，以减少脸型的长度。心形脸不宜留短发，要让头发紧贴头顶和太阳穴部位，以减少额角的宽度。梨形脸头前部的头发应向左或右侧展开，以表现额部的宽度。

（2）与体态、年龄相适应。

一般情况下，苗条的姑娘宜选择较长的发型，体形矮胖的人则以较短的发型为佳。少女选择发型较为自由，但不宜梳理复杂发型，否则不能突出自然之美。青年女性不宜过分追逐潮流。老年女性不宜留长发。脖子短的人，最好留短发或把头发梳成向上的发型。

（3）与身份、工作性质和周围环境相吻合。

旅游服务人员应根据自己服务的岗位不同或场所不同，选择不同的发型。如为客人提供餐饮服务时不能披长发，不能有碎发，头发也不能杂乱。

（二）皮肤的护理

皮肤的护理是仪容美的关键，实现仪容美必须注意皮肤，尤其是面部皮肤的护理和保养。正常健康人的皮肤具有光泽，柔软、细腻、富有弹性。当人生病或衰老的时候，皮肤就会失去光泽和弹性，出现皱纹或色斑。对皮肤进行经常性的护理和保养有助于保持皮肤的柔润和光泽，展现热情乐观、积极向上的旅游职业形象。

1. 皮肤的类型与护理

皮肤一般分为干性皮肤、中性皮肤和油性皮肤三种类型，应采用不同的方法加以护理和保养。

干性皮肤红白细嫩，发干，易起皱，易破损，容易过敏。有些干性皮肤的人使劲往脸上涂抹“增亮”的油脂，以增加亮度，但此举减少了皮肤的透气性。对于这种皮肤，每天洗脸的时候可以在水中加入少许蜂蜜，湿润整个面部，用手拍干。坚持此法一段时间，就能改善面部肌肤，使其光滑细腻。

中性皮肤比较润泽细嫩，对外界的刺激不太敏感。这种皮肤比较易于护理，可以在晚上用水洗脸后，再用热水捂脸片刻，然后轻轻抹干。

油性皮肤的毛孔比较粗大，油光满面，易生痤疮等脂溢性皮肤病，但适应性强，不易显皱。洗脸时可在热水中加入少许白醋，以便有效地去除皮肤上过多的皮脂、皮屑和尘埃，使皮肤富有光泽和弹性。

2. 皮肤的保健

皮肤的护理是必要的，皮肤的保健更是十分必要的。精神愉快是最好的美容保健方法，俗话说：“笑一笑，十年少。”笑是一种化学刺激反应，它能激发人体各个器官，尤其是激发大脑和内分泌系统的活动，还能给人一种年轻和健康的美感。笑的时候，面部肌肉舒展活动，加快了皮肤的新陈代谢，从而能促进血液循环，增加皮肤弹性。当感到焦虑、忧愁、悲伤和烦恼时，可以通过向他人倾诉的方法来寻求安慰，也可以通过听音乐、看小说等方法自我排解。

充足的睡眠是美容保健不可缺少的条件。在睡眠状态下，人体的器官能够自动休整，细胞更新加快，皮肤可以获得更多的氧分。睡眠充足才能精神振奋，才能容光焕发。如果晚上经常熬夜，时间长了皮肤会干涩无光，所以要尽量避免熬夜。

合理的饮食是美容保健的根本。人体需要多种养分，有了充足的养分，皮肤才具有自然健康的美。在日常生活中，我们应注意饮食多样性，多吃富含维生素的食物，少吃刺激性食物，保持吸收、消化系统的畅通。美好容颜的养成，大部分是由其饮食营养决定的，外在护理只能起到辅助作用。在我们的现实生活中，有不少人从来都没有用过高级护肤品，虽然现在年事已高，但皮肤依然富有弹性和光泽。

（三）其他部位的修饰

1. 面部的修饰

修饰面容，首先要洗脸，使面部干净清爽，无油污、无汗渍、无泪痕、无不洁之物。每天仅在早上起床后洗一次脸是远远不够的，午休后、用餐后、出汗后、劳动后、外出后，最好再清洁一次脸。

（1）眼部。

眼睛需要注意保洁，主要指眼部分泌物的及时清除。若眼睛患有传染病，应自觉回避社交活动。如果感到自己的眉形或眉毛不雅观，可进行必要的修饰。旅游服务人员不提倡文眉，更不要剔去所有眉毛，刻意标新立异。戴眼镜应尽量保持美观、舒适、方便、安全，同时应及时对眼镜进行擦拭或清洗。

（2）耳朵。

在洗澡、洗头、洗脸时，应注意清洗耳朵。同时，注意清除耳孔中不洁的分泌物。不可在宾客面前挖耳朵。耳毛过长时，应对其进行修剪。

（3）鼻子。

应时刻注意保持鼻腔清洁，不要让异物堵塞鼻孔，或是让鼻涕流淌。不要随处吸鼻子、擤鼻涕，更不要在他人面前挖鼻孔。鼻毛不能露出鼻孔，过长时应及时进行修剪。

（4）嘴巴。

牙齿洁白，口腔无味，是修饰上的基本要求。要做好这一点，每天应定时在饭后刷牙漱口，以去除异味、异物。要经常采用漱口水、牙签等来保护牙齿。在旅游服务之前忌食酒、葱、蒜、韭菜、腐乳之类气味刺鼻的东西。

在旅游服务中或社交场合应当避免体内发出异响，如咳嗽、清嗓、哈欠、喷嚏、吐痰等声音。当然，避免异响，重在自律，而不必强求于人。在大庭广众之下，若他人不慎制造了异响，最明智的做法是视而不见。若本人不慎弄出了异响，不要显得若无其事，要尽快道歉。

长胡须是男子的生理特点。男士若无特殊宗教信仰和民族习惯，最好不要蓄须，应及时剃去。青年男子更不要蓄须，否则既难看又显得邋遢脏乱。

2. 颈部的修饰

颈部是人体最容易显现一个人年龄的部位，平时要和脸部一样注意保养。护肤时要捎带这里，化妆也要顾及这里。保持颈部皮肤的清洁非常重要，尤其在冬日。加强颈部的运动与营养按摩，可以使颈部皮肤紧绷、光洁动人。颈部的营养按摩一般从20~25岁开始为宜，如果年龄增大，皮肤已经开始衰老，待出现皱纹以后再寻找消除妙法，那将会事倍功半。

3. 手臂的修饰

手臂是人际交往中动作最多的一个部位，而且其动作还往往被附加了多种多样的含义。

（1）手掌。

在日常生活中，手是接触其他人、其他物体最多的部位，出于清洁、卫生、健康的考虑，应当勤于洗手。同时，应定期修剪手指甲，否则看上去脏兮兮的，给人不美观、不卫生的印象。修剪手指甲，应使其不超过手指指尖为宜。手指甲周围产生的死皮应将其修剪掉，不应用手去撕，或用牙去咬。如果手掌皮肤粗糙、破裂，应及时进行护理、治疗。若手掌长癣、生疮、发炎、破损、变形，则不仅要治疗，而且还应避免接触他人，否则不论是直接的还是间接的接触，都会令他人不快，甚至产生反感。旅游服务人员一般不应涂指甲油，如果涂，只能涂无色或接近指甲的颜色。

（2）肩臂。

着装时肩臂的露与不露，应依照具体场合而定。在非常正式的旅游服务、商务谈判、学术、外交活动中，肩部不应当裸露在衣服之外。也就是说，这些场合不宜穿着无袖装，非正式场合可不加以限制。

（3）汗毛。

因生理条件的不同，个别人手臂上汗毛生长得过浓、过重或过长，特别有碍观瞻时，建议采用适当的方法进行脱毛。

在宾客面前，尤其是在异性面前，腋毛是不应为对方所见的。根据现代人着装的具体情况，女士要特别注意这一点。在正式场合，一定不要穿着会使腋毛外露的服装；在非正式场合，若打算穿着暴露腋窝的服装，则务必先行褪去腋毛。

4. 腿部的修饰

（1）脚部。

严格地说，在正式场合是不允许光脚穿鞋的，这样既不美观，又有可能被人误会。在正常情况下，还应注意保持脚部的卫生。鞋子、袜子要勤洗勤换，脚要每天一洗，袜子应每日一换。趾甲要勤于修剪，不应任其藏污纳垢，或是长于趾尖。

（2）腿部。

旅游服务的场合，不允许男士的着装暴露腿部，也就是说不允许男士穿短裤。女士可以穿长裤、裙子，但也不得穿短裤，或是暴露大部分大腿的超短裙。在餐饮服务、商务谈判、展馆讲解时，女士的裙长应到膝部。在景点导游服务中最好身着裤装。

（3）汗毛。

男士成年以后，腿部汗毛大都过重，所以在旅游服务中不允许穿短裤，也不能卷起裤管。女士若因内分泌失调导致腿部汗毛变浓黑茂密时，则最好将其脱去或剃除，或者选择深色丝袜加以遮掩。

二、女士的化妆

化妆是一门艺术。适度得体的化妆可以凸显女性端庄、美丽和温柔的独特气质，可以使一张平凡的面孔熠熠生辉、光彩照人，可以显示出一个人对生活的热爱和对美的追求。在旅游服务中，尤其是涉外活动中，女士应适度化妆，否则会被认为是对别人的不尊重，是一种失礼的表现。

（一）化妆礼仪的原则

1. 自然

化妆是一种美化自身的行为，贵在含蓄、自然。工作、生活中应该以淡妆为主，能给人清新、悦目、大方的感觉。化妆一定要讲究艺术，要能让别人感觉你长得就是如此天生丽质，这是化妆的最高境界。

2. 美化

化妆的目的主要有两个：一个是让自己看起来更加美丽动人，另一个目的是遮掩自己的一些瑕疵。在旅游服务中，化妆一定要符合常规的审美标准，能得到大多数人的认同，绝对不能太另类。

3. 协调

高水平的化妆强调整体效果，应使化妆的妆面协调、全身协调、场合协调、身份协调，体现自己的不俗与品位。

4. 得法

化妆要讲究个性，但不是标新立异，要讲究得法。例如，在旅游服务工作的时候适宜淡妆，社交中可以适当浓妆，晚会一般要浓妆。香水不适宜喷在容易出汗的地方，一次不宜喷得太多、太集中。口红最好与指甲油的颜色一致。

5. 扬长避短

所有人的容貌都不会十全十美，或多或少会有不尽如人意的地方。脸部化妆要突出面部五官最美的部分，使其更加美丽，也要掩盖或矫正缺陷或不足的部分。

6. 化妆避人

无论是在办公室、社交场合还是公共场所，在众目睽睽之下化妆、补妆都是非常失礼的，这样做是不尊重别人、缺乏修养的表现。如有需要，应到房间或洗手间去补妆。每个人都有各自不同的审美情趣和化妆手法，所以不要非议别人的化妆方式，不要对他人的妆容品头论足，不要借用别人的化妆品。

化妆的步骤

（二）化妆的步骤

1. 打粉底

打粉底又叫敷底粉或打底，是一种基础化妆，主要目的是调整面部皮肤颜色。

打粉底时应注意以下几点。

（1）事先要清洗好面部，并且拍上适量的化妆水、乳液。

（2）选好粉底霜的色彩，不同的肤色应选用不同的粉底霜。所选的粉底霜最好与自己的肤色相接近，不宜使二者反差过大，以免看起来失真。

（3）打粉底时一定要借助海绵，要做到取用适量、涂抹细致、薄厚均匀。

（4）切勿忘记在颈部打上一点粉底，以免产生“泾渭分明”的不良效果。

2. 画眼线

画眼线这一步骤在化妆时最好不要省掉。它的最大好处是可以让化妆者的一双眼睛生动有神，并且更富有光泽。

在画眼线时，一般要画得紧贴眼睫毛。画上眼线时，应当从内眼角朝外眼角方向画；画下眼线时，则应当从外眼角朝内眼角画，并且在距内眼角约 1/3 处收笔。在画外眼线时，特别要重视笔法，最好是先粗后细，由浓而淡，要注意避免眼线画得呆板、锐利、曲曲弯弯。画完之后的上下眼线，一般在外眼角处不应当连在一起。上眼线看上去要稍长一些，这样会使双眼显得大而充满活力。

3. 涂眼影

涂眼影的主要目的是强化眼睛的立体感，使化妆者的双眼显得更为明亮传神。涂眼影时，要选对眼影的颜色。过分鲜艳的眼影，一般仅适用于晚妆，而不适用于旅游服务工作。对中国人来说，化工作妆时选用浅咖啡色的眼影，往往效果较好。涂眼影还要强调层次感，忌没有厚薄、深浅之分。涂眼影时，由浅而深、层次分明，有助于强化化妆者眼部的轮廓。

4. 描眉形

眉毛的浓淡与形状对一个人的容貌起着重要的烘托作用。在描眉时需注意以下几点。

（1）先要进行修眉，用专用的镊子拔除那些杂乱无序的眉毛。

（2）所要描出的整个眉形必须要兼顾本人的性别、年龄与脸形。

（3）在具体描眉形时，要对逐根眉毛进行细描，忌讳一描而过。

（4）具体手法上，注意要做到两头淡、中间浓，上边浅、下边深，以使眉形具有立体感。

5. 涂腮红

涂腮红是指化妆时在面颊处涂上适量的胭脂。涂腮红可以使面颊更加红润，面部轮廓更加优美，并且呈现出健康的状态。旅游服务人员在上腮红时需要注意以下几点。

（1）选择优质的腮红，若质地不佳则难有良好的化妆效果。

（2）腮红与唇膏或眼影应属于同一色系，以体现妆面的和谐之美。

（3）腮红与面部肤色过渡自然。正确的做法是：以小刷蘸取腮红，先涂在颧骨下方，即高不及眼睛、低不过嘴角、长不到眼长的 1/2 处，然后才略延展晕染。

（4）扑粉进行定妆。在涂好腮红后，即应以定妆粉定妆，以便吸收汗液、皮脂，避免脱妆。扑粉时注意不要用量过多，并且不要忘记在颈部也要扑上一些。

6. 修饰唇形

涂唇膏既可改变不理想的唇形，又可使双唇更加娇媚迷人。旅游服务人员涂唇膏时应注意以下几点。

（1）先用唇线笔描好唇线，确定好理想的唇形。唇线笔的颜色要略深于唇膏的颜色。描唇形时，嘴应自然放松张开，先描上唇，后描下唇。在描唇形时，应从左右两侧分别沿着唇部的轮廓线向中间描。上唇嘴角要描细，下唇嘴角则要略去。

（2）涂好唇膏。用唇线笔描好唇形后，才能涂唇膏。选择唇膏时，既可以选彩色，也可以选无色。唇膏要安全无害，避免选用鲜艳古怪的颜色。女性一般宜选棕色、橙色，男性则宜选无色唇膏。涂唇膏时，应从两侧涂向中间，并要使之均匀而又不超出早先以唇线笔画定的唇形。

（3）仔细检查。涂完唇膏后，要用纸巾吸去多余的唇膏，并细心检查一下牙齿上有无唇膏的痕迹。

7. 喷香水

喷香水可以掩饰不雅的体味，而不是为了使自己香气袭人，这一点很重要。喷香水应注意以下几个问题。

（1）喷香水不应影响本职工作或有碍于人。

（2）宜选气味淡雅清新的香水，并应使之与自己同时使用的其他化妆品香型大体上一致，而不是彼此“串味儿”。

（3）切勿使用过量，以免产生适得其反的效果。

（4）将香水喷在或涂抹于适当之处，如腕部、耳后、领下、膝后等，不要将香水直接喷在衣物上、头发上或身上其他易于出汗部位。

角色练习

化妆练习

★技能训练目标

（1）通过同学间互相检查仪容，使学生掌握旅游服务人员仪容的基本要求。

（2）通过学生自评、互评，检验美化仪容的能力。

★技能训练准备

（1）复习有关仪容礼仪方面的知识点。

（2）确定宾客、服务人员的角色扮演者。

（3）场景分别设定为导游服务、餐饮服务、会展服务等。

★技能训练步骤

（1）分组练习。

（2）小组展示。

（3）师生点评。

（4）分组练习，改进不足，提高美化仪容的能力。

特别提示

本任务实训的关键点是要学生掌握旅游服务过程中不同岗位的仪容要求，学生要检查自身仪容的不足，对照礼仪规范整改，同时要能指出其他同学仪容修饰的长处。

视野拓展

香水的使用

一、香水的使用方法

如何使用香水展现个人的品位与修养呢？香水的正确使用方法分喷雾法与“七点法”。

（一）喷雾法

在穿衣服前，让喷雾器距身体约 10~20 厘米，喷出雾状香水，喷洒范围越广越好，随后立于香雾中，或者将香水向空中大范围喷洒，然后慢慢穿过香雾。这样可以让香水均匀落在身体上，留下淡淡的清香。

（二）“七点法”

首先将香水分别喷于左右手腕静脉处，双手中指及无名指轻触对应手腕静脉处，随后轻触双耳后侧、后颈部，而后轻拢头发，并于发尾处停留稍许。双手手腕轻触相对应的手肘内侧。使用喷雾器将香水喷于腰部左右两侧，左右手指分别轻触腰部喷香处，然后用沾有香水的手指轻触大腿内侧、左右腿膝盖内侧、脚踝内侧。注意，在采用“七点法”过程中，所有轻触动作都不应有摩擦，否则香料中的有机成分发生化学反应，可能破坏香水的原味。

二、使用香水的注意事项

（一）TPO 原则

香水的使用要注意 TPO（英语单词首字母的缩写，分别代表时间、地点和目的）原则：例如，办公室时应尽量使用清淡、中性香味的香水；郊游及运动时应使用清爽型香水；聚餐时使用淡香水，擦香部位于腰部以下较好；舞会时的擦香部位于腰部以下及裙摆处较好。夏天使用柑橘香调、绿茶香调或甜度较为收敛的复合花香调香水；秋冬季使用柑橘香调、东方花香调香水。

（二）与化妆品香味相协调

除香水外，护肤、护发、洗涤用品中都含有各种香料。在使用香水时，注意香味应与这些产品的香味相协调。建议于洗发、沐浴一个小时后喷香水。如果想充分表现个人品位及性格，最好购买、使用无香洗护用品，以保证香水香味的纯正。

（三）出门前20分钟使用

大部分香水调配分前调、中调和后调。前调持续时间为10分钟左右，中调持续时间约2小时，这时为香水的灵魂时段；后调持续时间为2小时以上，此段时间香水与肌肤融合后的味道形成了此种香水的独特味道，称为后味，也就是所谓余香或体味。鉴于香水的特性，建议出门前20分钟使用，以便给人留下完美形象。

（四）避免阳光直射

紫外线会使香水中的有机成分发生化学反应，造成皮肤过敏等症状，所以在使用香水时，应注意涂抹部位为阳光直射不到的部位。

（五）敏感肌肤的使用技巧

在熨衣架上铺一条喷上香水的手帕，放上衣服，熨斗在衣服上面1~2厘米处移动。酒精遇热蒸发，香味也就留在衣服上。或携带一块喷上香水的手帕。

（六）香水不能直接接触金银首饰

香料为有机成分，易与金、银、珍珠发生化学反应使之褪色、受损，因此香水不能直接喷于饰物上，可以先喷香水后戴首饰。

任务评价

序号	任务内容	任务要求	等级	待改进技能	备注
1	了解仪容礼仪	掌握仪容礼仪的规范要求			
2	熟悉化妆的方法	根据工作岗位的要求化妆			
3	了解化妆的技巧	美化妆容			

任务二　掌握仪表礼仪

任务描述

本任务要求学生在旅游服务工作时，能以良好的仪表形象对客服务，主要通过课上学习、课上实训及课后反复演练等方法，美化自己的仪表。

情境导入

希拉里仪表的变化

一位国际知名服装设计师给希拉里提出着装建议，劝她多穿裙子以增加女人味。事实上，从阿肯色州州长夫人到白宫女主人，再到美国历史上首位参选总统的前第一夫人，多年来，希拉里一直在苦苦追寻美丽真经。从当初的老气横秋到如今的时尚靓丽，希拉里的形象发生了脱胎换骨的转变。

州长夫人——1978 年，克林顿当选阿肯色州州长，希拉里的打扮就像一位女权主义者，梳着老气横秋的齐肩发，戴着学究式的黑色宽边眼镜。

初入白宫——1993 年 1 月，克林顿首次入主白宫，希拉里穿上了充满女性韵味的、鲜艳的时装和长裙，戴隐形眼镜，剪短发，给人严肃、难以接近的印象。

艰难转型——克林顿连任总统后，希拉里的穿着打扮越来越时尚。1997 年，她还登上了《时尚》杂志的封面。她改穿浅色套装，将头发染成了金色，使她看起来更有神采，还可以遮掩因年龄增长带来的灰白头发。

竞选总统——如今，身为参议员，冲击总统宝座的希拉里终于找到了适合自己的风格：一头精干的短发，一身柔和的职业套装。她开始享受鲜艳服饰带来的改变。在 2005 年的申奥陈述现场，希拉里佩戴一条五彩丝巾走上讲坛，轻快活泼又不失优雅，被媒体大赞"艳而不俗"。

☞ **分析**

在不同场合，穿着得体能够给他人留下良好的印象，穿着不当则会降低身份，损害自身形象。着装不仅反映一个人的修养与气质，也能显示对他人的尊重。每个人都应该根据自己的气质、性格、身材、职业特性等，选择合适的服饰和配饰。

相关知识

仪表即人的外表，包括容貌、举止、姿态、风度等。在旅游服务、商务活动及社交场合，一个人的仪表不但可以体现其文化修养，也可以反映其审美水平。

一、着装的原则

（一）通行 TPO 原则

TPO 是 3 个英语单词首字母的缩写，分别代表时间（Time）、地点（Place）和目的（Objective），即着装应该与当时的时间、所处的场合和目的相协调。

1. 时间原则

一般包含 3 个含义。

第一个含义是指每天的早上、日间和晚上 3 段时间的变化。

第二个含义是指每年的春、夏、秋、冬四季的不同。

第三个含义是指时代的差异。

不同时段的着装规则对女士尤其重要。男士有一套质地上乘的深色西装或中山装可以包打天下，而女士的着装则要随时间而变换。白天工作时，女士应穿着正式服装，以体现专业性；晚上出席鸡尾酒会就需多加一些修饰，如换一双高跟鞋，戴上有光泽的佩饰，围一条漂亮的丝巾。服装的选择还要适合季节气候特点，并保持与潮流大势同步。

2. 地点原则

不同的环境需要与之相协调的服饰。在自己家里接待客人，可以穿着舒适整洁的休闲服；去工作场合拜访宾客，穿职业套装则显得专业。外出时要注意场合和当地的风俗传统习惯，如去教堂或寺庙等场所，就不能穿过于暴露的服装。

3. 目的原则

可以从两方面考虑，一方面是做事的目的，另一方面是想留给别人何种印象。例如，运动时要穿运动装，旅游服务谈判的时候要穿正装。如果想给别人留下严谨可信的印象，穿着就不能太随意。

（二）协调原则

着装应以本人的年龄、体形、肤色、职业等条件作依据，与自身的具体条件相适应，不要盲目模仿、追求流行，只有这样，才能显示出自己的独特魅力。

（三）整洁原则

在任何情况下，服饰都应该是整洁的，如衣服上不能沾有污渍（衣领和袖口处尤要注意），扣子等配件应齐全，衣服不能有开线的地方，更不能有破洞。

（四）考虑文化背景的影响

我国与西方社会的文化背景不同，风俗习惯、审美观念也不同，不能简单模仿西方的穿着打扮。在一些庄重严肃的场合，如洽谈、参加大型会议等，女士的着装不能“轻、薄、透、露”。在旅游服务时，内衣“走光”不但会使自己难堪，而且还会给宾客留下轻浮之感。

（五）不同场合的着装搭配

根据 TPO 原则，我们可以把自己所处的具体环境分为正式场合、半正式场合与非正式场合三大类型。

1. 正式场合

正式场合一般指招待会、签约、迎宾、宴会等有正式公务以及重要社交活动的场合，着装遵循庄重、大方的风格，可穿套装、礼服。

2. 半正式场合

半正式场合一般指工作、午宴、一般性访问等场合，男士可以穿棕色、浅色或较明亮的深色西服，衬衫可穿素净、文雅并与西装颜色协调的衬衫，领带要求配有规则花纹或图案，或是素雅的单色领带。虽然对于不同的工作场合，着装要求也不一样，但都应该庄重、整洁、大方，与企业文化和职业特征相适应。例如，导游人员着装可以较为休闲，以显示亲和力。

3. 非正式场合

非正式场合主要指聚会、旅游、访友等场合。此时的着装以舒适为准，以休闲装、运动服、时装为佳。

二、男士着装礼仪

（一）西装

西装是男士在正式场合着装的优先选择。男士要想使自己所穿的西装优雅得体，就得在西装的选择、穿法、搭配三个主要方面遵循相关的礼仪规范。

1. 西装的分类

西装是来自西方国家的制式服装。西装可分为正装西装和休闲西装，两者之间的区别主要体现在色彩、面料和款式三方面。从色彩上看，正装西装主要是单色、深色。世界公认的实业界人士西装的最佳颜色是藏蓝色，其次是灰色、黑色；而休闲西装异彩纷呈，可以是单色的或者是多色的。从面料上看，正装西装面料是纯毛或混纺的，用这样的面料做出的西服悬垂、透气、挺括；而休闲西装可以用各种各样的面料，如皮、棉、麻、丝等。在款式上，正装西装都是套装，有两件套或三件套，并且是暗兜；休闲西装则是单件，有明兜。参加高规格的旅游服务活动穿三件套西装看起来要更加正式些。

目前，国际流行的西装的外观造型为三大流派：英式、美式和欧式。男士们可以根据自己的爱好、身材和具体场合来选用以上三大流派西服。一般来说，在宴会、酒会、庆典、会见贵宾等高级社交场合，应穿英式西装；在舞会、访友、会议等半正规场合可穿欧式西装；平时上班、购物可穿美式西装，显得大方、自然。

2. 西装的套件

西服有两件套、三件套之分。西服套装上下装颜色应一致。在搭配上，西装、衬衣、领带这三样中应有两样为素色。两件套西服在正式场合不能脱下外衣。正式场合必须穿颜色素雅的同质、同色或单色深色西服套装。穿西装，内衣不要穿太多，春秋季节只配一件衬衣最好，冬季衬衣里面也不要穿棉毛衫，可在衬衣外面穿一件羊毛衫。按习俗，西装里面不能加毛背心或毛衣。在我国，至多也只能加一件“V”字领羊毛衫，否则易显得十分臃肿，以致破坏西装的线条美。

3. 西装与衬衫

配西装的衬衣颜色应与西装颜色协调，为单色，不能是同一色。其中白色衬衣能搭配各种颜色的西服，而且效果较理想。正式场合男士不宜穿色彩鲜艳的格子或花色衬衣。

衬衣须挺括、整洁、无褶皱，尤其是领口。衬衫衣袖要稍长于西装衣袖 0.5~1 厘米，领子要高出西装领子 1~1.5 厘米，以显示衣着的层次。衬衫下摆要塞进西裤，系好领扣和袖扣。如不系领带，可不扣领口。

4. 西装与领带

在正式庄重的场合，穿西服必须打领带。领带的领结要饱满，与衬衫的领口相吻合。领带必须打在硬领衬衫上。领带的颜色、图案要与衬衫、西服和谐，其长度以到腰带扣处为宜。若内穿毛衣或毛背心等，领带必须置于毛衣或毛背心之内，且西服下端不能露出领带头。

5. 西装的纽扣

西装有单排扣和双排扣之分。双排扣西装一般要求将扣全部扣好，以示庄重；单排扣西装、三粒扣西装，系上面两粒或只系中间一粒都合规范要求，坐下时可解开。两粒扣的西装，一般只系上面一粒扣是洋气、正统，只系下面一粒是牛气、流气，全扣上是土气，都不系敞开是潇洒、帅气。一粒扣的西装，系上端庄，敞开潇洒。

6. 西装与鞋袜

庄重的西装要配深褐色或黑色的皮鞋。穿皮鞋还要配上合适的袜子，以同色或相近色的中筒袜为佳。忌穿半透明的尼龙或涤纶丝袜，忌穿白色袜子和色彩鲜艳的花袜子。穿西装时不宜穿布鞋、凉鞋或旅游鞋。

7. 男士穿西装的注意事项

“三色”原则：在非常正式的场合，男士全身上下的服饰不超过三种颜色。

“三一定律”：皮鞋、腰带、公文包保持同一个颜色，以黑色为首选。

8. 穿西装应注意的细节

（1）拆除商标。

穿新西装，衣袖上的商标一定要拆掉。

（2）熨烫平整。

一套平整挺括、线条笔直的西服不仅看上去质地精良、大方，也会给穿着者带来意想不到的效果。

（3）扣好纽扣。

西服上衣纽扣系法：单排两粒扣式的西服上衣，讲究“扣上不扣下”，即只扣上边那粒纽扣，但也可以两个都不扣。

（4）不卷不挽。

穿西服一定要保持其原状。在任何场合都不可将西服上衣的衣袖挽上去，也不能随意卷起西裤的裤管。

（5）慎穿羊毛衫。

一般穿西装尽量不要穿羊毛衫或毛背心。

（6）巧配内衣。

西服必须与衬衫搭配，标准穿法是衬衫之内不再穿其他衣物。至于不穿衬衣，将 T 恤与西服搭配的穿法，在正式场合是不符合礼仪规范的。

（7）少装东西。

要使西服穿着在外观上保持挺括，就应当在西服的口袋里少装东西或不装东西。具体而言，西服上衣左侧的胸部口袋除了可以插入一块用以装饰的真丝手帕外，不应再放其他任何东西。内侧的胸口口袋，可以用来放钢笔、钱夹或名片夹，但不要放过大过厚或容易发出响声的钥匙。外侧下方的两个口袋原则上不放任何东西。西服裤子侧面的口袋只能放纸巾、钥匙包或钱包，其后面口袋一般不放东西。

9. 西装的搭配

穿西装必须讲究西装、衬衫、领带三者之间的配色，常用的西装、衬衫、领带三者之间色彩搭配方法如下。

（1）黑色西装搭配白色或淡色衬衫，系银灰色、蓝色调或黑红色细条纹领带。此法搭配显得庄重大方、沉着稳重。

（2）深灰色西装配白色或淡蓝色衬衫，系石榴红色、绿色及黄色调领带。此种搭配格调高雅。

（3）暗蓝色西装配白色或淡蓝色衬衫，系蓝色调或黑红色调领带，此种搭配端庄稳健。

（4）墨绿色西装搭配白色或银灰色衬衫，系银灰色、灰黄色领带。此种搭配更显典雅华贵。

（5）咖啡色西装配黄褐色衬衫，系咖啡色领带。此种搭配更显风度翩翩。

（二）中山装

中山装是以中国革命先行者孙中山名字命名的服装。其上衣左右各有两个带盖子和扣子的口袋，搭配西式长裤。

穿中山装时，要求衣服平整，衣领处可以露出一道白衬衫领。衣兜不能装过多的东西，内衣不能太厚，在任何场合下都要扣好纽扣和领钩，搭配同色皮鞋。

身着中山装显得庄重、大方、稳健，富有中国气派，适于出席各种外交、社交场合。

三、女士着装礼仪

对于职业女性来说，服饰要偏重于职业化。在服饰的选择标准上与男士日益趋同，更多地注重服饰的质地做工，而在服饰款式和色彩的选择上往往以简洁大方为基本原则。为了使职业化服饰具有一定个性色彩，可以装扮一些小饰物来体现自己独特的审美情趣和服饰品位。

套裙一般是由一件女式西装上衣和一条半截裙所构成的，多数为两件套女装。根据礼仪规范，正式场合穿着的套裙，通常必须具备如下特色：它应当是由高档面料缝制的；上衣与裙子应当采用同一质地、同一色彩的素色面料；在造型上讲究能为着装者扬长避短。套裙的上衣注重平整、挺括、贴身，较少使用饰物、花边进行点缀；裙子则应以窄裙为主，裙长应及膝或者过膝。

（一）套裙穿着的注意事项

在正式场合穿着套裙时，套裙的具体穿着与搭配的方法多有讲究。

1. 大小适度

通常认为套裙的上衣最短可以齐腰，而裙子最长则可以达到小腿的中部。但上衣不可以再短，裙子也不可以再长，否则便会给人以勉强或者散漫的感觉。

上衣的袖长以恰恰盖住着装者的手腕为佳。衣袖如果过长，甚至在垂手而立时挡住着装者的大半个手掌，就会使其看上去矮小而无神；衣袖如果过短，使着装者“捉襟见肘”，则会显得滑稽且随便。

2. 穿着到位

在穿套裙时，上衣的领子要完全翻好，衣袋的盖子要拉出来盖住衣袋，不能将上衣披在身上或者搭在身上。裙子要穿得端正，上下对齐之处务必对齐。女士在出席正式场合之前，一定要抽出时间仔细地检查一下所穿衣裙的纽扣是否系好、拉锁是否拉好。按照规矩，女士在正式场合穿套裙时，上衣的衣扣只能一律全部系上，不允许将其部分解开或全部解开，更不允许当着别人的面随便将上衣脱下来。如果不遵守这一规则，会给人以目中无人、不重礼节之感。

3. 协调妆饰

高层次的穿着打扮，讲究的是着装、化妆与配饰风格统一、相辅相成。穿套裙时的基本守则是：既不可以不化妆，也不可以化浓妆。在穿套裙时，职业女性必须维护好个人的形象，要化好妆，但不要浓妆，因为要突出的是在工作岗位上的工作能力、敬业精神，而非自己的性别特征和靓丽容颜，所以只化适当的淡妆，“妆有却无”，恰到好处即可。就配饰而言，以少为宜，合乎身份。在工作中，可以不佩戴任何首饰。如果要佩戴的话，至多不超过三种，每种也不宜多于两件。不仅如此，穿套裙的女士在佩戴首饰时，还必须兼顾自己的职业女性这一身份。按照惯例，不允许佩戴与个人身份无关的珠宝首饰，也不允许佩戴有可能过度张扬“女人味”的耳环、手镯、脚链等饰品。

4. 兼顾举止

只有着装者举止优雅，才能既将套裙自身的美感表现出来，又体现女性的柔美曲线。穿上套裙之后，要站得稳、正，不可以双腿叉开，或东倒西歪，或是倚墙靠壁而立。就座以后，务必注意坐姿，双腿切勿分开过大，或是跷起一条腿来，脚尖抖动不已。更不可以脚尖冲向客人或摇晃，甚至当众脱下鞋来。一套剪裁合身或稍微紧身一些的套裙，在行走或取放东西时，有可能对着装者产生一定程度的制约。由于裙摆所限，穿套装者走路时不能够大步流星地奔向前去，而只宜以小碎步疾行。行进之中，步子以轻、稳为佳，不可走得“咚咚”直响。需要去取某物时，若其与自己相距较远，可请他人相助，千万不要逞强，尤其是不要踮起脚尖、伸直胳膊费力地去取，或是俯身、探头去拿，以免使套裙突然开裂。

（二）套裙的搭配

1. 衬衫

与套裙配套穿着的衬衫，从面料上讲，主要要求轻薄而柔软。真丝、麻纱、府绸、罗布麻、涤棉等都可以做面料；从色彩上讲，衬衫的要求主要是雅致端庄，且不失女性的妩媚。只要色彩不是过于鲜艳，同所穿套裙颜色不相互排斥，均可作为衬衫的色彩，最好不要有图案，以单色为最佳。衬衫、套裙的色彩要协调，要么外深内浅，要么外浅内深，形成两者之间的深浅对比。穿衬衫时需注意以下几点。

（1）衬衫在公共场合不宜直接外穿。

（2）纽扣要系好。除最上端的一粒纽扣按惯例允许不系外，其他纽扣均不得随意解开。

（3）衬衫的下摆必须掖入裙腰之内，不得任其悬垂于外，或是将其在腰间打结。

2. 内衣

内衣所用的面料，以纯棉、真丝等面料为佳，色彩可以是常规的白色、肉色，也可以是粉色、红色、紫色、棕色、蓝色、黑色。注意不要使内衣的轮廓一目了然地在套裙之外展现出来。在内衣的穿着方面，女士必须注意如下问题。

（1）内衣不宜外穿。

（2）内衣不准外露。

（3）内衣不准外透。

3. 衬裙

衬裙，特指穿在裙子之内的裙子，尤其在穿丝、棉、麻等薄型面料或浅色面料的套裙时，假如不穿衬裙，很有可能使内裤显现，造成尴尬。

衬裙的色彩宜为单色，如白色、肉色等，但必须使之与外面套裙的色彩相协调。两者要么彼此一致，要么外深内浅，不允许出现两者之间外浅内深的情况。

在一般情况下，衬裙上不宜出现图案。衬裙的款式应特别注意线条简单、穿着合身、大小适度。衬裙不能长于外穿的套裙，也不能过于肥大，将外穿套裙撑得变形。

穿衬裙时要注意以下问题。

（1）衬裙的裙腰切不可高于套裙的裙腰，使之暴露在外。

（2）应将衬衫下摆掖入衬裙裙腰与套裙裙腰间，切不可将其掖入衬裙裙腰之内。

4. 鞋袜

与套裙配套的鞋子宜为皮鞋，并且以牛皮鞋为上品。所穿的袜子，应选肉色丝袜。

穿套裙的女士在穿鞋袜时，应注意以下四点。

（1）鞋袜应当完好无损。

鞋子如果开线、裂缝、掉漆、破残，袜子如果有破洞、跳丝，均应立即更换，做任何修补后都不适宜在商务场合再穿。

（2）鞋袜不可当众脱下。

有些女士喜欢有空便脱下鞋子，或是处于半脱鞋状态，此类做法都是有失身份的。

（3）袜子不可随意乱穿。

即使是为了御寒，也不允许同时穿两双袜子。将健美裤、九分裤等裤装当成袜子来穿更不符合礼仪规范。

（4）袜口不可暴露于外。

将袜口，即袜子的上端暴露在外，是一种公认的既缺乏服饰品位又失礼的表现。职业女士不仅穿套裙时应自觉避免此种情形，还应当在穿开衩裙装时注意，即使在走动之时，也不应当让袜口偶尔一现于裙衩之处。

四、佩戴饰品的原则

配饰是一种无声的语言，既可借以表达佩戴者的知识、阅历、教养和审美品位，又是一个有意的暗示，人们可以借以了解使用者的地位、身份、财富和婚恋现状。饰品的这两种功能，特别是第二种功能，是普通服装难以替代的。

（一）佩戴饰品的原则

在佩戴饰品时需遵守一些约定俗成的原则，注意与周围环境相协调，起到互补的艺术效果。

1. 数量原则

佩戴饰品时，在数量上的规则是以少为佳。若有意同时佩戴多种首饰，其上限一般为三种。其实在有些工作场合，一件首饰也不必佩戴。

2. 同色同质原则

佩戴饰品时，在色彩上的原则是力求同色。若同时佩戴两件或两件以上的饰品时，应使其色彩和质地上保持一致。

3. 协调原则

选择饰品时，不仅要照顾个人爱好，更应当使之服从于本人身份；佩戴饰品时，协调的原则就是要尽力使饰品与自己的职业、身份、性别、服饰、体形等因素相搭配。应将其视为服装整体的一部分，同时兼顾穿着的服装的质地、色彩、款式、风格，对自己的体形应该扬长避短。除此之外，季节不同佩戴的饰品也应该有所变化。

4. 习俗原则

不同的地区、民族，佩戴饰品的习惯做法多有不同，作为旅游服务人员一是要了解，二是要尊重。

（二）常见饰品的佩戴礼仪

1. 戒指

戒指的佩戴可以说是一种无声的语言，往往暗示佩戴者的婚姻和择偶状况。戒指一般只戴在左手，而且最好仅戴一枚，至多戴两枚，只有新娘可以例外。戴两枚戒指时，可戴在左手两个相连的手指上，也可戴在两只手对应的手指上。拇指通常不戴戒指。戴于食指表示求爱，想找对象；戴于中指表示正在恋爱中；戴于无名指表示名花有主，已订婚或结婚；戴在尾指上暗示自己是位独身主义者，将终身不嫁娶。

上述虽是约定成俗的规则，不是法律条文，不必严格遵守，但是在旅游服务中，如不了解这种戴戒指的常识，任意乱戴一气，可能会闹出笑话。

还有一种戒指，当你戴它的时候，无论你戴在哪里都不具备任何意义，这种戒指就是一般的花戒。这种戒指是起一种装饰的作用，可以戴在你想戴的任何手指上，但在商务场合应谨慎佩戴。

2. 手镯与手链

手镯可以戴一只或两只。戴一只时戴左手，戴两只时可以一只手戴一只或都戴在左手。不要在一只手上戴多只手镯。

手链男女均可佩戴，一般应仅戴一条，并戴在左手。一只手戴多条手链、双手同时戴手链、手链与手镯同时佩戴都符合礼仪规范。

一些国家所戴手镯、手链的数量、位置可以表示婚否。手链和手镯都不应与手表同戴于一只手。

3. 领带夹

领带夹是最常见的男用饰品之一，用于穿西装时固定领带。领带夹的位置不能太靠上，以下数的第三粒与第四粒衬衫衣扣之间为宜。在正式场合佩戴领带夹，需考虑其质地，应选取工艺精制、材料考究的领带夹。西装系好纽扣后不能使领带夹外露。

4. 胸针

胸针是别在胸前的饰物，多为女士所用。其图案最早以花卉为多，故又称胸花。佩戴胸针的部位有很多讲究。一般穿西装时，应别在左侧领上。穿无领上衣时，则应别在左侧胸前。胸针的佩戴部位还应与发型相协调。发型偏左时，胸针应当居右；发型偏右时，胸针应当偏左。其具体高度，一般以上衣从上往下数的第一粒与第二粒纽扣之间为宜。

5. 项链

男女均可佩戴项链，男士项链一般不外露。通常项链不应多于一条，但可将长项链折叠数圈。佩戴项链应和自己的年龄及体形协调。项链的粗细应与脖子的粗细成正比，长短成反比。如脖子细长的女士佩戴仿丝链，更显玲珑娇美。马鞭链粗实成熟，适合年龄较大的女士选用。佩戴项链也应和服装相呼应。例如，身着柔软、飘逸的丝绸衣裙时，宜佩戴精致、细巧的项链，显得妩媚动人；穿单色或素色服装时，宜佩戴色泽鲜明的项链，这样，在首饰的点缀下，服装色彩可显得丰富、活跃。

（三）不同场合的配饰礼仪

1. 正式场合

正式场合的配饰要考究。参加一些典礼、礼仪活动，可以适当戴一两件稍大的首饰；参加晚上的社交活动，要配合礼服戴大型首饰。如果穿西式大礼服，首饰一定要华丽，耳坠与项链的式样应该搭配。如果社交活动属于旅游服务应酬范围，女士的装束要保守一些。参加交谊舞会时，女士则要注意携带一个与服饰相配的手包，要小到可以挂在手腕上。

2. 半正式场合

在旅游服务活动中，女性所佩戴的首饰要与职业装相配，最好不要超过两件，式样宜简洁。

3. 非正式场合

非正式场合的配饰没有过多要求，可以根据个性佩戴各种质地的首饰。

角色练习

服装搭配练习

★技能训练目标

（1）通过同学间互相检查仪表，使学生掌握旅游服务人员仪容的基本要求。

（2）通过学生自评、互评，提高符合职业规范的服饰搭配能力。

★技能训练准备

（1）复习有关仪表礼仪方面的知识点。

（2）确定谈判、导游服务、会展服务等人员的角色扮演者。

（3）场景分别为会议室、模拟景区等。

（4）准备服饰道具。

★技能训练步骤

（1）分组练习服装搭配。

（2）小组展示。

（3）师生点评仪表搭配方面出现的问题。

（4）分组练习，改进不足，提高能力。

特别提示

本任务实训的关键点是要学生掌握旅游服务过程中不同岗位的仪表要求，学生要检查自身仪表的不足，对照礼仪规范整改，同时要能指出其他同学仪表、配饰的长处和不足。

视野拓展

旅游服务人员制服

人们通常所说的职业装实际上大都是指职业制服，是人们在从事某种活动或作业过程中，为统一形象、提高效率及安全防护而穿着的特定制式的服装，亦称制服。在现代服饰中，社会上的绝大多数人都在从事某一职业，几乎所有的人都与职业制服有联系。制服的选择、区分、风格定位多由主管部门或企业统一制定、发放，而非穿着者自己购买。

制服一般由某一个企业统一制作，并要求职工统一穿着。制服体现着自己所在企业或行业的形象，反映了企业或行业的规范化程度。

制服的特点：面料统一、色彩统一、款式统一、穿着统一。

制服的穿法：忌脏、忌破、忌皱、忌乱，使用与制服配套的衣饰。

一、公司统一制服的作用

（一）树立企业形象

企业也具有一个形象问题，这些形象可能是高楼大厦，也可能是铺天盖地的广告，但企业形象最能被生动和随时随地体现的，首先是员工的形象。由此可见，企业形象首先是人的形象。

（二）提高企业凝聚力

人是最活跃的企业资源，也是唯一一种会自我调控生产效率的资源。一个企业只有万众一心、同心协力，才能将企业的人力资源效用发挥得淋漓尽致。因此，要想提高企业效益，要优先提高员工凝聚力。当企业的员工为自己的企业而骄傲，感到企业在关心自己的利益的时候，自然而然就会增强对企业的向心力。好的职业装能够从一个侧面加强企业自豪感和体现企业对员工利益的关心。

（三）创造独特的企业文化

首先，职业装在企业形象识别系统中虽然属于视觉识别的范畴，但是职业装穿在人身上，也能反映员工的精神风貌，体现出企业的文化内涵；其次，设计独特的职业装能体现企业的价值观。比如深色调和保守的职业装能够体现企业的稳健作风，而颜色和款式设计大胆的职业装则能体现企业的创新精神等。从企业员工的着装和言行举止，就能够看到一家企业领导的影子，就能窥探到企业文化。

（四）规范员工行为

无论下班时员工在干什么，上班一穿上职业装，就能使员工马上意识到自己已经进入工作状态。如果企业能够恰如其分地将职业装与员工的行为联系起来，穿职业装的过程就相当于一次“岗前会”。职业装起到规范员工行为的作用。

二、不同体形特征的人的着装要领

人的体形多种多样，每个人的体形也存在着差异。无论对于何种体形的人，着装时都应巧妙地扬长避短，衬托出人体的自然美。

（一）较肥胖体形

较肥胖形的人宜选用富于收缩感的深色、冷调服装。如果穿浅淡色调服装，脸上的阴影很淡，人就显得更胖。体形较胖的女性最好不要穿带有夸张花色图案的衣服，应选择纯色或有立体感花纹的衣服。竖条纹能使胖体形直向拉长，产生修长、苗条的感觉。体形较胖的女性，穿短上装时应尽量避免短裙，上装和下装比例不要太接近，比例越大越显修长，外套则是敞开穿效果最佳。

（二）瘦体形

体形较瘦的人服装色彩宜选用富有膨胀、扩张感的淡色，沉稳的暖色调，使之产生放大感，显得丰满一些，而不能穿着清冷的蓝绿色调或高明度的明暖色，那会显得单薄、弱不禁风。还可利用衣料的花色调节，比如大格子花纹、横条纹能使瘦体形横向舒展、延伸，使人变得丰满一些。

（三）梨形

梨形身材的人上身比较瘦，腰细，大腿粗，臀部过大。上装宜用明色调，如白、粉红、浅蓝等，下装宜用暗色调，如黑色、深灰色、咖啡色等。上下对照，突出上身的纤细，隐藏下身粗大，效果会好些。臀部过大的不宜穿太短的外套，穿短外套时，可以不系扣敞开穿，里面搭配的衣服也要短些。另外，外套下端底边要略宽松些，不会和下装紧贴起来的外套最适合。

（四）苹果形

苹果形身材的人上身圆胖、胸大、腰围显粗，而腿比较细。苹果形身材与梨形身材相反，上身宜穿深色系衣服，如黑色、墨绿色、深咖啡色等，下装穿着明亮的浅色，如白色、浅灰色等。白色的长裤搭配黑色的上衣效果会非常好。

（五）腿短的体形

腿短体形的人，上装的色彩和图案要比下装华丽显眼一些，或者选择统一色调的套装。对于这种体形者，可尽量穿暗色调的长裤或裙子。

（六）肩窄的体形

肩窄体形的人，上装宜穿着浅色或带有横条纹的服装，以增加宽度感。下装宜穿着偏深的颜色，更加衬托出肩部的厚实感。

（七）下盘丰腴的女性

此类身材的女性穿短外套时，可将底下的毛衣或是针织衫放出来，或在低腰处系条中宽或宽版腰带，能平衡上下身的比例线条，还可起遮掩修饰之效果。

任务评价

序号	任务内容	任务要求	等级	待改进技能	备注
1	了解仪表礼仪	掌握仪表礼仪的规范要求			
2	熟悉服装搭配的方法	根据工作岗位的要求搭配服装			
3	熟悉配饰的注意事项	根据工作岗位的要求搭配配饰			

任务三　掌握仪态礼仪

任务描述

本任务要求学生能用规范的仪态对客服务，主要通过课上学习、课上实训及课后反复演练等方法，美化自己的职业形象。

情境导入

空乘礼貌待客的故事

一架从沈阳到海南的航班起飞前，一位乘客请空乘小张给他倒一杯水吃药，小张很有礼貌地说："先生，为了您的安全，请稍等片刻，等飞机进入平稳飞行状态后，我会立刻把水给您送过来，好吗？"

20分钟后，飞机早已进入平稳飞行状态。突然，乘客服务铃急促地响了起来，小张猛然意识到：糟了，由于太忙，她忘记给那位乘客倒水了。当她来到客舱，看见按响服务铃的果然是刚才那位乘客，她小心翼翼地把水送到那位乘客眼前，微笑着说："先生，实在对不起，由于我的疏忽，耽误了您吃药的时间，我感到非常抱歉。"这位乘客抬起左手，指着手表说道："怎么回事，有你这样服务的吗？你看看，都过了多久了？"空姐手里端着水，心里感到很委屈，但是，无论她怎么解释，这位挑剔的乘客都不肯原谅她的疏忽。

在接下来的飞行途中，为了弥补自己的过失，每次去客舱给乘客服务时，小张都会特意走到那位乘客面前，面带微笑地询问他是否需要水或者别的什么帮助，然而，那位乘客余怒未消，并不理会小张。

临到目的地前，那位乘客要求空姐把留言本给他送过去，很显然，他要投诉小张。此时小张心里很委屈，但是仍然不失职业道德，显得非常有礼貌，而且面带微笑地说道："先生，请允许我再次向您表示真诚的歉意，无论您提出什么意见，我都会欣然接受您的批评。"那位乘客脸色一紧，嘴巴准备说什么，可是没有开口，他接过留言本，开始在本子上写了起来。

等到飞机安全降落，所有的乘客陆续离开后，小张本以为这下完了，没想到，等她打开留言本，却惊奇地发现，那位乘客在本子上写下的并不是投诉信，而是一封热情洋溢的表扬信。

☞ **分析**

小张做了什么才使得这位挑剔的乘客最终放弃了投诉呢？有个不为人知的情节——在信中，小张读到这样一句话："在整个过程中，你表现出的真诚的歉意，特别是你的12次微笑深深打动了我，使我最终决定将投诉信写成表扬信。你的服务质量很高，下次如果有机会，我还将乘坐你们这趟航班。”

事实表明，在人与人之间的沟通过程中，用优美的仪态表现礼仪，比用语言更能让受礼者感到真实、美好和生动。所以，旅游服务人员在工作中应注意自己的仪态，它既是自我尊重和尊重他人的表现，也能反映出一位旅游服务人员的工作态度和责任感。

相关知识

一、基本仪态

基本仪态

仪态是指人在行为中表现出来的姿势，主要包括站姿、坐姿、走姿、表情以及身体展示的各种动作。

“站如松，坐如钟，行如风，卧如弓”，是中国传统礼仪的要求，在当今社会中已被赋予了更丰富的含义。我们在旅游服务活动中要学会用兼收并蓄的宽容之心去读懂对方的姿态，更要学会通过完善自我的姿态去表达自己想要表达的内容。

（一）站姿

站姿是生活静态造型的动作，优美、典雅的站姿是人的质感美、动态美的起点和基础，能衬托一个人优雅的气质和风度。

1. 标准站姿的动作要求

（1）身体舒展直立，重心线穿过脊柱，落在两腿中间，足弓稍偏前处，并尽量上提。

（2）精神饱满，面带微笑，双目平视，目光柔和有神，自然亲切。

（3）脖子伸直，头向上顶，下颚略回收。

（4）挺胸收腹、收臀。

（5）双肩后挺并下沉，两臂于裤缝两侧自然下垂，手指自然弯曲，或双手轻松自然地在体前交叉相握。

（6）两腿肌肉收紧直立，膝部放松。女性站立时，脚跟相靠，脚尖分开约45°，呈“V”形；男性站立时，双脚可略为分开，但不能超过肩宽。

（7）站累时，脚可向后撤半步，身体重心移至后脚，但上体必须保持挺直。

由于日常活动的不同需要，旅游服务人员也可采用其他一些站立姿势。这些姿势与标准站姿的区别，主要通过手和腿脚的动作变化体现出来。例如，女性单独在公众面前或登台亮相时，两脚呈丁字步站立，显得更加苗条、优雅。需要注意的是，这些站立姿势必须以标准站姿（见图 2-1）为基础，与具体环境相配合，才会显得美观大方。

图 2–1　标准站姿

2. 站姿训练方法

（1）五点靠墙

背墙站立，脚跟、小腿、臀部、双肩和头部五点靠着墙壁，以训练整个身体的控制能力。

（2）双腿夹纸

站立者在两大腿间夹上一张纸，保持纸不松、不掉，以训练腿部的控制能力。

（3）头上顶书

站立者按要领站好后，在头上顶一本书，努力保持书在头上的稳定性，以训练头部的控制能力。

（4）效果检测

轻松地摆动身体后，瞬间以标准站姿站立，若姿势不够标准，则应加强练习，直至无误为止。

（二）走姿

走姿是人的基本动作之一，最能体现出一个人的精神面貌。行走姿态的好坏可反映人的内心境界和文化素养的高低，能够展现出一个人的风度、风采和韵味。

1. 标准走姿要求

（1）走姿是站姿的延续动作，行走时，必须保持站姿中除手和脚以外的各种要领。

（2）走路使用腰力，身体重心宜稍向前倾。

（3）跨步均匀，步幅约一只脚到一只半脚。

（4）迈步时，两腿间距离要小。女性穿裙子或旗袍时要走成一条直线，使裙子或旗袍的下摆与脚的动作协调，呈现优美的韵律感；穿裤装时，宜走成两条平行的直线（见图 2–2）。

图 2–2　女性的走姿

（5）出脚和落脚时，脚尖脚跟应与前进方向近乎一条直线，避免“内八字”或“外八字”。

（6）两手前后自然协调摆动，手臂与身体的夹角为 10°~15°，由大臂带动小臂摆动，肘关节只可微曲。

（7）上下楼梯，应保持上体正直，脚步轻盈平稳，尽量少用眼睛看楼梯，最好不要手扶栏杆。

2. 走姿训练方法

（1）行走辅助训练。

①摆臂：人直立，保持基本站姿。在距离小腹两拳处确定一个点，两手呈半握拳状，斜前方均向此点摆动，由大臂带动小臂。

②展膝：保持基本站姿，左脚起脚后跟，脚尖不离地面，左脚跟落下时，右脚同时起脚后跟，两脚交替进行，脚跟提起的腿屈膝，另一条腿膝部内侧用力绷直。做此动作时，两膝靠拢，内侧摩擦运动。

③平衡：行走时，在头上放个小垫子、笔记本或书籍，用左右手轮流扶住，在能够掌握平衡之后，再放下手进行练习，注意保持物品不掉下来。通过训练，使背脊、脖子竖直，上半身不随便摇晃。

（2）分解动作训练。

①保持基本站姿，双手叉腰，左脚擦地前点地，与右脚相距一个脚长，右脚直腿蹬地，髋关节迅速前移重心，成右前点地，然后换方向练习。

②保持基本站姿，两臂体侧自然下垂。左腿前点地时，右臂移至小腹前的指定点位置，左臂向后斜摆，右腿蹬地，重心前移成右前点地时，手臂位置不变，然后换方向练习。

（3）行走连续动作训练。

①左腿屈膝，向上抬起，提腿向正前方迈出，脚跟先落地，经脚心、前脚掌至全脚落地，同时右脚后跟向上慢慢垫起，身体重心移向左腿。

②换右腿屈膝，经过与左腿膝盖内侧摩擦向上抬起，勾脚迈出，脚跟先着地，落在左脚前方，两脚间相隔一脚距离。

③迈左腿时，右臂在前；迈右腿时，左臂在前。

将以上动作连贯运用，反复练习。

（三）坐姿

坐姿是一种可以维持较长时间的工作姿势，也是一种主要的休息姿势，更是人们在社交、娱乐中的主要身体姿势。良好的坐姿不仅有利于健康，而且能塑造沉着、稳重、文雅、端庄的个人形象。

1. 标准坐姿要求

（1）精神饱满，表情自然，目光平视前方或注视交谈对象。

（2）身体端正舒展，重心垂直向下或稍向前倾，腰背挺直，一般情况下，臀部占座椅面的 2/3。

（3）双膝并拢或微微分开（见图 2–3），双脚并齐。

（4）两手可自然放于腿上或椅子的扶手上。

除基本坐姿以外，由于双腿位置的改变，也可形成多种优美的坐姿，如双腿平行斜放，两脚前后相掖，或两脚呈小八字形等，都能给人舒适优雅的感觉。如要架腿，最好后于宾客交叠双腿，脚尖不能朝向宾客，一般情况下，女性不架腿。无论哪种坐姿，都必须保证腰背挺直，女性还要特别注意使双膝并拢（见图 2–4）。

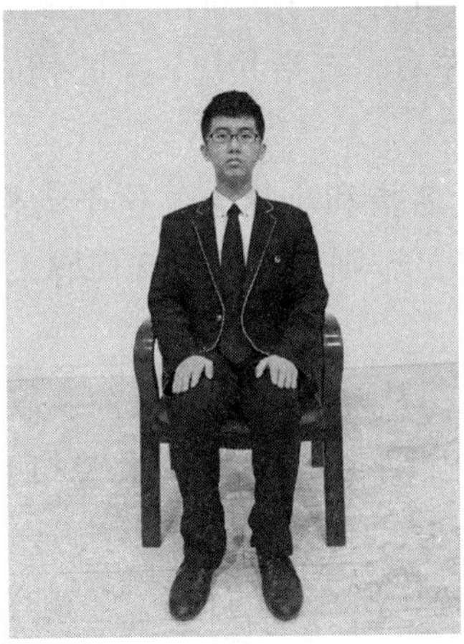

图 2–3　男性标准坐姿

图 2–4　女性标准坐姿

2. 入座、离座坐姿训练

（1）从椅子后面入座。如果椅子左右两侧都空着，应从左侧走到椅前。

（2）不论从哪个方向入座，都应在离椅前半步远的位置立定，右脚稍微向后撤半步，用小腿靠椅，以确定位置。

（3）女性穿着裙装入座时，应用双手将后裙片向前拢一下，以显得娴雅端庄。

（4）坐下时，身体重心徐徐垂直落下，臀部接触椅面要轻，避免发出声响。

（5）坐下之后，双脚并齐，双腿并拢。

二、其他几种仪态礼仪

（一）点头

在没有必要行鞠躬礼但又想向对方示意时，可用点头表示。点头时，转折点在脖子，双目应注视对方，可同时用微笑或话语向对方问好。

（二）回头

无论是谁，若突然被人由后面叫住，会毫无防备。倘若不加思考，只将头部和视线转向对方，很容易让人误会你在瞪他。正确的姿势是：回头时让身体也稍向后侧，转向对方，以给人谦恭、友好的印象。

（三）递物

递东西给他人时，应双手将物品拿在胸前递出。递书时，应书封面朝上，把书名向着对方，以便对方能够看清楚。若是刀剪之类的尖锐物，要把尖锐的头向着自己。递物时，不能一只手拿着物品，更不能将物品扔给对方。

（四）接物

对他人递来的物品应双手接过。

（五）招手

若碰到较亲近的朋友或同事，可用举手招呼表示问候。招手时，手的高度以在肩部上下为宜，手臂自然弯曲，大臂与上体的夹角在30°左右。五指并拢，手心朝向对方。

（六）“V”形手势

食指和中指上伸呈“V”形，拇指弯曲压于无名指和小指上，这个动作有“二”和“胜利”的含义。表示“胜利”时，掌心一定要向外，否则就有贬低和侮辱人的意思。

（七）“请”的手势

表示请进的时候，在标准站姿基础上，可将右手从体侧提至小腹前，以肘关节为轴，优雅地划向指示方向，大拇指自然张开，四指并拢，掌心斜向上，大臂与上体的夹角在30°左右，手肘的夹角为90°~120°，以亲切柔和的目光注视客人，并说些适宜的话语。请宾客入座时，以肘关节为轴，自上向下摆动，指向椅子所在处的斜下方，前臂不要下摆紧贴身体。

三、微笑服务

微笑服务

在人际交往中，表情是一种无声的语言，可以传达人们内心世界的思想感情。有的行为分析专家认为，在人际交往给人的各种刺激中，视觉印象占 75%，包括表情、态度，特别是微笑（见图 2–5）；谈吐印象占 16%，包括谈吐文雅、语言谦逊、有文化教养等；味觉印象占 3%，包括香甜可口；嗅觉印象占 3%，包括芳香、舒畅、富有吸引力和魅力等；触觉印象占 3%，包括和谐、温暖和综合性多方面的感觉。

图 2–5　微笑

（一）微笑服务的作用

1. 迅速缩小彼此间的心理距离，使旅游者在心理上产生亲近感、安全感和愉悦感

有人说过：一个拥有纯真微笑的小学毕业生，比一个脸孔冷漠的哲学博士更有用。因为微笑是旅游从业人员的基本素质，也是旅游企业最有效的商标，比任何广告都有力，只有它能深入人心。微笑是旅游服务过程中最富吸引力、最令人愉悦、也最有价值的面部表情。微笑能使人如沐春风，感到温暖、亲切和愉快，给彼此的交谈带来融洽平和的气氛。

2. 使宾客感到受欢迎、受尊重

微笑是对人的尊重、理解和友善，能展现旅游服务人员的魅力，同时也最容易得到宾客的理解、尊重。旅游服务人员应该把微笑视为打开宾客心扉的一把金钥匙，成功地运用它，便会在旅游服务职场上左右逢源。

3. 有助于个人树立良好的形象，培养良好的气质

旅游服务人员在旅游服务中难免会接触或置身于陌生的环境，如果板起一张冰冷的面孔，对沟通和交流是极其不利的。旅游服务人员向宾客报以微笑，往往是向宾客表示自己没有敌意，并可以进一步交往，给宾客留下良好的职业形象。

（二）微笑服务的基本要求

微笑服务要做到真诚、自然、亲切、甜美。具体来说，要注意以下几点。

（1）微笑时，面部肌肉放松，嘴角的两端微翘，一般笑时不露齿、不发声，富于真情实感。有的旅游企业可以根据岗位需要，要求服务人员露出 6~8 颗牙齿。应该注意的是微笑一定要发自内心、亲切自然，这会使旅游服务工作变得轻松、有趣。只有发自内心的微笑才富有魅力，让人愉悦。不要为了讨好别人故作笑颜、满脸堆笑。再者，并不是什么场合都要微笑的，在参加追悼会、扫墓或是非常严肃庄重的场合，就不需要微笑。

（2）微笑时要全身心地进入服务角色，要微笑、言语并举。要将友善、热情的目光、

彬彬有礼的举止、亲切礼貌的话语结合在一起，展现给宾客。

（3）根据不同的场合运用不同的微笑礼。

（4）在情绪低落或身体不适时，能转换角色，较快调整心态，保证微笑服务的质量。

（三）微笑训练

（1）回忆快乐的事情，并使自己随时保持高度的工作热情。

（2）保证充足的睡眠。休息好才能精力充沛，保持一天的好心情。

（3）放松心情。即使再忙，也要放松心情，沉着对待每位客人，不要因为忙碌而忘记微笑。

（4）心情烦躁时，可以请同事暂时代理一下自己的工作，去洗手间漱洗一下，这样可以调整振作精神。

（5）时时保持健康愉悦的心情，遇到烦恼不要发愁，以乐观的态度正确应对。

（6）放松面部肌肉，嘴角微微向上翘起。

（7）嘴唇略呈弧形，露出 2/3 的牙齿，发“茄”的声音，保持这一口形不变。

（8）面含笑意，亲切自然，不发出笑声。

（9）目光柔和，双眼略微睁大，眉头自然舒展，眉毛微微向上扬起。

角色练习

仪态礼仪练习

★技能训练目标

（1）初步掌握仪态礼仪的基本要求和技能点。

（2）通过对仪态礼仪的学习，使学生具有良好的仪态。

（3）通过学生自评、互评，使学生养成优美的仪态。

★技能训练准备

（1）复习仪态礼仪的相关知识。

（2）准备笔记本、书籍、椅子。

（3）放舒缓、愉快的音乐。

★技能训练步骤

（1）分组站姿展示。可以伴随音乐，头顶笔记本或书籍。

（2）师生点评纠错。

（3）分组坐姿展示。可以伴随音乐。

（4）师生点评、纠错。

（5）分组走姿展示。可以伴随音乐。

（6）师生点评、纠错。

（7）微笑礼仪展示。可以伴随音乐。

（8）师生点评、纠错。

（9）“请”手势展示。

（10）师生点评、纠错。

（11）站姿、坐姿、走姿、微笑等综合仪态展示。

（12）师生点评、纠错。

特别提示

微笑礼仪训练时，可以采用如下方法辅助进行。

一、对着镜子训练

对着镜子微笑，找出自己最满意的笑容，不断强化训练，从不习惯到习惯。

二、情绪记忆法

将生活中最好的情绪储存在记忆中，当需要时，可以调动起最好的情绪，就会露出笑容。

三、视宾客为“上帝”

只有从内心深处真正有了宾客就是“上帝”的观念，才能在服务中形成条件反射，自然地展露笑容。

四、借助一些字词进行微笑口型训练

闭唇或微启唇，两唇角微微向上翘，反复练习普通话中的“茄”等音。默念这些字词时的口型正好是微笑的最佳口型。

视野拓展

“三米微笑原则”

“三米微笑原则”是沃尔玛服务顾客的秘诀之一，是由沃尔玛百货有限公司的创始人山姆·沃尔顿先生传下来的。每当他到达门店巡视时，都会对员工说，我希望你们能够做到，每当你在三米以内遇到一位顾客时，你会微笑看着他的眼睛，与他打招呼，同时询问能为他做些什么。

这就是我们所说的“三米微笑原则”，它源自山姆先生的学生时代。他在学生时代，就总是雄心勃勃，并喜欢提出富有挑战的目标。在他刚进入哥伦比亚州密苏里大学时，他就下定决心要成为学校学生会主席。

他曾向大家介绍说：我很早就懂得要成为一名校园领袖的秘诀之一——就是要首先向对面走来的路人打招呼。我总是直视前方并朝每一位向我走来的人打招呼、微笑，如果我认识他们，我会叫他们的名字；如果我不认识，我仍然会与他们说话。不久，我就成了学校里认识同学最多的人了。他们认识了我并视我为他们的朋友。

这就是山姆先生当选为学校社团领袖的重要原因之一。后来，山姆先生将其一贯奉行的微笑哲学带进了零售领域。

现在，世界各地的沃尔玛连锁企业都要求员工保证用“三米微笑原则”为顾客提供服务。

任务评价

序号	任务内容	任务要求	等级	待改进技能	备注
1	了解仪态礼仪	掌握仪态礼仪的规范要求			
2	了解仪态训练的方法	根据工作岗位的要求展示不同的仪态礼仪			
3	了解仪态礼仪训练的技巧	能展示优美的仪态			

项目关键词

站姿　走姿　坐姿　微笑

课后练习题

1. 面部的修饰礼仪有哪些？
2. 化妆礼仪的原则有哪些？
3. 着装的原则有哪些？
4. 标准站姿、走姿、坐姿的礼仪要求有哪些？
5. 案例分析。

沈阳假日酒店里，一位加拿大籍华人客人外出时，他的一位亲戚来找他，并提出进房间去等候。由于宾客事先没有交代，总台服务员没有答应其要求。

这位加拿大籍华人回来后看见亲戚坐在大堂沙发上等候，十分不悦，马上走到总台，大声训斥服务员。前厅部张经理闻讯赶来，刚要开口解释，客人便把她作为泄怒的对象，指着她呵斥起来。当时张经理头脑很冷静，她明白，在这种情况下，做任何解释都是毫无意义的，反而会招致客人更加的不满，于是就采取冷处理的办法，让这位客人尽情发泄，自己则默默地看着他，脸上始终保持亲切友好的微笑。一直等到客人把话说完，张经理才心平气和地告诉他酒店的相关规定，并对刚才发生的事情表示歉意。在她的解释下，客人渐渐平静下来，并诚恳地表示：“你的微笑征服了我，我刚才情绪那么冲动，很不应该。”并表示下次还会来这家酒店入住。

32 岁的张经理是 5 年前入职假日酒店的，先当前台服务员，后来出任前厅部经理。

微笑服务是假日酒店员工培训中的一项基本功。开始她怎么也笑不出来，经过训练后才慢慢有了笑容，但很勉强，有时笑得不自然，有时则笑得过了头，效果不理想。有一次在与一位客人交谈时，竟放声大笑起来，引来大堂的客人观望。后来，经过反复的服务实践，她深切地体会到微笑作为饭店服务人员必备的技能，不但需要反复练习，更重要的是要倾注真实的情感，真正把客人当作心目中的“上帝”和自己的亲人，这样，才会发出亲切自然的微笑，既不会笑不出来，也不会笑过了头。

现在，每当张经理在工作岗位时，总是能将微笑挂在脸上，并用真诚的微笑服务去感染每一位宾客。

（1）想想你自己应当以怎样的表情向宾客表示友善与敬意。

（2）你学会微笑了吗？你准备怎样养成微笑的习惯？

项目三

日常服务交往礼仪

在日常服务交往中，日常交往礼仪往往是衡量一个人文明程度的最直观的行为方式，其不仅表现了一个人的交际技巧与应变能力，还反映着一个人的气质风度、阅历见识、道德情操、精神风貌。旅游服务人员对服务交往礼仪运用的程度，可以看出其修养的高低、文明程度和道德水准。旅游服务人员表现出的良好的日常服务交往礼仪不仅能体现旅游服务人员个人的修养，还能展现所在企业良好的商业形象，赢得对方的尊重，建立融洽的合作关系。

任务导读

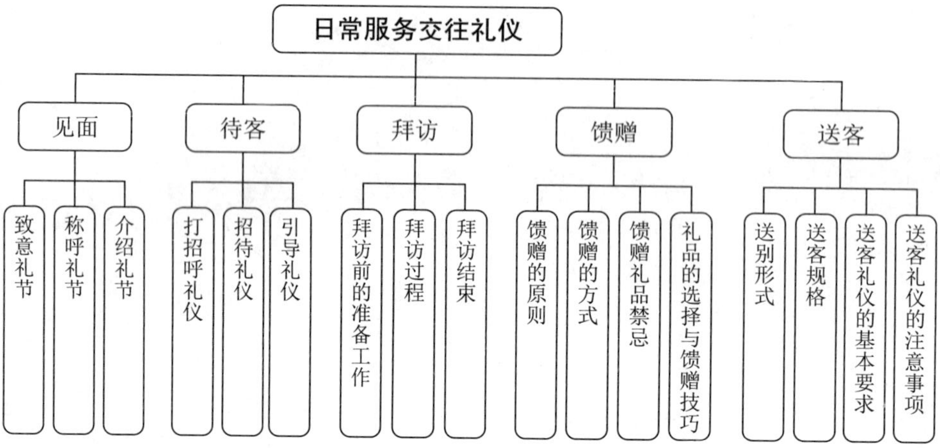

学习目标

1. 知识目标：能够判断商务人员日常交往礼仪的基本常识的正误，能够掌握日常服务交往中见面、待客、拜访、馈赠、送客的一般礼仪要求。

2. 职业认知：能够熟悉日常服务交往中的致意礼节、称呼礼节、介绍礼节（自我介绍、介绍他人）等，塑造良好的职业形象。

3. 技能目标：能够在学习、生活和一般的交往中运用见面、待客、拜访、馈赠、送客礼节，按照礼仪规范与他人交往。

任务一　见面

任务描述

现代生活，人们交往范围日益广泛，似乎每天都在认识新的面孔，结交新的朋友。

本任务要求学生能运用规范的日常服务见面礼仪，主要通过课上学习、课上实训及课后反复演练等方法，塑造个人良好的职业形象。

情境导入

一张名片痛失一笔生意

两家企业经中间人介绍，相聚洽谈一个合作的项目。这个项目资金数额巨大，如果成功，无论从短期和长期来看都会给双方创造巨大的经济效益。看到合作的美好前景，双方的积极性都很高。物流公司的郭总经理首先恭恭敬敬地递上了自己的名片；电子商务公司的张总经理单手把名片接过来，一眼没看就放在了茶几上，接着他拿起了茶杯喝了几口水，随手又把茶杯压在名片上。郭总经理看在眼里，随便交谈了几句，起身告辞。事后，他郑重地告诉介绍人，这笔生意他不谈了。当介绍人将这个消息告诉张总经理时，他简直不敢相信自己的耳朵，他立即拨通郭总经理的电话，一定要他讲出原因。郭总经理道出了实情：“从你接我的名片的动作中，我看到了我们之间的差距，并且预见到未来的合作还可能会有许多的不愉快事情发生……”闻听此言，张总经理放下电话，痛惜失掉了这笔生意，更为自己的失礼感到羞愧。

☞ **分析**

日常服务交往中的礼节是关乎商务活动成败的重要环节。在此案例中，如何在见面的时候给对方留下良好的印象，进而塑造良好的个人形象，这是张总经理首先要解决的问题。见面礼节包括如何称呼他人、如何致意、递接名片，如何介绍自己和介绍他人等。这些礼节看似简单，如果忽视了，就会使人“窥一斑而知全豹”，不仅会影响第一次见面效果，而且会影响你所代表的单位或企业形象。因此，要做成一笔成功的生意、促成一次成功的合作，就必须从日常服务交往的每个细节入手。一个不适当的接收名片的礼仪行为就毁了一桩生意，这个案例说明了礼仪的重要性。

相关知识

良好的日常交往礼仪修养是商务从业人员必备的修养，知礼、守礼才能保证与人正常交往，良好的交往才能赢得人们的尊敬。见面礼仪是人与人在商务交往时需遵循的首要礼节。

一、致意礼节

致意，俗称打招呼，是最常用、最简单的见面礼节。如见面时的点头、微笑，用简略的礼貌用语问候对方等。不论在何种场合，打招呼时都要表情自然、亲切，展现真挚的微笑。

一般情况下男士先向女士致意，年轻人先向年长者致意，职位低的先向职位高的致意，学生先向老师致意。当然，在实际交往中可以灵活应用。长者、领导为了倡导礼仪规范，展示自己平易、随和，主动向晚辈、下级致意会更有影响力。遇到别人向自己先致意，要面带微笑及时回复，绝不可置之不理。

（一）致意方式

1. 举手致意

举手致意，一般不必出声，只将右臂伸直，掌心朝向对方，轻轻摆一下手即可，不要反复摇动。

举手致意适用于向较远距离的熟人打招呼。

2. 点头致意

点头致意的方法是头微微向下一动，面带微笑，幅度不宜过大。

点头致意适于不宜交谈的场所，如在会议、会谈进行中，与相识者在同一场合见面或与仅有一面之交者在社交场合重逢，都可以点头致意。

3. 欠身致意

欠身致意，即全身或身体的上部微微向前一躬。欠身致意时，身子不要过于弯曲。这种致意方式表示对他人的恭敬，其适用的范围较广。

4. 起立致意

适用于对重要宾客莅临时的致意，例如，坐着的晚辈、下级看到刚进来的长辈、上级时应起立致意以示尊重，学生在上课、下课前要向老师起立致敬。

5. 脱帽致意

与朋友、熟人见面时，若戴着帽子，则以脱帽致意最为适宜，同时与对方交换目光。致意时要注意文雅、认真，以充分显示对对方的尊重。

（二）致意礼的礼仪要求

（1）在公共场合遇到熟悉的人距离较远时，一般举手打招呼并点头致意，不要大声喊名字问候或横穿马路去握手。如与相遇者擦身而过，应回头说声“您好！”示意。

（2）在社交场合，对不认识的人可以点头或微笑致意。如遇见身份高的领导，只需有礼貌地点头微笑略一欠身，不要主动上前握手问候。即使相互熟悉，也应该在对方应酬告一段落后再去问候致意。

（3）在人多且不方便的场合，可以只用动作、表情致意而免去语言问候。如在会场上、在拥挤的电梯里、对方距离较远时，用行为致意比用语言恰当，因为不但问候了对方，而且顾及了其他人。

（4）与相识者在同一场合多次见面，可点头致意，不必每次都要打招呼。

二、称呼礼节

称呼即对他人的称谓，指的是人们在日常交往应酬中，所采用的彼此之间的称谓语。

在商务场合，人们彼此之间的称呼是有特殊要求的，要庄重、正式、规范。生活中只要与人交往，称谓就回避不了。尤其在商务交往中，应慎重考虑如何称呼对方。如果称呼得当，使对方感到愉快、亲切，就会缩短交往双方的距离；反之，称呼不当甚至失礼，就会给对方留下不良的印象，使工作陷入被动。因各国民俗习惯不同、语言不同、社会制度不同，所以称呼上差别较大，因此选择称呼要合乎常规，要照顾被称呼者的个人习惯，入乡随俗。

（一）称呼的一般方式

1. 习惯性尊称

在公务交往中，适用于所有社交场合的称呼，男子一般称“先生”，未婚的女子称“小姐”，已婚的女子称“夫人”。若不知女子婚否，可统称之为“女士”。国内最普遍的称呼是“同志”，同志意为志同道合的人。不论是何种职业、年龄、地位的人都可以称为“同志”。但是近年来，这一称呼的使用逐渐减少。

2. 职务性称呼

在公务活动中，人们彼此之间的称呼要求庄重、正式、规范。在企事业单位中，一般习惯以对方的职务相称，以示身份有别、敬意有加。比如“赵董事长”“赵经理”“刘校长”“李局长”等。

3. 行业性称呼

对于从事不同行业的人，可直接称呼对方的职业，如老师、医生、教练、会计、律师等，也可以在职业前加上姓氏、姓名。

4. 性别称呼

对于商界、服务行业的人，一般按性别的不同，称呼“小姐”“女士”或“先生”。

5. 姓名称呼

在一般场合，同事、熟人之间，可以直呼其名；或者只呼其姓，要在姓前加上“老、大、小”等前缀，如“老张”“小李”；在关系比较亲密的同性之间，在亲友、同学、邻里之间，也可只称其名，不呼其姓。

（二）称呼礼的礼仪要求

恰当地使用称呼，可以体现一个人的修养，不正确地使用称呼往往被视为缺乏教养的表现。

（1）称呼长辈、老师时用“您”不用“你”；初次见面或相交未深，用“您”不用“你”表示谦虚与尊重。

（2）公共场合下，要避免小名、绰号的称谓。小名只限于长辈对晚辈的称呼，在公共场合不宜使用。给别人起绰号并且公开称呼也是非常不礼貌的行为。

（3）要避免使用低级、庸俗的称呼和蔑称、贬称。在社交场合，要避免、杜绝不恰当的称呼，如“老家伙”等带有贬义色彩的词语。只有使用礼貌的带有褒义色彩的称呼，才能获得别人的好感，从而与其愉快地交往。

（4）在涉外场合，应该使用敬称的时候切不可随意省略，这是礼仪的要求，也是表示对他人的尊敬，否则会被对方认为缺乏教养。如对地位高的外宾，一般指部长以上的高级官员，可以按官衔称“部长阁下”“总理先生阁下”“大使先生阁下”等，以示郑重。在君主制国家，通常称国王、王后为“陛下”，称王子、公主、亲王为“殿下”。对有爵位的人既可称爵位，也可称“先生”或“阁下”。

三、介绍礼节

在商务社交场合中，介绍与被介绍是很重要的一环。通过介绍可以使陌生人之间消除陌生感，增加了解的机会。介绍时语言得体、礼节得当，会使自己在交往中处于主动地位。你跟任何陌生人打交道，如果把介绍这个程序去掉，恐怕就麻烦了。因此说介绍是“交际之桥”一点也不过分。

旅游服务工作中的介绍大致分为四类。

第一类，自我介绍，也就是介绍个人的情况，说明本人的情况。

第二类，介绍别人，就是你遇到了其他的客人，客人之间不认识，你跟他们都认识，你是第三方，第三方出面为不相识的双方做介绍，说明情况，这叫为他人做介绍，也叫居间介绍。

第三种情况，在大型活动社交场合，还需要把某一个单位某一个集体的情况向其他人说明，所以这个叫集体介绍。

此外我们有时候还遇到第四种介绍——业务介绍。比如一个上市的新产品，很多人没见过，需要有人介绍其用途、设计原则、使用方法等，这就属于业务介绍。实际上在旅游服务接待工作和交往中自我介绍、介绍别人、集体介绍、业务介绍是广泛存在的情况。

（一）自我介绍

自我介绍是在社交活动中，如欲结识某些人或某个人，而又无人引见，如有可能，即可向对方自报家门，自己将自己介绍给对方。如果有介绍人在场，自我介绍则被视为不礼貌的行为。

自我介绍的时机：应当何时进行自我介绍，这是最关键却往往被人忽视的问题。在下面场合，有必要进行适当的自我介绍。

（1）应聘求职时。

（2）应试求学时。

（3）在社交场合，与不相识者相处时。

（4）在社交场合，有不相识者表现出对自己感兴趣时。

（5）在社交场合，有不相识者要求自己做自我介绍时。

（6）在公共聚会上，与身边的陌生人组成交际圈时。

（7）在公共聚会上，打算介入陌生人组成的交际圈时。

（8）交往对象因为健忘而记不清自己，或担心这种情况可能出现时。

（9）有求于人，而对方对自己不甚了解或一无所知时。

（10）拜访熟人遇到不相识者挡驾，或是对方不在，而需要请不相识者代为转告时。

（11）前往陌生单位进行业务联系时。

（12）在出差、旅行途中，与他人不期而遇，并且有必要与之建立临时关系时。

（13）因业务需要，在公共场合进行业务推广时。

（14）初次利用大众传媒向社会公众进行自我推荐、自我宣传时。

自我介绍时应先向对方点头致意，得到回应后再向对方介绍自己的姓名、身份、单位等。

1. 自我介绍的具体形式

（1）应酬式。

适用于某些公共场合和一般性的社交场合，这种自我介绍最为简洁，往往只介绍姓名一项。

“你好，我叫小明。”

“你好，我是小丽。”

（2）工作式。

适用于工作场合，包括介绍本人姓名、供职单位及其部门、职务或从事的具体工作等。

“你好，我叫李明，是某某旅游公司的销售经理。”

“我叫张丽，我在辽东大学中文系教古代文学。”

（3）交流式。

适用于社交活动中，希望与交往对象进一步交流与沟通，大体包括介绍姓名、工作、籍贯、学历、兴趣及与交往对象的某些熟人的关系。

“你好，我叫晓铭，我在 ×× 旅游开发公司上班。我是张蔷的老乡，都是沈阳人。”

“我叫赵虹，是张丽的同事，也在辽东大学中文系，我教外国文学。”

（4）礼仪式。

适用于讲座、报告、演出、庆典、仪式等一些正规而隆重的场合。介绍姓名、单位、职务等时还应加入一些适当的谦辞、敬辞。

“各位来宾，大家好！我叫王勇，我是某某旅行社的销售经理。我代表本公司热烈欢迎大家光临我们的展览会，希望大家……”

（5）问答式。

适用于应试、应聘和公务交往。问答式的自我介绍，应该是有问必答，问什么就答什么。

“先生，你好！请问您如何称呼（请问您贵姓）？”

“先生您好！我叫赵宇。”主考官问：“请介绍一下你的基本情况。”

应聘者：“各位好！我叫孙悦，今年 23 岁，沈阳市人，满族，……”

2. 自我介绍的注意事项

（1）注意时间。

要抓住时机，在适当的场合进行自我介绍，比如对方有空闲而且情绪较好，又有兴趣时，这样就不会打扰对方。自我介绍时还要简洁，尽可能地节省时间，以半分钟左右为佳。为了节省时间，自我介绍时，还可利用名片、介绍信加以辅助。

（2）讲究态度。

进行自我介绍，态度一定要自然、友善、亲切、随和。应落落大方、彬彬有礼。既不能唯唯诺诺，又不能虚张声势、轻浮夸张。语气要自然，语速要适中，语音要清晰。

（3）真实诚恳。

进行自我介绍要实事求是，真实可信，不可自吹自擂、夸大其词。

（二）介绍别人

为他人做介绍，也叫居间介绍，就是介绍不相识的人相互认识，或是把一个人引见给其他人。简单地说就是向有关人士说明有关情况，使双方相互认识。通过符合礼仪的介绍可以使互不认识的人彼此消除陌生感和畏惧感，建立必要的了解和信任。这其中的奥妙不在于介绍本身，而在于介绍过程中应当循礼行事。

居间介绍时须注意以下几个方面的问题。

1. 掌握介绍的顺序

介绍时要坚持受到特别尊重的一方有优先了解对方的权利，即介绍有先后顺序。

在社交活动中，为他人做介绍的先后顺序大体上有六种。

（1）把男士介绍给女士，即把男士引见给女士而不是相反。这是“女士优先”原则的具体体现，也是最常见的一种方式。唯有在女士面对尊贵人物时，才可以有例外。

（2）把晚辈介绍给长辈，即优先考虑被介绍人双方的年龄差异，通常适用于同性之间。

（3）将客人介绍给主人，适用于来宾众多的场合，尤其是主人未必与客人个个相识的时候。

（4）把未婚者介绍给已婚者，其仅仅适用于对被介绍人非常知根知底的前提之下。要是拿不准，还是不要冒昧行事。

（5）把职位低者介绍给职位高者，其适用于比较正式的场合，特别适用于职业相同的人士之间。

（6）把个人介绍给团体，当新加入一个团体的人初次与该团体的其他成员见面时，负责人要是介绍他与众人一一相识较费时间，此刻往往会采取这种方式来避免麻烦。至于想认识每个成员的话，那么留待适当的时间再进行相互介绍。

以上六种方式，基本精神和共同特点是“尊者居后”，即应把身份、地位较为低的一方介绍给相对身份、地位较为尊贵的一方，以表示对尊者的敬重。在口头表达时，得体的做法是，先称呼受尊敬的一方，再将其介绍出来。介绍的顺序已为国际所公认，颠倒和错乱顺序的后果是不会令人愉快的。

在社交场合，究竟应当采用哪种方式，应具体问题具体分析。比如，有时可能会遇到一些难于按常规处理的情况，如需要介绍两位地位不相上下的经理先生或是两位经理夫人相识。对前者，不能按照“把职位低者介绍给职位高者”的惯例行事，因为两位经理先生的职位高低难分伯仲。对后者，恐怕也不能按照“把晚辈介绍给长辈”原则，因为女士的年龄属于个人秘密，更何况没有一位女士愿意承认自己“显得老”。在这种职位难分高低、年龄大小不便明说的情况下，只有采取“先温后火”或“先亲后疏”的办法才能“过关”。

“先温后火”意即把脾气好的一方介绍给脾气欠佳的一方；“先亲后疏”意即把与自己关系密切的一方介绍给与自己关系较为生疏的一方。一般而言，脾气好的人、自己的熟人，总归好说话；而脾气欠佳的人、自己较为生疏的人，却喜欢挑理儿，是不好得罪的。

还有一些时候，需要把一个人介绍给其他众多的在场者。此刻最好按照一定的次序，按顺时针方向或逆时针方向，从右至左或从左至右，依次进行。若没有地位非常尊贵的人在场，就不该“跳跃式”进行。那样做的话，弄不好会伤人的。

2. 明确介绍人的职责

为他人做介绍的介绍人，在不同场合由不同的人来担任。在公务活动中，公关人员是最适当的介绍人人选。若是接待贵宾，则介绍人应是本单位职位最高的人。而在社交场合，例如参加舞会、出席宴会时，介绍互不相识的来宾相互认识，是主人义不容辞的责任。在另外一些非正式场合，与被介绍人双方都相识的人也可以担任介绍人，介绍自己的朋友相识。此外，如果想认识一个人，可主动要求另外一个与双方都比较熟悉的人来作为引见人，根据礼节来讲，这是允许的。

介绍人为他人做介绍时，处于当事人之外，因此介绍前，必须充分考虑被介绍人双方有无相识的必要或愿望，必要时，可询问被介绍人的意见，以防为他人做介绍时冷场。在为不同国籍人士做介绍时，宜先考虑两国之邦交状况。除此，作为介绍人要注意介绍时的陈述及介绍时的神态，这是介绍成功与否的主要因素。

介绍人的陈述，就是介绍人在为他人做介绍时应当说的话。介绍人陈述的时间宜短不宜长，内容宜简不宜繁。通常的做法是连姓带名加上尊称、敬语。较为正式的话，可以说：“尊敬的约翰·威尔逊先生，请允许我把杨华先生介绍给您。”比较随便一些的话，可以略去敬语与被介绍人的名字，如“张小姐，让我来给你介绍一下，这位是李先生。”或以手势辅助介绍，先指向一方，说“王先生”，再指向另一方，说“刘先生”。只有对于儿童，才可以称其名而略去其姓。

为他人做介绍时，要避免给任何一方厚此薄彼的感觉。不可以对一方介绍得面面俱到，而对另一方介绍得简略至极；也不可以对被介绍的一方冠以“这是我的好朋友”，因为这似乎暗示另外一个人不是你的朋友，所以显得不友善也不礼貌。要是介绍人能找出被介绍双方的某些共同点，会使初识的交谈更加顺利。必要时介绍人还可以说明被介绍者与自己的关系，便于新结识的人相互了解和信任。要是介绍人感到时间宽裕、气氛融洽，在为被介绍人做介绍时，除了介绍姓名、单位和所任职务外，还可以介绍双方的爱好、特长、个人学历、荣誉等，为双方提供交谈的机会。

介绍时的神态，主要涉及介绍人在做介绍时的动作表情与被介绍人当时的所作所为两个方面。作为介绍人，在为他人做介绍时，态度要热情友好、认认真真，不要给人以敷衍了事或油腔滑调的感觉。做介绍时，介绍人应起立，行至被介绍人之间。在介绍一方时，应微笑着用自己的视线把另一方的注意力引导过来。手的正确姿态应是手指并拢，掌心向上，胳膊略向外伸，指向被介绍者。绝对不能用手指对被介绍者指指点点。

作为被介绍者，在被介绍给他人时，应表现出结识对方的诚意。一旦介绍人开始介绍，除贵宾与长者外，被介绍者一律应起立，并以正面面向对方，不能只看介绍人，要目光柔和又专心致志看着对方的眼睛。随着介绍人的介绍，向对方点头致意，或用一些感叹词来呼应他的介绍。待介绍完毕后，应热情和对方握手，并互问“你好”。如在“你好”之后再重复一遍对方的姓名或称谓，则不失为一种亲切而礼貌的反应。对于长者或有名望的人，重复对其带有敬意的称谓无疑会使对方感到很愉快，同时将对方名字重复一遍还可以加深记忆。至于讲话时的语气则要看想表达感情的程度而定，可以用兴奋的口吻，也可以用不经意的语调，即使不喜欢甚至厌恶某人，也应该对他们彬彬有礼。但也不要对尊敬的人过于殷勤，如说“久仰久仰”“久闻大名，如雷贯耳，今日得见，幸甚幸甚”之类的客套话，否则显得矫揉造作，缺少诚意。如果确实很高兴，可以说“很高兴认识你”。切记要注意自己的语气和腔调，它们往往比语句本身更能表明态度。

如果在会谈或宴会进行中被介绍给他人，可不必起立，但仍应当面对对方，微笑着点头，或欠身致意。

无论从哪个角度讲，自己在介绍时的所作所为都直接关系到他人心目中的第一印象，因此必须慎重对待。

3. 旅游服务介绍礼仪的注意事项

（1）事先征求意见。

介绍者为被介绍者介绍之前，一定要征求一下被介绍双方的意见。不要上去开口就说，那样显得很唐突，让被介绍者感到措手不及。被介绍者在介绍者问自己是否有意认识某人时，一般不应拒绝，而应欣然应允。实在不愿意时，则应说明理由，并表示歉意。

（2）起立示意。

在介绍的过程中，介绍人和被介绍人都应起立，以示尊重和礼貌。待介绍人介绍完毕后，被介绍双方应微笑点头示意或握手致意。

在宴会、会议桌、谈判桌上，视情况介绍人和被介绍人可不必起立，被介绍双方可点头微笑致意。

如果被介绍双方相隔较远，中间又有障碍物，可举起右手致意，或点头微笑致意。

（3）方法与手势。

一般来讲，介绍可按照国际惯例敬语（姓名和职位）来实行。如“王小姐，请允许我向您介绍王校长。”

介绍时不可用单指指人，而应掌心朝上，拇指微微张开，胳膊略向外伸，指向被介绍的一方。

介绍完毕后，被介绍者双方要依照合乎礼仪的顺序握手，并且彼此问候对方。问候语有：您好，很高兴认识您，久仰大名，幸会幸会等。必要时还可以进一步自我介绍。要避免对某个人特别是女性的过分赞扬。

（4）被介绍者。

当介绍者开始介绍时，被介绍者应起身站立，面带微笑，大大方方地目视介绍者或对方，神态专注。

介绍完毕后，要彼此问候对方，不要有意拿腔拿调，显得瞧不起对方，或是心不在焉的样子。也不要奴颜婢膝、低三下四地去讨好对方。

角色练习

居间介绍训练

★技能训练目标

（1）通过演练，使学生进一步熟悉旅游服务交往中居间介绍的基本知识和礼仪规范，熟练应用各场景的居间介绍，培养学生的职业能力。

（2）通过学生自评、互评，检验学生对技能的掌握程度。

★技能训练准备

（1）复习居间介绍的知识。

（2）根据居间介绍礼仪的场景进行分组。

★技能训练步骤

场景一：假如我是一个被邀请去某公司做讲座的教授，你是来接我的办公室主任，在你的公司你怎么把我介绍给你们的董事长、总经理?

场景二：假如你是一位某总公司下属的分公司的部门经理（女性），到总公司去开会时，在与总公司的副总（男性）见面的时候，该怎样握手?

特别提示

本任务在练习中要求同学们身临其境，模仿场景中的角色进行演练。要求模拟训练符合礼仪规范，对白设计合理，表情大方，姿势端正，声音清晰明朗，语气亲切自然。

视野拓展

东西方见面礼节

一、东方见面礼节

（一）作揖礼

作揖礼即拱手礼，是中国人最流行的见面礼之一。

行礼方式是起身站立，上身挺立，两臂前伸，双手在胸前高举抱拳，自内而外有节奏地晃动两三下。

作揖礼主要适用于过年时举行团拜活动，向长辈祝寿，向友人恭贺结婚、生子、晋升、乔迁，向亲朋好友表示感谢，以及与海外华人初次见面时表示久仰之意。

（二）鞠躬礼

行鞠躬礼时，应脱帽立正，双目凝视受礼者，然后上身弯腰前倾。男士双手应贴放于身体两侧裤线处，女士的双手则应下垂搭放在腹前。下弯的幅度越大，所表示的敬礼程度就越大。

鞠躬礼目前在国内主要适用于迎送宾客、向长者表示敬重、向他人表示感谢、领奖或讲演之后、演员谢幕、举行婚礼或参加追悼会等活动。

（三）合十礼

合十礼亦称合掌礼，即双手十指相合为礼。

具体做法是双掌十指在胸前相对合，五指手掌并拢向上，掌尖与鼻尖基本持平，手掌向外侧倾斜，双腿立直站立，上体微欠，低头。可以口颂祝词或问候对方，亦可面带微笑，但不能在行礼时手舞足蹈、点头不止。行礼时，合十的双手举得越高，越体现对对方的尊重，但原则上不可高于额头。

二、西方见面礼节

（一）拥抱礼

拥抱礼的动作要点是两人面对面站立，各自举起右臂，将右手搭在对方左肩后面，左臂下垂，左手扶住对方右腰后侧。首先各向对方左侧拥抱，然后各自向对方右侧拥抱，最后再一次向对方左侧拥抱，一共拥抱三次。在普通场合行此礼，不必如此讲究，次数也不必要求如此严格。

在西方，特别是欧美国家，拥抱礼是十分常见的见面礼与道别礼。在人们表示慰问、祝贺、欣喜时经常使用这种礼仪。

（二）亲吻礼

亲吻礼是西方国家常用的会面礼。有时，它会与拥抱同时被采用，即双方会面时既拥抱又亲吻。在行礼时，双方关系不同，亲吻的部位也会有所不同。长辈吻晚辈，应当吻额头；晚辈吻长辈，应当吻下颌或吻面颊；同辈之间、同性之间应该贴面颊，异性应当吻面颊。接吻仅限于夫妻与恋人之间。

（三）吻手礼

正确的吻手礼是男士行至已婚女士面前，首先垂首立正致意，然后以右手或双手捧起女士的右手，俯首用自己微闭的嘴唇，去象征性地轻吻一下其手背。这种礼节，主要流行于欧美国家，其特点决定了它宜在室内进行。吻手礼的受礼者，只能是女士，而且应是已婚女士，手腕及其上下部位是行礼时的禁区。

任务评价

序号	任务内容	任务要求	等级	待改进技能	备注
1	致意礼节的一般要求	能够正确运用致意礼节			
2	称呼礼节的一般要求	能够正确运用称呼礼节			
3	介绍礼节的一般要求	能够正确运用介绍礼节			

任务二　待客

任务描述

成功的职业人士，一般都有广阔的交际圈，并愿意与人接触，帮助他人解决问题、困难，并从交往沟通中与访客建立友谊。

本任务要求学生能运用待客礼仪进行商务服务活动，主要通过课上学习、课上实训及课后反复演练等方法，塑造良好的个人职业形象。

情境导入

画家教子

有一位著名的画家，家里经常有客人来访。每逢来客人，他总是耐心地对孩子们说："客人来了，要热情招待，要主动打招呼问好。给客人倒茶、添饭，而且一定要双手捧上茶具、餐具，不能用一只手。因为用一只手，就好像是皇上给臣子赏赐，或是像对乞丐布施，这是非常不礼貌的行为。”他还对孩子说：“要是客人送你们什么小礼物，可以收下，但你们要躬身双手去接，还要说谢谢。”这些教导，都深深地印在孩子们的心里。一次，这位画家在一家菜馆里宴请一位远道而来的朋友，孩子们有礼貌地打招呼，并很有礼貌地吃完饭。饭后，孩子们中有人嘟囔着想先回家。父亲听到了，小声制止，并悄悄告诉他们不能急着回家。事后，这位画家对孩子们说：“我们家请客，我们全家人都是主人，你们也不例外。主人比客人先走，那是对客人的不尊敬，会让客人心里很不舒服。”在父亲的正确教导下，画家的孩子们个个都懂规矩、讲礼貌，长大后都成了商界的成功人士。

☞ **分析**

孔子曰：“有朋自远方来，不亦乐乎。”正确的待客之道能体现出对客人的尊重程度和个人修养。在商务服务活动中，待客之道更是不容忽视的礼仪环节，因此，在商务服务活动中要讲究待客之道。

相关知识

日常接待通常分有事先预约的和没有事先预约的两种情况。无论是哪一种情况，对待来访者都要热情有礼。

一、打招呼礼仪

当客人来到时，应马上放下手中的工作，起立向来客问候致意，并做自我介绍。如果是约好的客人，可以这样说：“早晨好，您是王总吧？我是郭经理的秘书小刘，郭经理正在等您。”如果是没有预约的客人或第一次来访的客人，可以这样说：“您好！这里是经理办公室，我是秘书小刘，对不起，请问您贵姓？是哪个公司的？有什么可以帮您吗？”明确对方身份、来访目的后，应立即通报领导。

如果客人需要等候一段时间，秘书应简要说明原因，如：“对不起，郭经理正在处理一件紧急事情，请您稍等一会儿。”然后安排恰当的座位请客人坐下，并为其提供茶水及书报杂志等，以免冷落客人。

二、招待礼仪

（一）座次

引导或陪同客人去面见领导时，应将客人引至上座的位置上。引导就座，应遵循长沙发优于单人沙发、沙发椅优于普通椅子、较高的座椅优于较低的座椅、距离门远的为最佳座位等原则。

（二）奉茶

待客时，应该为客人准备如茶水、咖啡等饮料。通常以茶待客的方式较多，因此，应掌握必要的敬茶礼仪。

1. 奉茶的方法

上茶应在主客未正式交谈前。正确的步骤是：双手端茶从客人的右后侧奉上。要将茶盘放在临近客人的茶几上，然后右手拿着茶杯的中部，左手托着杯底，杯耳应朝向客人，双手将茶给客人，同时要面带微笑说：“您请用茶”。

2. 奉茶的顺序

上茶应讲究先后顺序，一般应为：先客后主，先女后男，先长后幼。

3. 奉茶的禁忌

尽量不要用一只手上茶，尤其不能用左手。切勿让手指碰到杯口。为客人倒的第一杯茶通常不宜斟得过满，以杯深的 2/3 处为宜。继而把握好续水的时机，以不妨碍宾客交谈为佳，不能等到茶杯见底后再续水。有两位以上的访客时，端出的茶色要均匀。

（三）接待的规格

接待的规格应根据客人的具体情况而定，一般不可过高，也不可过低，以接待者身份与来访者身份对等为宜。具体采用什么接待规格，由主人确定。接待规格必须事先确定，安排好接待人员，否则客人到来后会造成无人照顾的尴尬场面。

接待规格主要有以下几种。

1. 高规格接待

即接待身份高的来访人员。如上级单位派人向下级单位口授指示、意见，兄弟单位派人来商谈重要事宜等这些情况都要高规格接待，领导要适时出面作陪。

2. 对等接待

接待人员与来访人员身份大体相等的接待。这是接待工作中最常见的。一般来的客人是什么级别，本单位也应派相应级别的同志接待作陪。

3. 低规格接待

接待身份低的来访人员。比如一般单位人员从地方路过或外地来的参观团等情况，都可作低规格接待处理。这种接待中要特别注意热情、礼貌。

引导礼仪

三、引导礼仪

带领客人到达目的地，应该有正确的引导方法和引导姿势，下面介绍几个常见场所的引导礼仪。

（一）上楼梯的引导礼仪

引导客人上楼时，应让客人走在前面，同时说清到达几楼，接待工作人员应走在后面；若是下楼时，应该由接待工作人员走在前面，客人在后面。上下楼梯时，应注意客人的安全。

（二）乘电梯的引导礼仪

引导客人乘坐电梯时，接待人员先按住开关，等客人进入后，再进入电梯，并关闭电梯门。到达时，接待人员按“开”的按钮，让客人先走出电梯。

（三）客厅里的引导礼仪

客人走入客厅，接待工作人员用手指示，请客人坐下，客人坐下后，行点头礼后离开。如客人错坐下座，应请客人改坐上座（一般靠近门的一方为下座）。

（四）走廊的引导礼仪

接待工作人员应走在客人左前方二三步位置。如果是走廊，应让客人走在内侧，以防对面来的人无意冲撞了客人。

角色练习

待客礼仪训练

★技能训练目标

（1）通过演练，纠正待客时不正确的举止，掌握正确、优雅的待客礼仪。

（2）通过训练，将打招呼、待客的知识转化为学生的实际动手能力，使学生具有灵活的运用能力。

（3）通过学生自评、互评，检验学生对待客礼仪的掌握程度。

★技能训练准备

（1）复习待客礼仪知识。

（2）结合待客礼仪训练的场景将学生分成 4~6 人一组。

（3）根据办公室、会议室待客的场景进行情节设计。

★技能训练步骤

（1）学生分组进行打招呼礼仪、招待礼仪、引导礼仪训练。

（2）师生点评、纠错。

（3）学生根据不同场景进行引导、奉茶训练。

（4）师生点评、纠错。

（5）待客礼仪综合训练。

（6）师生点评、纠错。

特别提示

以 4 人以上小组为单位，设定情节练习待客礼仪，同时可结合项目二中的仪容、仪表、仪态等礼仪规范进行训练。

视野拓展

紫砂壶的养壶方法

在商务活动中经常会用紫砂壶泡茶待客，显示主人的品位。紫砂壶是喝茶人的珍宝，但要使紫砂壶显现出真正的个性，就要有正确的养壶方法，泡壶是最好的养壶方法，具体应做到以下六点。

一、彻底将内外洗净

无论是新茶壶还是旧茶壶，保养之前要把壶身上的蜡、油、茶垢等清除干净。

二、切忌沾到油污

紫砂壶最忌油污，沾到后必须马上清洗，否则土胎会留下油痕，吸收不到茶水。

三、泡茶

泡茶次数越多，壶吸收的茶汁就越多，土胎吸收到某一程度，就会透到茶壶表面，发出润泽如玉的光芒。

四、擦拭与刷洗要适度

茶壶表面淋到茶汁后，用软毛小刷子将茶垢稍稍刷洗，用开水冲净，再用清洁的茶巾稍加擦拭即可，切忌不断地推搓。

五、使用后清理晾干

泡茶完毕，要将茶渣清除干净，以免产生异味，将茶壶清理晾干。

六、让茶壶休息

使用茶壶一段时间后，茶壶需要“休息”，使之能自然彻底干燥。按这六步保养的茶壶，虽养成的速度较慢，但亮度可以持久，也不褪色，不怕人的手触摸。

紫砂壶在使用前要做如下处理。

（1）将壶与壶盖分开，放置在盛满水的干净的容器中，容器要足够大，水要浸没整个壶。

（2）容器中同时放入一些茶叶（想用此壶来泡的茶叶），放在小火上慢慢煮开，小心看护，防止壶与壶盖或容器壁互相撞击而造成破损。

（3）慢慢煮一小时左右，移去火源，让茶壶静置在有水覆盖的容器中，慢慢冷却，放置一天。

（4）次日取出壶，倒去留在壶内的泥沙，用清水小心洗涤。重复以上（1）~（3）步骤一次。

（5）第三天，取出壶，用热水小心洗涤。经过此番处理，壶中的气孔均已打开，可待使用。

任务评价

序号	任务内容	任务要求	等级	待改进技能	备注
1	打招呼的一般要求	能够正确运用打招呼礼仪			
2	招待的一般要求	能够正确运用招待礼仪			
3	引导的一般要求	能够正确运用引导礼仪			

任务三　拜访

任务描述

在日常服务交往过程中，相互拜访是经常的事，如果懂得商务拜访礼仪，无疑会让拜访活动更为顺利。本任务主要通过课上学习、课上实训及课后反复演练等方法，塑造良好的职业形象。

情境导入

一张名片引起的失误

某公司新建的办公大楼需要添置一系列的办公家具，价值数百万元。公司的总经理已决定向A公司购买这批办公家具。这天，A公司的销售部负责人打电话来，要上门拜访总经理。总经理打算等对方来了，就在订单上盖章，定下这笔生意。不料对方比预定的时间提前了2个小时，原来对方听说这家公司的员工宿舍也要在近期内落成，希望员工宿舍需要的家具也能向A公司购买。

为了谈这件事，A公司销售负责人还带来了一大堆的资料，摆满了台面。总经理没料到对方会提前到访，刚好手边又有事，便请秘书让对方等一会。这位销售员等了不到半小时，就开始不耐烦了，一边收拾资料一边说："我还是改天再来拜访吧。"

这时，总经理发现对方在收拾资料准备离开时，将自己刚才递上的名片不小心掉在了地上，对方却并没发觉，走时还无意中从名片上踩了过去。这个不小心的失误，令总经理改变了初衷，A公司不仅没有机会与对方商谈员工宿舍的家具之事，就连其即将到手的数百万元办公家具的生意也取消了。

☞分析

态度决定成败。A公司的生意没有谈成，有很多原因，但最主要的原因是因为访客没有遵守拜访的礼仪规范。那么，拜访时我们应该注意哪些问题呢？

相关知识

一、拜访前的准备工作

有句古话说得好：不打无准备之仗。商务拜访前同样需要做好充分准备。

（一）预约

不论因公还是因私而访，拜访之前必须提前预约，这是最基本的礼仪。一般情况下，应提前三天给拜访者打电话，简单说明拜访的原因和目的，确定拜访时间，经过对方同意后才能前往。

（二）明确目的

拜访必须明确目的，出发前对此次拜访要解决的问题应做到心中有数。例如，你需要对方为你解决什么，你要向对方提出什么要求，最终你要得到什么样的结果，这些问题的相关资料都要准备好。

（三）准备礼物

无论是初次拜访还是再次拜访，礼物都不能少。礼物可以起到联络双方感情、缓和紧张气氛的作用。所以，在礼物的选择上还要下一番苦功夫。既然要送礼就要送到对方的心坎里，需要了解对方的兴趣、爱好及品位，有针对性地选择礼物，尽量让对方感到满意。

（四）注意自身仪表

肮脏、邋遢、不得体的仪表，是对被拜访者的轻视。被拜访者会认为你不把他放在眼里，并对你留下不好的第一印象，这将直接影响拜访效果。一般情况下，登门拜访时，女士应着深色套裙、中跟浅口深色皮鞋配肉色丝袜；男士最好选择深色西装配素雅的领带，外加黑色皮鞋、深色袜子。

二、拜访过程

商务拜访过程中的礼仪要求众多，归纳为以下几点。

（一）具备较强的时间观念

拜访他人可以早到却不能迟到，这是一般的常识，也是拜访活动中最基本的礼仪之一。提前到达可以借富裕的时间整理拜访时需要用到的资料，并正点出现在约定好的地点。而迟到则是失礼的表现，不但是对被拜访者的不敬，也是对工作不负责任的表现，会让被拜访者对你产生负面看法。

值得注意的是如果因故不能如期赴约，必须提前通知对方，以便被拜访者重新安排工作。通知时一定要说明失约的原因，态度诚恳地请对方原谅，必要时还需约定下次拜访的时间。

（二）先通报后进入

到达约会地点后，如果没有直接见到被拜访对象，拜访者不得擅自闯入，必须经过通报后再进入。一般情况下，前往大型企业拜访，首先要向负责接待的人员介绍自己的基本情况，待对方安排好以后，再与被拜访者见面。当然，社会活动中不免存在这样的情况，被拜访者身处某一宾馆，如果拜访者已经抵达宾馆，切勿鲁莽直奔被拜访者所在房间，而应该由宾馆前台接待打电话通知被拜访者，经其同意后再进入为宜。

（三）举止大方，温文尔雅

见面后打招呼是必不可少的。如果双方是初次见面，拜访者必须主动向对方致意，简单地做自我介绍，然后热情大方地与被拜访者行握手之礼。如果双方已经不是初次见面了，要主动问好致意，这样可显示出你的诚意。握手时要注意，如果对方是长者、高职位或女性，自己绝对不能先将手伸出去，这样有抬高自己之嫌，是对他人不敬的举止。

见面礼行过以后，在主人的引导之下，进入指定房间，待主人落座以后，自己再坐在指定的座位上。

（四）开门见山，切忌啰唆

谈话切忌啰唆，简单的寒暄是必要的，但时间不宜过长，因为被拜访者可能有很多重要的工作等待处理，没有过多时间接见来访者，这就要求谈话要开门见山，简单的寒暄后直接进入正题。

当对方发表意见时，打断对方讲话是不礼貌的行为。应该仔细倾听，将不清楚的问题记录下来，待对方讲完以后再请求给予解释。如果双方意见产生分歧，一定不能急躁，要时刻保持沉着冷静，避免破坏拜访气氛，影响拜访效果。

（五）把握拜访时间

在商务拜访过程中，时间为第一要素，拜访时间不宜拖得太长，否则会影响被拜访者其他工作的安排。如果双方在拜访前已经设定了拜访时间，则必须把握好事先规定的时间，如果没有对时间问题做具体要求，那么就要在最短的时间里讲清所有问题，然后礼貌地起身离开，以免影响被拜访者处理其他事务。

三、拜访结束

拜访结束起身告辞时，要向主人表现出“打扰了”的歉意。出门后，回身主动与主人握别，说“请留步”。待主人留步后，走几步再回首挥手致意“再见”。

商务拜访是当今最流行的一种办公形式，也是对礼仪要求最多的活动之一。掌握好上述礼仪要领，将有助于你的商务工作顺利进行。

角色练习

拜访礼仪训练

★技能训练目标

（1）通过演练，提高日常商务拜访的能力。

（2）通过训练，将日常商务拜访的知识转化为学生的实际能力，使学生具有较强的服务交往能力。

（3）通过学生自评、互评，检验学生对拜访礼仪的掌握程度。

★技能训练准备

（1）复习日常商务拜访的知识。

（2）根据拜访的情境进行情节设计，4 人一组。

（3）以小组为单位，组内分角色扮演老板、秘书和来访者，模拟进行商务拜访。

★技能训练步骤

（1）学生分组实训拜访礼仪。

（2）师生点评、纠错。

（3）学生再次分组演练，将拜访礼仪与接待礼仪两者结合起来演练。

（4）师生点评、纠错。

特别提示

角色练习要将拜访礼仪与待客礼仪结合在一起，这样效果会好些。

视野拓展

拜访外国人的一般礼仪规范

在拜访外国人时，需要严格遵守的礼仪规范，主要有以下几点。

一、有约在先

拜访外国人时，切勿不邀而至。尽量避免前往其私人居所进行拜访。约定时间通常应当避开节日、假日、用餐时间、过早或过晚的时间，及其他一切让拜访者感到不方便的时间。

二、守时践约

守时践约不仅是为了讲究个人信用、提高办事效率，而且是对交往对象尊重的表现。万一因故不能准时抵达，务必要及时通知对方，必要的话还可将拜访另行改期，在这种情况下，一定要记住向对方郑重其事地道歉。

三、进行通报

进行拜访时，倘若抵达约定的地点后，未与拜访对象直接见面，或是对方没有派人员在此迎候，则在进入对方的办公室或私人居所的正门之前，有必要先向对方通报一下。

四、登门有礼

当主人开门迎客时，务必主动向对方问好，行见面礼节。倘若主人一方多于一人，在向对方问候与行礼时，必须在先后顺序上合乎礼仪惯例，切忌不拘小节，失礼失仪。一般标准的做法是：一，先尊后卑；二，由近而远。在此之后，在主人的引导下，进入指定的房间。就座时，要与主人同时入座。倘若自己到达后，尚有其他客人在座，应当先问一下主人，自己的到来会不会影响对方。为了不失礼仪，在拜访外国友人之前，应随身携带一些备用的物品，主要是纸巾、擦鞋器、袜子与爽口液，简称“涉外拜访四必备”。入室后要摘除帽子、墨镜、手套，脱去外套。

五、举止有方

在拜访外国友人时要注意自尊自爱，并且时刻以礼待人。与主人及其家人进行交谈时，要谨慎选择话题，切勿信口开河、出言无忌。与异性交谈时，要讲究分寸。对主人家里遇到的其他客人要表示尊重、友好相待，不要在有意无意间冷落对方，或置之不理。若遇到较多的其他客人，均要以礼相待、一视同仁，切勿明显地表现出厚此薄彼，或本末倒置地将主人抛在一旁。在主人家里，不要随意脱衣、脱鞋、脱袜，也不要大手大脚、动作放肆。未经主人允许，不要在主人家中四处乱闯，不要随意乱翻、乱动、乱拿主人家中的物品。

六、适可而止

在拜访他人时，一定要注意在对方的办公室或私人居所里停留的时间。总体上讲，应当具有良好的时间观念，不要因为自己停留的时间过长，从而打乱对方既定的其他日程。在一般情况下，礼节性的拜访，尤其是初次登门拜访，应控制在一刻钟至半小时之内。最长的拜访，通常也不宜超过两个小时。有些重要的拜访，往往需要由宾主双方提前议定拜访的时间。在这种情况下，务必要严守约定，绝不可单方面延长拜访时间。自己提出告辞时，虽主人表示挽留，仍须执意离去，但要向对方道谢，并请主人留步，不必远送。在拜访期间，若遇到其他重要的客人来访，或主人一方表现出送客之意，应当机立断，知趣地告退。

任务评价

序号	任务内容	任务要求	等级	待改进技能	备注
1	拜访前的准备工作	能够做好拜访准备			
2	拜访过程的一般要求	能够正确运用拜访礼节			
3	拜访结束的要求	能够以正确的礼仪方式结束拜访活动			

任务四　馈赠

任务描述

随着交际活动的日趋频繁，馈赠礼品越来越受到人们的重视，馈赠物品起到联络感情、加深友谊、促进交往的作用。

任务要求学生能掌握在礼品的选择、馈赠时机的选择等方面的礼节，主要通过课上学习、课上实训及课后反复演练等方法，塑造良好的职业形象。

情境导入

张女士巧送字画交友情

张女士最近在和一家大型外贸企业商谈合作事宜，尽管彼此交流得较为愉快，但那家外贸企业市场部经理一直采取“绕圈子”的战略。张女士明白这是对方并未完全信任她。她私下托人打听到这位经理喜欢搜集一些古香古色的小玩意，突然想起那天偶然发现这位经理办公室的一幅红木镜框镶的字画，这是一幅拓片，跟办公室雅致的陈设不太协调。张女士的叔父是国内小有名气的书法家，前几天送了她几幅字画。于是，她在其后拜访这位经理时，随意地把叔父的字画拿出来，请那位经理帮忙鉴定。那位经理仔细翻看后确认此乃某书法家真迹，十分喜爱。张女士借故要为字画配高雅些的镜框，将字画放入了那个红木镜框中。临走的时候，张女士借口说字画与经理的红木镜框有缘，将字画留给经理。就这样，张女士和市场部经理开始建立起友谊，并在随后的洽谈活动中坦诚相待，顺利达成合作协议。

☞ 分析

上面的馈赠案例是成功的，值得效仿。日常生活中，送礼的名目有很多，如庆祝生日、节日聚会、小孩满月、小孩百日、乔迁之喜、工作升职等，那么，如何把礼物送得名正言顺、切合主题，让对方收礼有名、乐于接受呢？这就需要学习馈赠的礼仪。

相关知识

馈赠是指人们以物的形式向交往对象表示祝贺、感激、慰问、惜别之情，是人际交往的一种基本行为。社会交往中，礼尚往来是人之常情，馈赠礼品因为能起到联络感情、加深友谊、促进交往的作用，越来越受到人们的重视。得体的馈赠，恰似无声的交流，给交际活动锦上添花，给人们之间的感情和友谊注入新的活力。

一、馈赠的原则

（一）轻重得当

所谓“礼轻情意重”，送礼是为了表达一种情感，是讲情意，不在于礼品的贵重、价值，因此我国有“千里送鹅毛”之说。人们在选择礼品时，都是将其看作友情和敬意的物化，通过赠送礼品表达对他人的情谊和尊重。所以礼物的贵重在其次，重要的是能体现送礼人的情感，就是最好的礼物。

（二）适用美观

馈赠礼品要掌握别致、适用、新颖及美观原则，选择有艺术性、时尚性、实用性和纪念性的物品。

（三）因人因事而异

选择礼品时，要区分是迎接客人，还是告别远行；是慰问看望，还是祝贺感谢；是企业成立，还是朋友高升等。不同的目的选择的礼物是不同的。

（四）尊重习俗

由于民族、生活习惯、生活经历、宗教信仰以及性格、爱好的不同，不同的人对同一礼品的态度是不同的，我们在馈赠时要投其所好、避其禁忌。

二、馈赠的方式

（一）当面赠送

这是最庄重的一种方式。当面赠送，可以充分表达赠送的用意，有时还可以介绍礼品的寓意，演示礼品的用法，使受礼者感受馈赠者的良苦用心。

（二）托人赠送

即委托第三人代替自己将礼品送达受赠对象手中。当本人不能或不宜当面赠送礼品时，采用这种形式可以显示自己十分重视受赠对象，或者可以避免某些拘谨和尴尬。

（三）邮寄赠送

这是异地馈赠的方式。由于身处异地，无法当面赠送，只能通过邮寄及时赠送。这种方式保证了礼品及时送达。

三、馈赠礼品禁忌

（1）不送过于昂贵的礼品。
（2）不要选择伪劣产品。
（3）不送不合时宜、不健康的物品。
（4）不送轻易让对方产生误解的物品。
（5）不送触犯对方禁忌的物品。
（6）礼品上不要带有标签。

四、礼品的选择与馈赠技巧

（一）礼品的选择

在礼品的选择上要注重投其所好、因人而异、求新求异、合乎潮流、包装精美和量力而行的原则。

1. 生日

（1）长辈：蛋糕、花、礼金、营养品、保暖衣服等。
（2）男士：蛋糕、古龙水、笔、皮夹、领带等。
（3）女士：蛋糕、花、香水、化妆品、精致饰品等。

（4）小朋友：蛋糕、花、玩具、图书等。

这里要强调一下，在给男士或女士送礼物时，要考虑到自己与该男士或女士的关系，不要因为礼物的选择不当给对方造成误解。

2. 结婚

宜送礼金、饰品、精致餐具、银器、家电产品等。

3. 满月

宜送礼金、婴儿衣服、金饰、银饰等。

4. 年节

（1）年节礼品，如盆花、盆栽、腊味、干货或水果等。

（2）应节礼品，如端午节的粽子、中秋月饼等。

5. 公司成立、乔迁、庆贺

宜送盆花、盆栽、花篮、壁饰等。

（二）礼品馈赠技巧

1. 精心包装

中国传统并不十分注重包装，但是在正式场合中，一般应带有包装，以显示出馈赠者的情谊和对受礼者的尊重。

在美国，礼品的精致包装是对对方的尊重，而且美国人习惯当场打开包装欣赏礼品，赠礼者还要做一番介绍和说明。

2. 抓住馈赠时机

馈赠时机是指什么时候应该送什么礼。适当的时机送礼，彼此会皆大欢喜；不适当的时机送礼，会令对方莫名其妙。一般情况下，在需要向对方表达情意的时候，以及对对方给予的恩惠进行回报的时候，可以进行馈赠。

角色练习

馈赠礼品礼仪训练

★技能训练目标

（1）通过演练，使学生把握不同情况下的送礼时机，使学生具有灵活的馈赠礼品运用能力。

（2）通过学生练习和自评、互评，使学生掌握馈赠礼品的相关礼仪。

★技能训练准备

（1）物品准备：小礼品、包装纸、鲜花等。

（2）将学生分成 5~6 人一组，分别扮演主人、送礼者、客人等。

★技能训练步骤

（1）礼品包装训练。

（2）师生点评。

（3）送礼时机把握的训练。场景分别为会谈时，向主人赠送礼品训练；向主人道喜、道贺时赠送礼品训练；游览参观时向参观单位赠送礼品训练。

（4）师生点评、纠错。

特别提示

在日常生活中，在接受馈赠的礼品后，尤其接受了对方所赠送的较为贵重的礼品后，应在一周内向对方正式致谢，特别是礼品是由他人代为转交的，更应向对方致谢。练习馈赠礼仪可结合接受物品礼仪一起进行。

视野拓展

送花的讲究

鲜花是情调高雅的馈赠礼品，是人们交流情感的信使，送花越来越成为一种时尚，所以，应根据不同场合的礼节要求，选择不同的鲜花和不同的赠送方式。

一、花与包装

顺应顾客的要求，花店通常会代客人包装，一般都是使用不透水的材质并系上缎带。

二、选好送花的场合和时机

在探望病人、拜会朋友时，一般只送一束花，但花束如果显得不够大方，就不如不送。

在开业典礼、就职仪式等重大场合，送花篮更显得隆重。最好提前几个小时送，以便主人布置和摆放，事后补送，有失礼仪规范。

三、不同场合下的具体选择

情人节——可送玫瑰、勿忘我。

朋友间——可送大丽菊、蜡梅、月季花等，再配上文竹等。

朋友结婚——可送玫瑰、百合、月季花等。

祝寿——可送寿星草、常春花、万年青、文竹、龟背竹等。

年轻人生日——可送玫瑰、月季花等。

探望病人——可送玫瑰、兰花、康乃馨、百合花等。

开幕、落成典礼——可送兰花、百合、郁金香等。

迎送、乔迁——可送玫瑰、兰花、百合、郁金香等。

宴会、酒会——可送玫瑰、兰花、百合等。

四、送花禁忌

送花时注意保持花束整洁、鲜艳。探望病人不宜送菊花、白色花和香味较浓的花。

任务评价

序号	任务内容	任务要求	等级	待改进技能	备注
1	馈赠的原则、馈赠礼品的禁忌	能够正确运用馈赠礼节			
2	馈赠的方式	能够选择不同的馈赠方式			
3	礼品的选择与馈赠技巧	能够有技巧地运用馈赠礼节			

任务五　送客

任务描述

在日常接待工作中，对职位高者、重要合作单位的有关人员、年老体弱者、携带行李过多的宾客，需要安排送行。本任务要求学生学习、熟悉送客相关礼仪，主要通过课上学习、课上实训及课后反复演练等方法，提高交往沟通的能力。

情境导入

一次印象深刻的送行

韩国的对客服务水平是举世公认的。在送客的礼仪方面也有独到之处，谦和有礼的举止往往会给客人留下深刻的印象。有一批企业家去参观韩国工厂，参观结束坐大巴离开时，工厂的领导、员工等都在门口恭送客人。每个人都行90度的鞠躬礼，很有礼貌，尤其令人惊讶的是，参观团的一个成员看到：后面还有一位白发苍苍的工人装束的人在鞠躬。此时代表团成员都在跟工厂的领导道别，这一切本来与这位老先生无关，可是他依然以厂为家，以公司为荣，用一样的礼仪欢送贵宾离开。

☞ 分析

本案例中，韩国员工尤其是那位老员工，用热情的欢送显示了对客人的尊重，从他们的举止中可以看出他们有很高的个人修养。

相关知识

送客通常是指在宾客离去之际出于礼貌，而陪着对方一同行走一段路程，或者特意前往宾客起程处与之告别，并看着对方离去。

一、送别形式

送客最为常见的送别形式有道别、话别、饯别、送行等。

（一）道别

道别是指我们与交往活动对象分手。按照常规，道别应当由宾客先提出来，假如主人首先与宾客道别，难免会给人以逐客的感觉。在道别时，宾客往往会说“就此告辞”“以后再联系”等话语，而此刻主人则一般会讲“一路平安”“旅途愉快”等。有时，宾主双方还会向对方互道“再见”，叮嘱对方“多多保重”，或者委托对方代问其同事、家人安好。

在道别时，特别应当注意四个礼节：一是应当加以挽留，二是应当起身在后，三是应当伸手在后，四是应当相送一程。

（二）话别

话别亦称临行话别，指的是在宾客离别之前所进行的交谈。

（三）饯别

饯别又称饯行，指的是在宾客离别之前，主人专门为宾客举行的一次宴会，隆重地为对方送别。

（四）送行

送行指宾客离开本地之时，本人或特地委派专人前往宾客的起程之处与宾客亲切告别，并目送对方离去。

二、送客规格

送客规格与接待的规格大体相当，只是主宾先后顺序正好与迎宾相反，迎宾是主人或服务人员在前，客人在后；送客是客人在前，主人或服务人员在后。

三、送客礼仪的基本要求

（一）个别送客

客人离店，负责的门卫应主动上前向客人打招呼并代为客人叫车。待车停稳后，替客人打开车门，请客人上车；如客人有行李应主动帮客人将行李放上车并与客人核实行李件数。待客人坐好后，为客人关上车门，但不可用力过猛，不可夹住客人手脚。车辆即将开动时，门卫躬身立正，站在车的斜前方一米远的位置，上身前倾15度，双眼注视客人，举手致意，微笑道别，说“再见”“一路平安”“一路顺风”“谢谢您的光临”“欢迎您再来”“祝您旅途愉快！”等道别语。

（二）送团队

当团队客人、大型会议、宴会的与会者集中离开时，要提高工作效率，尽量减少客人的等候时间。对重点客人车辆离店要先行安排，重点照顾。

（三）特殊情况

当候车人多而无车时，应有礼貌地请客人按先后次序排队乘车。载客的车多而人少时，应按汽车到达的先后顺序安排客人乘车。

四、送客礼仪的注意事项

（一）行李准备好

应将客人的行李或稍重物品送到门口。

（二）开车门

要帮客人拉开车门，开车门时右手悬搁置车门顶端，按照先主宾后陪同、先女宾后男宾的顺序或主随客便自行上车。

（三）告别

送客时应与宾客亲切交谈，要与宾客握手告别，并祝福旅途愉快，目送客人离去，以示尊重。与宾客话别的时间，一要讲究主随客便，二要注意预先说明。最佳的话别地点是宾客的临时下榻之处。在接待方的会客室、贵宾室里，或是在为宾客饯行而专门举行的宴会上，亦可与宾客话别。参加话别的主要人员应为宾主双方身份、职位大致相似者，对口部门的工作人员、接待人员等。话别主要是表达惜别之意，听取宾客的意见或建议，了解宾客有无需要代劳帮忙之事，向宾客赠送纪念性礼品等。

（四）送车

如要陪送到车站、机场、码头等，车船开动时要挥手致意，等对方走后才能够离开。送车要注意切勿耽误宾客的行程，切勿干扰宾客的计划。

角色练习

送别宾客训练

★技能训练目标

（1）通过演练，使学生掌握送客的一般礼仪。

（2）通过训练，将日常商务礼仪的知识化为学生的实际能力，使学生具有灵活的运用能力。

（3）通过学生演练、自评、互评，使学生养成规范的送客习惯。

★技能训练准备

（1）物品准备：座椅等。

（2）学生 5~8 人一组，分别扮演来宾、送客人员等。

（3）设计送客情境。

★技能训练步骤

（1）送客时请重要客人先退场。

（2）开门送客、送客上小汽车。

（3）师生点评、纠错。

特别提示

送客时，服务人员身体站直，尽量不要走动，更不要摇晃身体。目送对方远去直至离开。右手手臂斜上举，尽力向前伸出，手臂不要伸得太低或过分弯曲。要保持掌心向外，向左右两侧轻轻地来回挥动，但尽量不要上下摆动。

视野拓展

家庭送客

在家庭接待礼仪中，美好的开场和精彩的告别就像难忘的音乐会令人回味，相反就会造成热情邀请、冷淡送客的不良后果，给客人留下不好的印象。家庭送客也要讲究礼仪。

（1）表示惜别。

当客人告辞时，应婉言相留，这是对宾客尊重的表示，显示重视友谊。

（2）起身在后。

客人要走，应等客人起身后，再起身相送，不可客人一说要走，主人就站起来。

（3）伸手在后。

主人送客应送到门外或楼下，待客人伸出手来握别时，方可以手相握，切不可在送客时先起身或先伸手，免得有厌客之嫌。

（4）相送一程。

送客人应送到门外，或站在门口目视客人下楼，或在客人下楼梯拐弯时，挥手致意。

（5）有所回应。

有些客人常常会带礼物来，对此送客时应有所回应，如表示谢意，或相应地回赠一些礼物，不能毫无反应。

任务评价

序号	任务内容	任务要求	等级	待改进技能	备注
1	送别形式及规格	能够正确运用送客礼仪			
2	送客礼仪的基本要求	能够掌握一般送客礼仪			
3	送客礼仪的注意事项	能够按照礼仪规范高质量送客			

项目关键词

见面礼仪　待客礼仪　拜访礼仪　馈赠礼仪　送客礼仪

课后练习题

1. 请你利用业余时间，寻找招聘机会，在面试时进行自我介绍。

2. 引导宾客从走廊进会议室应注意哪些问题?

3. 拜访过程有哪些要求?

4. 馈赠礼品的原则和技巧有哪些?

5. 送客礼仪的基本要求有哪些? 应注意哪些问题?

6. 案例题。

王先生、梁女士在门口迎候宾客。这时，小轿车驶到，一位男士下车。梁女士走上前说“郭总您好”并呈上自己的名片，又接着说:“郭总，我叫李月，是集团公关部经理，专程前来迎接您。”郭总道谢。王先生上前说:“郭总好！您认识我吧?”郭总点点头。王先生又说:“那我是谁?”郭总颇为尴尬。

（1）判断以上情境中人物做法的正误。

（2）做法不对的人错在哪儿? 应该怎样做?

项目四 办公室礼仪

办公室是处理公务的场所，办公室的礼仪不仅是对同事的尊重和对企业文化的认可，也是每个人为人处事、礼貌待人的最直接表现。办公室礼仪涵盖的范围其实不少，但凡电话、接待、会议、网络、公务、公关、沟通、环境布置等各种事物都有各式各样的礼仪。遵守办公室礼仪是旅游从业者的基本要求。

任务导读

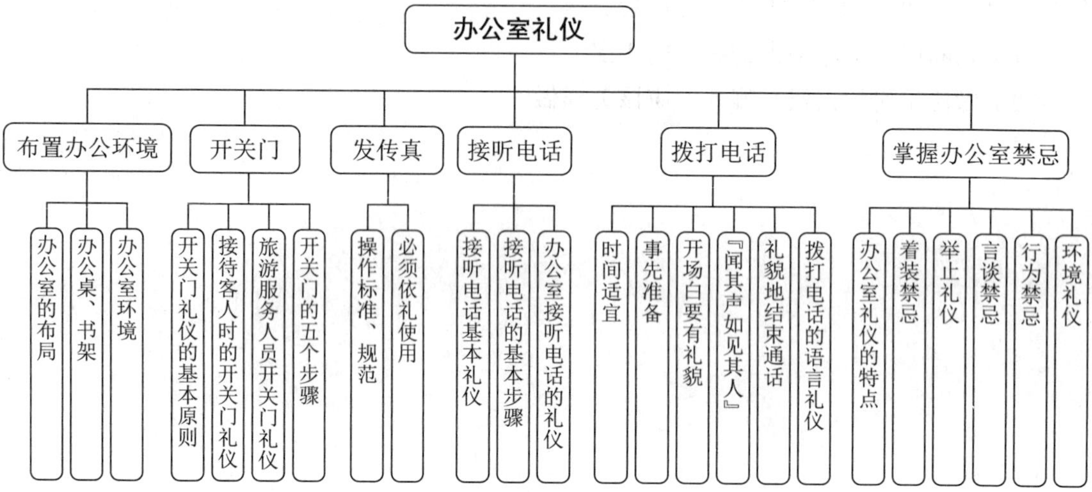

学习目标

1. 知识目标：了解旅游服务办公场所的礼仪常识，能够掌握日常旅游服务办公活动中环境布置、进出办公室的一般礼仪要求。

2. 职业认知：了解并掌握旅游企业办公活动中的一些禁忌，在旅游服务工作中树立良好的形象。

3. 技能目标：熟练掌握旅游服务中接打电话、发传真的操作要求，能完成办公的日常业务。

任务一　布置办公环境

任务描述

一个优美的办公环境对于身处其中的员工有很大影响。整洁舒适的办公环境和现代化办公设备会对服务者和被服务者产生潜移默化的影响，直接影响旅游服务者的心理状态，是提升服务质量和效率的无形力量。

本任务要求学生了解办公室环境的一般布局、布置和设计，掌握办公环境礼仪知识，会整理、布置办公室，提高自身的业务素质。

情境导入

小赵每天上班和下班前都将自己的工作区域清理一遍，整理得干干净净，东西摆放整齐。同时，她主动清理复印机、打印机、饮水机，整理档案柜中的文件和公用书架等。每当看到散乱的复印纸、废纸桶中满满的垃圾，她都会及时清理，以维护办公环境的整洁。

小钱每天也都认真清理自己的办公桌，常用的笔、纸、回形针、订书器、文件夹以及专用电话等都摆放有序。她将办公桌收拾得干净整齐，从不把文件、物品乱堆放在桌面上。但是，同办公室的小王很少清理和维护公用区域，并且常把公用电话号码簿、打孔机等锁进自己的抽屉里，导致别人常常找不到，影响了工作。

接待室的小孙上班总是匆匆忙忙，接待室的窗台布满灰尘，办公桌堆得满满当当，电脑键盘污迹斑斑，上司要的文件总是不能及时找到，每日常用的访客接待本也总是找不到。自己的办公桌都乱成一片，小孙更无暇顾及他处。

☞ 分析

如果办公室书本堆得像金字塔那样高，不用的文件夹和办公用品到处都是，计算机的电线经常绊倒人……这样的工作环境会对工作效率产生怎样的影响呢？如果你的办公室是这个样子，该怎样去改善呢？

通过上述案例，我们可以认识到，营造一个良好的工作环境，有利于组织的对外形象塑造，有利于提高企业员工的工作效率。以下五个步骤，可以帮助我们营造出高效率的办公环境。

一、将不常用的东西转移到其他的地方

随便看看你就会发现，办公室里不常使用的东西数量惊人，过期的文件、不用的信笺、从来不开的台灯等。在伸手可及的范围内只保留最为常用的东西，将那些不是每天都要用的东西移到其他的地方。

二、清理过期的文件

没有必要将办公室的文件柜都塞得满满的，要给文件柜“瘦身”，清理过期文件。如果一个文件你在过去12个月里都没有看过、使用过，那么它就属于此列。

三、注意你的电脑显示器

在电脑显示器占据你的桌面时，要释放更多的空间是比较困难的。一个选择是使用显示器架，可以将文件和其他东西放到它下面；另一选择是使用液晶显示器，其占用的空间相对较小。

四、充分利用办公空间

如果办公场所狭小，就要想办法充分利用空间。可以将架子安装到墙上，桌子下面可以用来摆放文件或电脑主机。如果桌上要摆传真机、复印机和打印机等办公设备，可以考虑购买一台多功能一体机。

五、扔掉旧的阅读材料

你可能保存着不少不再需要的出版物，那么请在清理办公室杂物时将它们扔掉。如果担心会丢掉重要的文章，在扔掉之前浏览一下目录，将真正需要的文章剪下来。不要用太多的空间来存放出版物，这样能够缩短你阅读和清理的周期。

相关知识

我们往往有这样的感觉，如果走进某个办公室，里面杂乱无章：办公桌椅随意摆放，桌面上文件成堆、纸张与文件交杂，报纸胡乱地摊在沙发上，这样的办公室，令人望而生畏，办公室里的工作人员的素质和业务能力也会令人深表怀疑。所以办公场所的整洁十分重要。

一、办公室的布局

办公室分开放式办公室和封闭式办公室。

（一）开放式办公室布局

这种布局始于德国，是指按照工作职能、业务活动和技术分工来确定员工的工作部门、工作团队或小组的区划布局，又称灵活布局。

（二）封闭式办公室布局

又称为传统式办公室，是指用墙壁将办公空间分隔成若干有门、窗的独立房间的办公室。每个房间有一人或多人办公，一般按照工作任务或职能分工划分办公室。

二、办公桌、书架

办公场所先应注意的是办公桌。办公桌是办公的集中点，是进入办公室办理公务的人员注意力最为集中的地方，办公桌摆放好了，办公环境就确立了一半。

办公桌要向阳摆放，让光线从左方射入，以合乎用眼卫生。案头不能摆放太多的东西，只摆放需要当天或当时处理的公文，其他书籍、报纸不能放在桌上，应归入书架或报架；除特殊情况，办公桌上不放置水杯或茶具。招待客人的水杯、茶具应放到专门饮水的上方，有条件的应放进会客室；文具要放在桌面上，为使用的便利，可准备多种笔具，如钢笔、自来水笔、圆珠笔、铅笔等，笔应放进笔筒而不是散放在桌上。

书架应靠墙摆放。如果办公室里有沙发，最好远离办公桌，以免谈话时干扰别人办公。茶几上可以适当摆放装饰物，例如盆花。临时的谈话可在这里进行，较长时间的谈话或谈判应在专门的会议室。

三、办公室环境

办公室办公人员比较多，可不特别进行修饰，但要做到窗明几净。窗玻璃应该经常擦洗，书架的玻璃门要保持洁净、透明。办公室的门不应该关闭过紧，以免来访者误以为没人在，也不能用帘布遮挡。

办公室是公众场所，未经允许，主人和客人均不得吸烟或高声喧哗。任何人不应摔门或用力开门，出入要轻手轻脚。

电话是办公室的必备用品，但同时也是办公室的饰物。办公电话一般摆放在专用电话桌上，无电话专用摆放桌，也可以摆放在办公桌的角上。电话机要经常清理，用专用消毒液进行擦洗，不能沾满尘土和污垢。一个办公室是否清洁，电话机干净与否是一个重要标准。接电话时声音要小，不能高声喊叫，以免影响他人。

任何在电话中谈及私事的做法都是违反规定的。电话中谈论隐私，对办公室里的其他人也是不尊重的行为。

办公室中不宜堆放积压物品，堆积物品会影响观瞻，给来访人以脏乱差的印象，要经常清理办公室里的废弃物。

办公室的地面要保持清洁，地面要常清扫、擦洗，地毯要定期吸尘，以免滋生寄生虫、尘螨。窗户要经常打开换气。窗户不常开，室内空气混浊，会给来访者带来不便。

办公室的墙切忌乱刻乱画，不能在办公室的墙上记录电话号码或张贴记事的纸张。墙面可悬挂地图、与公司有关图片。

宽敞的办公室可以放置盆花，但盆花要经过认真选择，一般不用盛开的鲜花装点办公室，过艳的色彩会夺取来访者的注意力，使人们的精力发生偏移，可以选用以绿色为主的植物。绿色给人舒适的感觉，可以调节人的情绪，绿色植物是装点办公室的主要材料。盆花要经常浇灌和整理，不能让其出现黄叶进而枯萎。可以在绿叶上喷水，使其保持葱绿之色。

花盆的泥土不能有异味，肥料要经过精选。有异味的肥料会引来苍蝇或滋生寄生虫，反而会给办公室带来污染。总之，办公场所一定要整洁，才能体现效率与专业性。

角色练习

我来布置办公室环境

★技能训练目标

（1）通过演练，使学生掌握和运用办公环境整理、管理的一般知识。

（2）通过训练，使学生具有布置办公室环境的能力。

（3）通过学生自评、互评，检验学生对知识的掌握程度。

★技能训练准备

（1）准备不同办公环境场所的布局图。

（2）结合办公室大小，对学生进行分组。

★技能训练步骤

（1）全班可分若干个设计小组，每组推选一名主设计人，组织讨论、设计。

（2）在各组充分酝酿、练习的基础上，通过抽签方式，请3~5名学生（主设计者）代表各组上台在黑板上完成办公室的环境布置设计任务。

（3）每个小组完成项目任务后，由主设计者向全班学生简要说明设计的理由或依据。

（4）教师组织学生共同评议，找出各组在设计上的优势和不足。

（5）教师总结。

特别提示

同学可以到当地某旅游企业办公室参观访问，了解该办公室环境管理的相关内容，直观感受企业办公室的布局和室内布置的特色。

视野拓展

没有墙的办公室

目前西方办公室的设计，已从开放式空间、独立性的短隔间，逐渐趋向“没有墙的办公室”这种新型结构。由于电脑已被引入一般办公室，今后设有电脑终端机的办公室会大为增加，如果全体员工都使用电脑的话，那么“没有墙的办公室”会使工作效率大为提高。如果办公桌不用抽屉而变成会议桌的话，那么每一张桌子都可以方便地移动。如果需要在办公桌上放置物品，例如电子计算器、三角板等，可以另外准备一个小贮藏柜。在办公室中可加设电话台架，使电话能够自由移动。这种办公室的布置设计随时都可以改变，会使办公的人常有新鲜感而不觉得倦怠。

进入外国人的办公室或住所的礼节

到外国人办公室或住所均应预先约定、通知，并按时抵达。如无人迎候，进门先按铃或敲门，经主人应允后方得进入。如无人应声，可稍等片刻后再次按铃或敲门（但按铃时间不要过长）。无人或未经主人允许，则不得擅自进入。

因事急或事先并无约定，但又需前往时，则应尽量避免在深夜打搅对方；如万不得已，非得在休息时间打搅对方时，见面后应该立即致歉，说“对不起，打搅了”，并说明打搅的原因。

经主人允许或应主人邀请方可进入室内。尽管有时洽谈的事情所需时间很短，也应进入室内，不要站在门口进行谈话。有时，主人未邀请进入室内，则可退到门外，在室外进行谈话。

进入室内，如说话所需时间较短，则可不必坐下，事毕也不要逗留；如所需时间较长，则要在主人邀请之下方可入座。在预先并没有约定的情况下，谈话的时间尽量不要过长。

应邀到外国人家里拜访、做客，应按主人提议或同意的时间抵达，早到或迟到都是不礼貌的。如发生迟到的情况，应致歉意。进行拜访，一般安排在上午十时或下午四时左右。主人习惯备有小吃和饮料招待，客人不要拒绝，应品尝一下，接受的饮料应喝完（但实在不习惯时，也不必勉强）。

不经主人的邀请或没有获得主人的同意时，不得要求参观主人的庭院和住房。在主人的带领下可参观住房，但即使是较熟悉的朋友也不要去移动除书籍、花草以外的个人物品和室内的陈设。

对主人家中的人都应问候，尤其应问候夫人（丈夫）和子女。有小孩在场，应主动与孩子握手、搂抱。对家中的猫狗，不应表示出害怕、讨厌，不要去踢它轰它。

离开时，应有礼貌地向主人告别，感谢主人的接待。

任务评价

序号	任务内容	任务要求	等级	待改进技能	备注
1	了解旅游企业环境的一般要求	能够掌握一定的环境清扫能力			
2	环境布置	能够进行一般的旅游企业环境布置			
3	归纳物品	能够进行一般的旅游企业办公环境的物品归纳			

任务二　开关门

任务描述

本任务要求学生能通过学习了解开关门的一般礼仪要求，以便在旅游工作中体现良好的个人和企业形象。

情境导入

我的求职经历

我参加了一家银行的应聘，一周后接到了面试通知。参加面试的人很多，砰砰的关门声加剧了紧张的气氛。我前面的女孩长得很漂亮，她笑着从主考官办公室出来，随着砰的关门声，下一个轮到我了。我回答完后，一位主考官点点头，面无表情地说："你可以走了。"我朝门口走去，正准备开门时，出于礼貌又返身朝他们鞠了一躬并说"谢谢"，然后轻轻开门，又随手轻轻关上了门。

20天后，银行打电话通知我被录取了。第一天上班，我碰到了那天面试的一个主考官，他向我表示祝贺。我奇怪地问他，在几百人中他怎么会记得我，他回答说："那天我们接待了约300个应聘者，你是唯一向我们鞠躬并且关门关得那么有礼貌的人。我们是服务行业，礼貌待人是我们对员工的基本要求。"

我的这次求职经历，虽说是误打误撞的成功，却让我明白了一件事，也许我们不是最优秀的，但是即使是在我们失意时，也要讲礼貌，也要向人们展露我们的微笑。

☞ 分析

对一个人的评价有很多角度，专业的、非专业的，但能让人给出最直接的评价的是一个人平时的一言一行。一个小小的轻轻关门的动作，使得考官对一个年轻人有了中肯的评价。一个微笑、一个礼貌的鞠躬、一个轻轻关门的动作，都会给他人美好的感受，是"误打误撞的成功"吗？看来也不是，这是一个人平时对自己严格要求和具有良好素养的结果。在这个案例里，礼仪的因素在应聘的过程中起到了意想不到的作用。

相关知识

开关门这个细节虽小，却能反映出职场的礼仪，在职场上开关门礼仪与我们的工作息息相关。欧洲骑士时代，小孩都知道为女士开门，甚至拄着拐杖的老先生也会为女士提供开关门的服务。时过境迁，骑士精神不复存在，但作为职场人士，必要的绅士礼仪还是需要保留的。

一、开关门礼仪的基本原则

（1）当你通过一扇可以双面开的门时，无论你是男士还是女士，应让客人或同行中职务较高者先通过。

（2）当有五个以上人来拜访时，主人应先通过，以便给客人带路。

（3）如果已知这扇门很难开启，主人应走在客人之前，并向客人解释道："这扇门很重，由我来开吧！"

（4）如果走在你前面的是拄着拐杖的残疾人，或病人、老人，正准备通过一扇门时，无论这个人你是否认识，都应该向前帮其开门让其顺利通过。

（5）如果男士和女士一起通过，则男士应主动开门并让女士先通过。

（6）在公共场所，无特殊情况，谁先到谁就先通过。

二、接待客人时的开关门礼仪

一般情况下，无论是进出办公大楼或办公室的房门，都应用手轻推、轻拉、轻关，态度谦和，讲究顺序。如果与同级、同辈者进入，要互相谦让一下。走在前边的人打开门后要为后面的人拉着门。假如是不用拉的门，最后进来者应主动关门。如果与尊长、客人进入，应当看具体的情况随机应变。

另外，在接待引领时，一定要"口""手"并用且到位。即运用手势要规范，同时要说诸如"您请""请走这边""请各位小心"等提示语。

给客人开门时，应该注意以下几个小细节。

（1）如果门是向外开的，打开门后把住门把手，站在门旁，对客户说"请进"并施礼。进入房间后，用右手将门轻轻关上。请客户入座，安静退出。这时候可以用"请稍候"等语言。

（2）向内开门时，自己先进入房间，侧身，把住门把手，对客人说"请进"并施礼。轻轻关上门后，请客人入座，安静退出。

（3）进入房间前，一定要轻轻叩门或按铃，向房内的人通报一下。贸然进入或者一声不吭进入都会显得冒冒失失或无礼。务必要用手来开门或关门。最好是反手关门、反手开门，这样才能始终面向客人。用胳膊肘顶、膝盖拱、臀部撞、脚踢的方式开关门都是不好的做法。

（4）当和别人一起进出房门时，为表示自己的礼貌，要后进后出，请客人先进先出。当陪同引导客人的时候，还有义务在出入房门时替对方拉门或是推门，但在拉门或推门后要使自己处于门后或门边，不要挡住对方。

（5）向客人告别离开的时候，在细节动作上要注意，如果扭头就走就显得有些失礼了。可以后退几步，再转身离去。通常面向客户后退两三步就可以了。对客人越尊重，后退的步子就要越多。后退时步幅要小，脚要轻擦地面。转体时，应该先转身后转头。如果先转头或头和身体同时转都是不妥的。当和客人交谈的时候，上身转向对象，距对方较远一侧的肩部朝前，距对方较近一侧的肩部稍后，身体和对方身体保持一定距离。

三、旅游服务人员开关门礼仪

下面介绍旅游服务人员开关门的礼仪。

进出房门时，开关门的声音一定要轻，乒乒乓乓地开关门是十分失礼的。进入他人的房间前一定要先敲门，敲门时一般用手指中间关节有节奏地敲两三下即可。如果与同级、同辈者进入，要互相谦让一下。走在前面的人打开门后要为后面的人拉着门。假如是不用拉的门，最后进来者应主动关门。如果与尊长、客人进入，应当根据具体的情况随机应变。根据门的朝向，开关门通常的几种方法如下。

（一）朝里开的门

如果门是朝里开的，服务人员应先入内拉住门，侧身再请尊长或客人进入（见图 4-1）。

（二）朝外开的门

如果门是朝外开的，服务人员应打开门，请尊长、客人先进。

图 4-1　开门的姿态

（三）旋转式大门

如果陪同上级或客人走的是旋转式大门，应自己先迅速过去，在另一边等候。

四、开关门的五个步骤

正确而不失礼数的开关门体现出来的是良好的个人修养，正确开关门可分解为五个步骤。

（一）敲门

敲门的时候要注意，用手指的中间关节轻敲三下。有门铃的时候轻轻按一下，如果屋内没有反应，稍等 3~5 秒，再重复一次，但不要长时间地按门铃，更不能用手掌拍门、用拳头捶门。得到屋内人的允诺后才可进门。

（二）开门

知道应用哪只手开门——门把对左手，用右手开；门把对右手，用左手开。明确是外开门还是内开门及进门顺序。向外开门时，客人先进入房间；向内开门时，服务人员先进入房间。

（三）挡门

侧身用手或身挡门，留出入口。

（四）请进

礼貌地用语言和手势同时示意客人请进。

（五）关门

进入室内再慢慢地关门。得到关门允许后，应转身握住把手轻轻把门关上，不能反手带门。离开客人的房间也要随手关门，关门应该面向门里将门轻轻关上，不能背对着屋里的客人关门。

角色练习

开关门训练

★技能训练目标

（1）通过演练，纠正开关门不正确的姿势，掌握正确、优雅的开关门礼仪。

（2）通过训练，将办公室开关门的知识化为学生的实际能力，使学生具有灵活的运用能力。

（3）通过学生自评、互评，检验学生对知识的掌握程度。

★技能训练准备

（1）复习开关门的知识。

（2）结合训练的情境要求分组进行。

（3）根据教师布置的情境进行情节设计。

★技能训练步骤

（1）敲门。用手指的中间关节轻敲三下。有门铃的时候轻轻按一下，如果没有反应，稍等 3~5 秒，再重复一次。

（2）开门。门把对左手，用右手开；门把对右手，用左手开。向外开门时，客人先进入房间；向内开门时，服务人员先进入房间。

（3）挡门。侧身用手或身挡门，留出入口。

（4）请进。

（5）关门。关门得到允许后，应握住把手转身轻轻把门关上。

特别提示

本任务练习注意动作要轻缓，语言应亲切。注意门的种类和开门朝向。根据同学人数安排分组，每组两人以上为宜，设定情节练习开关门动作。在训练中，要结合仪容、仪表、站姿等礼仪规范。

视野拓展

敲门的礼仪

敲门最正确的做法是先敲三下，隔一小会儿，再敲几下。敲门的响度要适中，敲得太轻了别人听不见，太响了不礼貌，而且会引起主人反感。敲门时，绝对不能用拳捶、用脚踢，更不要嘭嘭乱敲一气，如果房间里面有人正在休息，会惊吓到他们。

如果遇到门是虚掩着的，也应当先敲门。这个敲门有两层意思：一是表示一种询问“我可以进来吗？”二是表示一种通知“我要进来了。”

任务评价

序号	任务内容	任务要求	等级	待改进技能	备注
1	敲门	掌握敲门的方法和礼仪要求			
2	开门	能够根据门的种类来为客人服务开门			
3	挡门	能够根据门的种类来为客人挡门			
4	指引	使用礼貌用语“请进”并适当使用手势			
5	关门	能够根据门的种类来为客人服务			

任务三　发传真

任务描述

在旅游服务工作中，经常需要将某些重要的文件、资料、图表即刻送达身在异地的合作对象手中。传统的邮寄书信的联络方式已难于满足这一方面的要求，在此情况之下，传真便应运而生。

本任务要求学生能够了解传真使用的一般礼仪要求，掌握传真的使用规则，很好地使用传真机并发挥其优势。

情境导入

发传真的一场风波

一天早上，沈阳一家饭店的商务中心刚刚开始工作，一位英籍住店客人满面怒容地走了进来，啪的一声将一卷纸甩在桌子上，并嚷道：“我昨天请你们发往加拿大的传真，对方为什么没有收到？小姐，你想想，要是我的客户收不到传真，影响签订合同，几十万英镑的损失谁承担？”

接待客人的是上早班的赵小姐。面对怒气冲冲的客人，她从容不迫、态度平静，迅速仔细地审核了传真回执单，所有项目显示传真已顺利发到加拿大了。凭着多年的工作经验，她知道，如果对方没有收到，责任不在我方。怎么办？当面指责客人？不行！因为客人认为对方没有收到传真来质询也在情理之中。赵小姐灵机一动，计上心来。

只见她诚恳而耐心地对客人说：“先生，您请息怒，让我们一起来查查原因。就从这台传真机查起吧。”客人欣然同意。赵小姐仔细地向客人解说了这台传真机自动作业的程序，并当场在两部号码不同的传真机上做示范，准确无误地将客人的传真件从一台传到另一台上，证明饭店的传真机没有问题。客人比较了两张传真，面色有所缓和，但仍然心存疑虑：“不过，我的那份传真对方确实没有收到呀！”

为了彻底消除客人的疑虑，赵小姐主动建议：“先生，给加拿大的传真再发一次，发完后立刻挂长途证实结果，如果确实没有发到，传真费、长途电话费均免费，您说好吗？”客人点头同意了。传真发完后，赵小姐立刻为客人接通了加拿大长途电话，从客人脸上露出的笑意可以知道，传真收到了。

客人挂完电话，面带愧色地对赵小姐说“小姐，我很抱歉，刚才错怪了你，请你原谅。谢谢你！谢谢你！”赵小姐面带微笑地答道：“没关系，先生，这是我们应该做的。”最后，客人愉快地付了重发的费用，满意而去。

☞ **分析**

本案例中饭店商务中心赵小姐对于客人反映的传真没有发出去的意外事件，采取了正确的态度和恰当的处理方法，从而取得了使客人满意的结果。

首先，赵小姐面对客人上门指责的突发事件，沉着冷静，迅速仔细地审核了传真回执，当看到所有项目无误，确定了责任不在饭店的时候，心里有了底。

其次，赵小姐没有简单地指责客人，而是设身处地地站在客人的立场上，充分理解传真拖延将会给客人造成巨大损失的后果，采取了从“我”（饭店传真机）查起的理智做法，使客人乐意接受和配合，有利于搞清问题。

最后，赵小姐采取了两台传真机当场示范和再发传真并用长途电话证实的合理步骤，打消了客人的疑虑，让客人心服口服，问题得到圆满解决。

旅游服务企业经常出现各种各样突发事件，通过此事可以启发我们如何应对突发事件。

相关知识

传真又称传真电报，是利用光电效应，通过安装在普通电话上的传真设备，将文件、资料、图表等进行即时传递。传真能够方便地发送文字或图片，并能即时打印，这是一种快捷的通信方式。

现在在国内，传真机早已普及并成为不可或缺的办公设备之一。利用传真通信的主要优点是操作简便，传送速度迅速，而且可以将包括一切复杂图案在内的真迹传送出去。其缺点主要是发送的自动性能较差，需要专人在旁边进行操作。有时清晰度难以保证。

使用传真对外通信联络时，必须注意下列事项。

一、操作标准、规范

（1）使用传真设备操作必须标准、规范，否则效果会受到一定程度的影响。

（2）本人或本单位所用的传真机号码，应正确无误地告之合作对象。一般而言，在商用名片上，传真号码是必不可少的一项重要内容。

（3）对于主要合作对象的传真号码，必须认真记好。为了保证万无一失，在向对方发送传真前，最好先向对方确定一下，这样既提醒了对方，又不至于发错传真。

（4）发送传真时，必须按规定操作，并以提高清晰度为要旨。与此同时，也要注意传真件内容简明扼要，以节省传输费用。

（5）单位的传真设备，应当安排专人负责。无人在场而又有必要时，应使之处于自动接收状态。为了不影响工作，单位的传真机尽量不要同办公电话采用同一条线路或同一号码。

二、必须依礼使用

（1）使用时需要有先后的问题。当你有一份很长的传真需要发出去，而等候在你之后的同事只需传真一两页时，应让他先发，能够体现出真正意义上的办公室礼仪。

（2）在公司里一般不要发私人传真件，这也是一些公司规章禁止的行为。

（3）如果遇到传真纸用完时，应及时添加传真纸。如果遇到传真机出故障，应及时找出原因，处理好再离开；如不会修理，就请别人帮忙，不要把问题留给下一个同事。

（4）发传真完毕后，不要忘记将你的原件拿走，否则容易丢失原稿或泄露信息，给你自己带来不便。

（5）发送传真时最容易出现的问题是忽视一些必要的注释，给收传真的一方造成困惑，如对方不知道传真是发给谁的，或者欲回复时发现发件方没有留下相应的电话号码等，这样会给双方的沟通造成障碍。

（6）在发送传真时，应检查是否注明了本单位或本公司的名称、发送人姓名、发送时间以及自己的联络电话。同样应为对方写明收传真件人的姓名、所在公司和部门等信息。所有的注释均应写在传真件的上方。

（7）发送传真时应尽量使用清晰的原件，避免发送后出现内容看不清楚的情况。

（8）发送的传真件一般不适用于页数较多的文件，否则成本较高，且占用传真机时间过长，会影响其他工作人员的使用。

（9）要注意接件方的工作时间。如果没有得到对方的允许，不要将发送时间设定在下班后，这是非常不礼貌的行为。

（10）如果对方传真机设定在自动接收的状态，发送方应尽快通过其他方式与收件人取得联系，确认其是否收到传真。收到传真的一方也应及时回复，避免任何的疏漏造成传真件丢失漏发等现象。在重要的商务沟通中，任何信息的丢失都可能造成时间的延误，甚至影响合作业务的成败，这样的细节不可轻视。

角色练习

让我来给你发份传真

★技能训练目标

（1）通过演练，熟练掌握收发传真技能，提高现代化办公设备的使用能力。

（2）通过学生自评、互评，检验学生对技能的掌握程度。

★技能训练准备

（1）准备好两台独立线路的传真机设备，复习传真机使用知识。

（2）了解并掌握传真机的使用。

★技能训练步骤

（1）接收或发送传真时，如果需先人工呼叫，在接通电话时首先应口齿清晰地说“你好”，然后报出自己的公司或单位的名称以及详细的部门名称等。通话时，要热情，口齿要清晰，语速平缓为佳。电话语言要简洁、得体、准确，音调适中、自然。

（2）发送传真时应先仔细查阅，传真内容应当包括发件人的信息以及传真文档、日期和页数，并且应写清接收人的全名。

特别提示

本任务在练习中要注意动作的规范性、安全性，注意传真机使用的规范要求。每个小组都应有专人负责设备的使用指导，三人以上一组为宜。

视野拓展

传真件可以作为法律证据吗?

传真件的法律效力来源于对传真件的认定。

一、传真件可以单独作为认定合同关系的证据

传真是将相片、图表、合同、文件、设计图纸等文字和图像资料，利用传真机，按照原样传递给对方的一种通信方式。依照我国《民法典》的规定，以传真方式达成的合同或协议为法定的书面合同形式，合同传真件具有法律效力。此外，传真手段的特点是要求使用者必须将要约或承诺的条款及签字的书面文本直观地传送给对方，在双方以传真方式签订的合同中，必然有一方的签字以传真的形式出现在正式的合同文本中，因此，传真件的合同仍然属于书证中的原件。由此可见，传真件应当可以单独作为认定合同关系的证据。

二、并非所有的传真件都能单独作为认定案件事实的证据

传真件在作为证据时具有三个显著的特征。

第一是传真件性质随客观事实的不同会产生变化，既可能作为原件也可能作为复印件。

第二是传真件内容的真实性很难判断，采用某些技术性手段可以编造传真件的内容。

第三是传真件的保存时间不长，传真件上的墨迹会随时间的推移而消失。

根据传真件的上述特征，在认定传真件的证据效力时应区分各种情况。

首先，应明确判断传真件的性质，即判断其究竟是否属于原件。由双方互相传真并直接就传真件所载内容进行修改或确认的传真件可被视为原件，但仅以传输文本、图像为目的的传真件在性质上类似于复印件，属于效力待定的证据，不能单独作为认定案件事实的证据。

其次，应根据客观情况判断传真件的证明力大小。有时，即使传真件的性质属于原件，但仍不能单独作为认定案件事实的证据。比如，在当事人双方相互要约、承诺过程中所使用的传真件，只要一方的承诺尚未成立，则该传真件不能作为认定合同关系成立的证据；或者，可以证明合同关系成立的传真件之后，双方当事人就约定事宜签署了正式的合同文本，则该传真件也不能作为认定合同内容的证据。

最后，在认定传真件的证据效力前，要先鉴别传真件的真实性。传真件的内容可以通过复印等手段进行变造，因此，传真件在作为原件时虽然可以具有完全的证据效力，但一般仍需要通过其他证据佐证其真实性。在无其他证据可以佐证的情况下，只能由法官根据案件的事实情况来对传真件的真假进行鉴别。

视野拓展

传真机怎么发传真

很多新手不知道传真机怎么发传真，对传真机的使用方法还很陌生。其实，传真机用起来并不复杂，只要熟悉了传真机的使用方法，就很容易上手了。

传真机是应用扫描和光电变换技术，把文件、图表、照片等静止图像转换成电信号，传送到接收端，以记录形式进行复制的通信设备。传真机的种类比较多，有图片传真机、文件传真机等。

文件传真机中常见的又分为自动传真和人工应答传真。前者在发传真给对方时，对方

无须人工接听后给出传真信号，而是通过传真机自动应答并发出传真信号，后者需要对方先接听电话，然后按下“启动”键才能传送信号。

（1）首先打开传真机盖子，把要传真的内容放入传真机，传真机会将稿件吸入几毫米的距离，表示放入稿件成功。

通常传真机上都会有一个小标示，提示怎样放置文件，一般的传真机是需要将文字面向下的。

（2）提起传真机听筒或按下免提键，拨通对方电话号码。

（3）如果对方是自动传真的话，传真机会自动应答并发出“嘀——”的传真信号，此时按下“传真 / 开始”按键，传真就会自动传送了。

如果对方是人工应答传真，需要等待对方接听电话。当电话接通时，你需要向对方表明意愿：“您好！请将传真送给某某，谢谢。”

（4）当听到“嘀”声之后，按下传真机上的“启动”按键，开始传真，同时放回听筒挂机。当纸被全部“吐”出来之后，就表示传真成功。

其实，传真机的使用方法并不复杂，只要用过几次，就会掌握传真机的使用方法了。

任务评价

序号	任务内容	任务要求	等级	待改进技能	备注
1	了解传真机使用的一般礼仪规则	掌握传真机使用的方法			
2	发传真	能够根据传真机的使用说明为客户发传真			
3	收传真	能够根据传真机的使用说明为客户收传真			

任务四　接听电话

任务描述

电话被现代人公认为便利的通信工具。在旅游服务工作中，电话语言很关键，它直接影响着一个公司的声誉；在日常生活中，我们通过电话也能粗略判断对方的人品、性格等。因而，掌握正确的、礼貌的接听电话方法是非常必要的。

本任务要求学生能够通过接听电话礼仪知识的学习，掌握接听客人电话的一般礼仪要求，掌握接听电话的规则，提升旅游服务的能力。

情境导入

小赵，你要学学如何接电话

在中国国际旅行社实习的小赵第一天上班，就被安排在接电话的岗位上。第一次遇到外来电话，铃声刚响，他就抓起话筒问对方："喂，你找谁？你是谁？"第二次接电话，是对方拨错了号，小赵一听便告诉对方："你打错了！"然后就挂上了电话。小赵身边的实习指导教师钱秘书对他说："接打电话是有学问的，你刚才的工作既不规范，也不礼貌，更严重的是可能会给公司带来损失。"小赵听了钱秘书的批评心里不是滋味："电话谁不会打？几岁起就打电话，打电话还有什么学问？"当初在学校学电话事务时，那堂课他一点没听，自然就出现今天的难堪处境。

下午，办公室的人全部外出办事，小赵接到市旅游局通知经理开会的电话。当他把开会通知告诉经理时，经理反问他开会的具体时间、地点和议题，他才意识到接电话时应该记录，但现在已记不太清楚了，他只能似是而非回答了几句。还好，他灵机一动，去翻电话号码簿，找到了市旅游局电话，重新询问清楚了有关事项后，才弥补了这个错误。

☞ 分析

对于小赵在上班头一天接打电话时的种种不规范做法，实习指导老师钱秘书应该及时纠正并指导，如电话铃响了几声去接最合适，拿起电话第一句应该怎样说，对方拨错了号应该如何应对，接听电话时应该及时做好电话记录，等等。专业的指导是很有必要的，但更重要的是，小赵在接打电话时的种种不规范做法，是源于他思想深处对这项工作的不重视。的确，正如小赵的想法："电话谁不会打？几岁起就打电话，打电话还有什么学问？"现代人可能在上幼儿园之前就会使用电话了，在成人之后还有必要学习打电话吗？许多在校的学生和初涉职场的新人可能都会有这种想法，因此，钱秘书对小赵的指导恐怕更多要从思想认识的层面去解决他接听、拨打电话不规范的问题。要使小赵认识到：电话尽管已在我们的工作和生活中得到了广泛使用，电话人人会接打，但接打时合不合规矩、能否达到要求，对不同的职业要求是不一样的。作为旅游从业者，在使用电话时一定要按规矩办事，这个所谓规矩就是接打电话的技术规范。虽然对于接打电话的双方来说，都没有看到对方，仅仅是靠电信号在交换双方的声音，但是，在电话里也能闻其声如见其人。如果在接打电话时采用随随便便的态度，自然会影响个人和单位的形象，从这个意义上来说，接打电话一点也马虎不得，必须要按一定的程序和规范操作。对小赵而言，接打电话的态度端正了，技术规范的问题就很好解决，因为有一句名言：态度决定一切！

相关知识

电话被现代人公认为便利的通信工具。随着科学技术的发展和人们生活水平的提高，电话的普及率越来越高，人离不开电话，每天要接打大量的电话。看起来打电话很容易，用话筒与对方交谈，觉得和当面交谈一样，其实不然，接打电话大有讲究，接打电话是一门学问、一门艺术。在日常工作中，使用电话的语言很关键，其直接影响着一个单位或公司的声誉；在日常生活中，人们通过电话也能粗略判断对方的人品、性格等。因此，掌握正确的、礼貌的接打电话方法是非常必要的。

一、接听电话基本礼仪

（一）第一句话很重要

当打电话给某单位，接通时能听到对方亲切、优美的招呼声，心里一定会很愉快，对该单位、通话人有了较好的印象，双方对话就能顺利展开。在接打电话时，只要稍微注意一下自己的语言就会给对方留下完全不同的印象。同样说“你好，这里是某某公司”，声音清晰、悦耳，吐字清脆，就会给对方留下好的印象，对方对你所在单位也会有好印象。因此，要记住，接电话时，应有“代表单位形象”的意识。

（二）好心情、好心态

打电话时要保持良好的心情，这样即使对方看不见你，但是欢快的语调也会将其感染，对你留下极佳的印象。由于面部表情会影响声音的变化，所以，即使在电话中，也要抱着“对方看着”的心态去应对。

（三）声音要清晰明朗

打电话过程中绝对不能吸烟、喝茶、吃零食，即使是懒散的姿势对方也能够感觉出来。如果你打电话时弯着腰躺在椅子上，对方听你的声音就是懒散的、无精打采的；若坐姿端正，所发出的声音也会亲切悦耳，充满活力。因此，打电话时，即使看不见对方，也要当作对方就在眼前，尽可能注意自己的姿势。

（四）三声铃响之内接听

现代工作人员业务繁忙，桌上往往会有两三部电话，听到电话铃声，应准确迅速地拿起听筒，最好在三声铃响之内接听。电话铃声响一声大约三秒钟，若长时间无人接电话，或让对方久等是很不礼貌的，对方在等待时心里会十分急躁，对你的单位留下不好的印象。如果附近没有其他人，即便电话离自己很远，听到电话铃声后也该用最快的速度拿起听筒，这样的态度是每个人都应该拥有的，这样的习惯是每个办公室工作人员都应该养成的。如果电话铃响了五声才拿起话筒，应该先向对方道歉，当电话响了许久，接起电话只是“喂”一声，对方会十分不满，会给对方留下恶劣的印象。

（五）记下重要的电话信息

随时牢记 5W1H 技巧，所谓 5W1H 是指：When（何时）、Who（何人）、Where（何地）、What（何事）、Why（为什么）、How（如何进行）。在工作中这些资料都是十分重要的。对于打电话、接电话具有相同的重要性。电话记录既要简洁又要完备，有赖于掌握 5W1H 技巧。

（六）了解打来电话的目的

上班时间打来的电话几乎都与工作有关，单位或公司的每个电话都十分重要，决不可敷衍。即使对方要找的人不在，切忌只说“不在”就把电话挂了。接电话时也要尽可能问清事由，避免误事。首先应了解对方来电的目的，如自己无法处理，也应认真记录下来，委婉地探求对方来电目的，就可不误事，而且会赢得对方的好感。

（七）礼貌的道别

要结束电话交谈时，一般应当由打电话的一方提出，然后彼此客气地道别，说一声“再见”，再挂电话。不可只管自己讲完就挂断电话，这也是一种不礼貌的行为。另外，挂电话要轻拿轻放，切不可摔电话，以免挂电话的声音过大，对方听到会产生反感。

二、接听电话的基本步骤

（一）准备工作

1. 准备笔和纸

如果没有准备好笔和纸，那么当需要记录或对方需要留言时，就不得不要对方稍等一下。让宾客等待，这是很不礼貌的。所以，在接听电话前，要准备好笔和纸。

2. 停止一切不必要的动作

不要让对方感觉到你在处理一些与电话无关的事情，否则对方会感到你在分心、不专注。

3. 使用正确的姿势

如果你姿势不正确，不小心让电话从你手中滑下来，或掉在地上，发出刺耳的声音，也会令对方不满。

4. 带着微笑迅速接起电话

让对方在电话中也能感受到你的热情。

（二）接听

（1）三声之内接起电话。

（2）主动问候，报部门名称，介绍自己。

（3）如果想知道对方是谁，不要唐突地问“你是谁”，可以说“请问您哪位”，或者可以礼貌地问“对不起，可以知道怎么称呼您吗？”

（4）需搁置电话或让宾客等待时，应给予说明，并致歉。等待时每过 20 秒应留意下对方，询问对方是否愿意等下去。

（5）转接电话要迅速。每一位员工都必须学会自行解决电话问题，如果自己解决不了再转接正确的分机上，并要对方知道电话是转给谁的。

（6）对方需要帮助，要尽力而为。作为商务人员应尽力去帮助对方，对于每一个电话都要做到：①问候；②道歉；③留言；④转告；⑤马上帮忙；⑥转接电话；⑦直接回答；⑧回电话。

（7）感谢对方来电，并礼貌地结束电话。在电话结束时，应采用积极的态度，同时要称呼对方的名字或姓加职务来感谢对方。

（8）要经常称呼对方的尊称，这样表示对对方尊重。

三、办公室接听电话的礼仪

（一）左手持听筒，右手拿笔

大多数人习惯用右手拿起电话听筒，但是，在与客户进行电话沟通过程中往往需要做必要的文字记录。在写字的时候如果将话筒夹在肩膀上面，这样，电话很容易因夹不住而掉下来发出刺耳的声音，从而给客户带来不适的感觉。

为了消除这种不良现象，应提倡用左手拿听筒、右手写字或操作电脑，这样就可以轻松自如地达到与客户沟通的目的。

（二）电话铃声响过三声之后接听电话

在公司内部，很多员工由于担心处理方式不妥当而得罪客户，从而招致老板的责备，所以，很多人都把电话当作烫手的山芋，抱有能不接电话就尽量不接电话的想法。实际上，跟客户进行电话沟通的过程也是对员工能力的锻炼过程。只要养成良好的接听习惯，接电话并不是一件困难的事情。通常，应该在电话铃声响过三声之后接听电话，如果电话铃声三响之后仍然无人接听，客户往往会认为这个公司员工的精神状态不佳。

（三）报出公司或部门名称

在电话接通之后，接电话者应该先主动向对方问好，并立刻报出本公司或部门的名称，如："您好，这里是某某公司……"随着环境的变化和职位的变更，很多人的身价会越来越放不下来，拿起电话往往张口就问"喂，找谁，干吗？"这是很不礼貌的，应该注意改正，彬彬有礼地向客户问好。

（四）确定来电者身份、姓名

接下来还需要确定来电者的身份、姓名。电话是沟通的工具，很多规模较大的公司的电话都是通过前台转接到内线的，如果接听者没有问清楚来电者的身份、姓名，在转接过程中遇到问题时就难以回答清楚，从而浪费了宝贵的时间。在确定来电者身份、姓名的过程中，尤其要注意给予对方亲切随和的问候，避免对方不耐烦。

（五）听清楚来电目的

了解清楚来电的目的，有利于对该电话采取合适的处理方式。电话的接听者应该弄清楚以下一些问题：本次来电的目的是什么？是否可以代为转告？是否一定要指名者亲自接听？是一般性的电话行销还是与公司或单位有业务往来？公司的每个员工都应该积极承担责任，不要因为不是自己的电话就心不在焉。

（六）注意声音和表情

沟通过程中表现出来的礼貌最能体现一个人的自身素养，养成礼貌用语随时挂在嘴边的习惯，可以让客户感到轻松和舒适。因此，接听电话时要注意声音和表情。声音好听，并且待人亲切，会让客户产生亲自来公司拜访的冲动。不要在接听电话的过程中流露出自己不好的情绪，也不要因为自己的声音状态不佳而使对方产生不好的印象。

（七）保持正确姿势

接听电话过程中应该始终保持正确的姿势。一般情况下，接听电话时身体要稍微下沉，丹田用气。最后的道谢也是基本的礼仪。来者是客，以客为尊。客户是公司的衣食父母，公司的成长和盈利都与客户有密切关系。因此，公司员工对客户应该心存感激，在电话中不时地向他们道谢和祝福。

（八）让客户先收线

不管是制造行业还是服务行业，在打电话和接电话过程中都应该牢记让客户先收线。因为一旦先挂上电话，对方一定会听到“咔嗒”的声音，这会让客户感到很不舒服。因此，在电话即将结束时，应该礼貌地请客户先收线，这样整个电话过程才算圆满。

角色练习

接听电话训练

★技能训练目标

（1）通过演练，掌握接听电话的程序、要求及注意事项，掌握用礼貌的语言与客户沟通的技能。

（2）能根据不同商务情境下的不同沟通方式运用相关的礼仪。通过训练，将日常商务礼仪的知识化为学生的实际能力，使学生具有灵活的运用能力。

（3）通过学生自评、互评，检验学生对知识的掌握程度。

★技能训练准备

（1）实训场地：教室。

（2）实训用品：两部电话、一部手机。

（3）模拟实训项目中的角色，通过接打电话处理好项目中的问题。

★技能训练步骤

（1）教师对接听电话常用问题提问，学生讨论。

（2）教师讲解常见问题和接听电话的程序、要求及注意事项。

（3）教师示范接听电话的程序及要求。

（4）教师展示实训情境，学生两人一组模拟实训情境。

（5）每小组模拟完后学生点评，教师补充，实训情境模拟结束后教师进行总结。

特别提示

本实训练习建议在教室进行。各小组学生自选情境，分别扮演情境中的对象，模拟电话内容，其他学生观看并点评，学生评分占40%，教师评分占60%。小组准备时间5分钟，每组演示时间不超过4分钟，演示时间结束时学生完成电话记录，教师统计分数，监督组对各小组进行评价。

视野拓展

开车接打电话是违法行为

《中华人民共和国道路交通安全法实施条例》第六十二条明确规定：驾驶机动车不得有“拨打接听手持电话、观看电视等妨碍安全驾驶的行为”。对违反上述规定的，公安部123号令对于开车打电话有了明确的记分规定，一次记2分。

“开车打电话现象比较普遍，很多驾驶员都知道开车打电话违法。有些驾驶员到了路口看到我们，下意识地搁下手机，有些直接接着电话就过去了。”在某市区建设路与中兴路交叉口执勤的司警官说。

曾有媒体做过实验，测试开车过程中从手机铃声响起到接起电话用多长时间。三组测试人员中，费时最短的用了1.6秒。这1.6秒，如果时速30公里，汽车就行驶了13米，而如果是在高速公路上行驶，时速达到100公里，1.6秒就会开出去57米。

值得注意的是，这13米或者57米是在驾驶员没有仔细注意路况的情况下驶出的，一旦出现前车并线、减速等情况，很容易导致交通事故发生。

据分析，驾驶员开车时接打电话，会造成对前方及周围环境观测不到位，一旦出现紧急情况，驾驶员仓促反应加上刹车制动和行车惯性，所用时间往往超过意外状况发生的一瞬间。而且情急之下，驾驶员心慌意乱，很难做出正确的反应，甚至出现过把油门当作刹车踩下去引发的交通事故。

据司警官介绍，在平时执法中，对开车打电话的驾驶员进行交通违法处罚的不算多，但这并不意味着开车打电话的驾驶员少，恰恰相反，是数不胜数。现在很多车辆前挡风玻璃都贴有颜色较深的太阳膜，在远处根本看不清车内驾驶员的活动。等到车辆驶近时，交警才发现驾驶员在开车打电话，这时再追上去将他拦下并进行处罚比较困难，除非车辆刚好行驶在路口附近，并且让交警抓到了打电话的现场行为，否则驾驶员容易抵赖，给执法带来一定的难度。

因此，为了自己及他人的生命安全，交警建议驾驶员，开车时绝对不要接打电话，即便使用了蓝牙耳机，在开车过程中打电话还是会造成驾驶员注意力不集中，事故概率也会相对提高。正确的做法是，在不影响道路交通安全的情况下，靠路边停车后接打电话。

任务评价

序号	任务内容	任务要求	等级	待改进技能	备注
1	了解接听电话的一般礼仪规则	掌握接听电话的一般规则			
2	接听电话姿势	能够根据要求接听电话			
3	礼貌语及应变能力的提升	能够根据接听电话的礼仪要求，调整好自己的语言和应变能力			

任务五　拨打电话

任务描述

在电话交往中，往往依据对方的声音和使用电话的习惯，获得对对方的印象。电话交谈是一种特殊的交谈，它不像人们面对面交谈那样可以留下直观的印象，但它可以突破地域空间的限制，通过电话里传来的声音、语调、语言等让人产生想象，而这种想象又常常成为双方今后建立友谊和信任的基础。所以，作为一种只闻其声、不见其人的人际沟通形式，电话是有形象的。

本任务要求学生能够掌握拨打电话的礼仪知识，掌握服务中拨打客人电话的一般礼仪要求，掌握拨打电话的规则，提升旅游服务的能力。

情境导入

中职生应聘展才华

上海某招聘现场，某旅游公司的老总亲自负责招聘，展台前有很多求职者。突然老总接到一个电话，可是对方说话很快，老总身边又没有带翻译，所以他也听不太清楚。情急之下，他要在场的应聘人员前来帮忙。可是三个应聘者接了电话，都表示专业用语太多，没办法交谈下去；还有的人回答很不耐烦、缺乏礼貌。最后一个小伙子说他试一下，报价、介绍、订单，流利的口语和礼貌的态度让人刮目相看。老总当场表示录取他。让人大吃一惊的是，他只是上海某一中职学校旅游专业的毕业生。

☞ **分析**

这位中职学校毕业生胜出的原因是：有很强的自我情绪控制能力、专业能力和礼貌修养。通过现场短短几分钟的电话交谈，能够做到不卑不亢、客气回答、服务周到，会随机应变，属于实用性的人才。学习是为了应用，如果空有学历，发挥不出来，不能运用到实际当中也是白费。此毕业生虽然学历一般，但是能力超群，解决问题的能力突出，能学以致用，所以能胜出。

相关知识

打电话或是接电话，都必须以礼待人、克己敬人。如果不注意在使用电话的过程中讲究礼貌，先敬于人，无形之中将会使自己的人际关系受到损害。

通过电话交谈使人感受到的通话人的礼仪修养叫作“电话形象”。因此在掌握电话礼仪前必须具有电话形象的意识。

打造一个彬彬有礼的电话形象，给人留下“带着微笑的声音”的好印象，或者通过电话让人感受到你的亲切、热情、礼貌，这会赢得对方信任，从而对你个人或组织产生好的印象。电话形象由电话交往中的语言、内容、态度、表情、举止、时间感等方面构成。其中，主要取决于打电话时的语言与声调。

人们当面交谈，即使语调不够悦耳、言词不够文雅，也可以通过表情或动作加以弥补，电话则是只闻其声不见其影，所有的印象都靠语言、声音来判断。所以，电话交往一定要注意态度友善、语调温和、讲究礼貌。掌握使用电话的基本技巧和礼仪，对于维护自身的电话形象是非常重要的。

要使自己所打的电话既准确无误地传递信息，又能联络感情、有效沟通，就必须做到以下几点。

一、时间适宜

打电话应尽量避开上午 7 点前、晚上 22 点后及午休、吃饭等时间。通话的时间不宜过长，一般以 3~5 分钟为宜。因为要考虑到其他电话的进出，不可过久地占线，尤其不可将公用电话作为聊天工具煲“电话粥”。假如通话时间较长，也应事先征求一下对方意见，并在结束通话时略表歉意。如果在万不得已的情况下，在对方节假日、用餐、睡觉时打电话影响了对方，应该说明原因，并说一声“对不起”。给国外通话事先要了解一下时差，不要不明对方昼夜。

二、事先准备

每次通话前，做好充分的准备工作，如事先核对对方的电话号码、单位名称、人名；写出通话的要点或询问的事项，斟酌一下用词；准备好在应答中需要记录用的纸和笔，以及必要的资料和文件，这样通话时就不会临时抓瞎、丢三落四。有时需要估计一下对方的情况，决定通话的时间。通话应务实、简明扼要、多为他人着想。

三、开场白要有礼貌

电话接通后，首先，应当向对方礼貌地问候一声“您好”，而不要习惯性地说“喂”，或者在不打招呼的情况下就介绍自己，甚至直接说要找的人或要办的事情。这样给人的感觉会很唐突，或者感觉你傲慢和盛气凌人。其次，应当自报家门，让对方知道打电话的是什么人。自报家门有几种方式：一，报自己的全名；二，报自己所在单位的名称；三，先报自己所在单位的名称，再报自己的全名；四，先报自己所在单位的名称，再报自己的全名和职务。第一种介绍方式通常适用于私人交往，后三种适用于业务往来。

在自报家门的过程中，人们通常会犯两个错误。

一是不报所在单位的名称，只说自己的名字。如果对方熟悉你，当然可以省略所在单位的名称，反之则会造成对方的困惑。只有说明了单位的名称，对方才会知道你是做什么的，有什么业务要接洽，如何跟你对话。

二是只说所在单位的名称，不说自己的名字。这可能是因为你经常给对方打电话，双方比较熟悉，不需要通报姓名；也可能是因为你的身份高于对方或者单位的级别、规模高于对方，出于一种优越感而只报单位的名称，不说自己的名字。如果是纯粹的业务性电话，这样做也无大碍，但在一般情况下，这样做是不太礼貌的。

四、“闻其声如见其人”

我们打电话的目的是为了彼此的交流和沟通，以拉近彼此的距离，而电话本身是没有任何感情色彩的，所以，在打电话时，一定要给电话赋予感情色彩，达到使对方“闻其声如见其人”的效果，要达到这样的效果，就应做到以下几点。

（一）力求避免感情机械化

有些人会错误地认为电话只是传达声音的工具，只要把声音传给对方就可以了，所以打电话时只是发出声音，并不在意自己说话的音调。

因为对方不可能从电话中看见我们具体在做什么，于是，许多人在打电话时表情往往是机械且没活力的。所以，对方从电话中听到的声音往往是平淡的、呆板的甚至是不愉快的。这就要求打电话者，在拿起话筒时，要用自己的声调表达出微笑和友谊。即使对方不能从电话中看见你的表情，你的声音也要时刻充满笑意，比平时自己高兴时还要多的笑意。

（二）注意语调与语速

因为声音通过电信号转换后音调会有一点改变。所以，在电话里语速要适中，音量也要适中。此外，嘴要对着话筒，一个字一个字地说，咬字要清楚；特别是说话者在说到数目、时间、日期、地点等内容时，一定要让对方准确确认。

五、礼貌地结束通话

一般情况下，电话应当由打电话的一方主动挂断。如果在通话过程中意外中断，打电话的一方应当主动打过去，并向对方解释，以免对方产生疑虑，以为你是有意中断通话。挂电话时一定要轻放话筒，否则对方会不自觉地想，你是不是有意表达不满。即便不产生这样的疑虑，对方也会感到不舒服，觉得打电话的人没有礼貌。同时，在挂电话之前，“再见”之类的告别语是不能少的。在预感到通话即将结束的时候，作为打电话的一方应当主动说“再见”。不说告别的话就贸然挂断电话，给人的感觉是结束得很突然，甚至会产生误解。

六、拨打电话的语言礼仪

（一）态度礼貌友善

使用电话沟通时，应该始终把对方视为一个面对面正在交谈的人。尤其是公关人员，应该意识到自己面对的是一名公众。电话接触就是对公众的一次“亮相”，应该持慎重的态度。从构筑良好形象的愿望出发，电话用语应该善待他人；多用肯定语，少用否定语；酌情使用模糊语；多用致歉词和请托语，忌用生硬傲慢的语言。

（二）信息内容简洁

电话用语要言简意赅，把需要陈述的内容用最简洁明了的语言表达出来，给人留有一个精明干练的形象。通话忌吞吞吐吐、含混不清、东拉西扯。正确的做法是：问候客套完毕，立即开门见山，直奔主题，不讲空话、废话。

（三）语调温和、语速适中

礼貌的语言，柔和的语调，往往会给对方以亲切的感觉，有魅力的声音容易使对方产生愉悦感。所以电话用语应该做到语调、语气温和，语速适中。如果说话语速过快，如同连珠炮般不加停顿，对方会听不清，感到你在应付；语速太慢，则又会引起对方不耐烦，显得你为人做事懒散拖沓；语调太高，对方听了刺耳；语调太低，对方不但听不清楚，还会觉得你有气无力。正确的做法是传送你自然的语调、语速，遇到一些数字、人名、地名或关键的句子，要强调、放慢语速，或停顿，或重复一遍，以使对方听明白。

（四）使用礼貌用语

应该尽量使用礼貌用语，如“您好”“再见”“不必客气”“请”“非常感谢”“我能为您做些什么”“对不起，我打错电话了”等。

角色练习

打电话训练

★技能训练目标

（1）通过演练，掌握打电话的程序、要求及注意事项，掌握用礼貌的语言与客户沟通的技能。

（2）能根据不同旅游服务情境下的沟通方式运用相关的电话礼仪。通过训练，将日常旅游职业礼仪的知识化为学生的实际能力，使学生具有灵活的运用能力。

（3）通过学生自评、互评，检验学生对知识的掌握程度。

★技能训练准备

（1）实训场地：教室。

（2）实训用品：两部电话、一部手机。

（3）模拟实训项目中的角色，通过拨打电话处理好项目中的问题。

★技能训练步骤

（1）教师对拨打电话常用问题提问，学生讨论。

（2）教师讲解常见问题和拨打电话的程序、要求及注意事项。

（3）教师示范拨打电话的程序及要求。

（4）教师展示实训情境，学生两人一组模拟实训情境。

（5）每小组模拟完后学生点评，教师补充，实训情境模拟结束后教师进行总结。

特别提示

本实训练习建议在教室进行。各小组学生自选情境，分别扮演情境中的对象，模拟电话内容，其他学生观看并点评，学生评分占40%，教师评分占60%。小组准备时间5分钟，每组演示时间不超过4分钟，演示时间结束时学生完成电话记录单，教师统计分数，监督组对各小组进行评价。

视野拓展

打电话小技法

打电话前把要说的内容依照“5W1H”排列清楚，接电话时也要按“5W1H”要求记录来电内容。所谓“5W1H”是指：When（何时）、Who（何人）、Where（何地）、What（何事）、Why（为什么）、How（如何处理）。

任务评价

序号	任务内容	任务要求	等级	待改进技能	备注
1	了解打电话的一般礼仪规则	掌握打电话的一般规则			
2	打电话姿势	能够根据要求打电话			
3	礼貌语及应变能力的提升	能够根据打电话的礼仪要求，调整好自己的语言和应变能力			

任务六　掌握办公室禁忌

任务描述

在漫长的职业生涯中，每个人都不得不与形形色色的人打交道。若想有一个和睦的工作环境，和同事愉快地相处，就要了解办公室里忌讳的事情，懂得与同事相处的礼仪。

本任务要求学生能够了解办公室礼仪的特点，以及着装、言谈、行为和环境等方面的禁忌，提升旅游服务的综合能力。

情境导入

办公室的故事

小李大学毕业后进入了一家商务公司做职员，她的直接上司何主任是个三十多岁的已婚男子。因为在同一个办公室工作，小李比其他人有更多的机会接触他。何主任的学识和能力令小李很是敬佩，而这位何主任好像对小李的乖巧和努力也很赞赏，还为小李的业务发展提供了很多别人没有的机会。小李的工作积极性因此很高。何主任的一个眼神或一个赞美都成了小李激动和兴奋的缘由。两人常常一起吃饭，何主任还经常与小李谈心拉家常。

很快，公司开始有了一些关于小李和何主任的流言蜚语。何主任也不敢像以前那样与小李在办公场合有说有笑，小李的工作积极性也一落千丈。

年终，公司里突然有消息说总经理要在内部提拔一个副总，于是小李发现何主任好像不认识她一样，离得远远的。过了几天，人事部找小李谈话，认为她在公司的行为不够检点，征询了部门意见后决定不与小李续签劳务合同了，这时，小李委屈地哭了。

☞ **分析**

距离，是一种人际学问，两性之间的距离更是复杂而又微妙的。异性同事之间，隔得远远的，会被认为太冷漠；太接近，又容易引人误会。距离这种微妙的关系，值得每个商务从业者认真经营和细心打理。

在工作中最重要的事情是工作做好，因而一定要把工作放在第一位。不要过分重视性别因素，最好是能够消除性别观念，工作中不分男女，一视同仁，端正自己的心态。

办公室中，人与人之间的关系很复杂。尤其是与异性同事相处时，切不可与其走得过近，办公室只是工作的地方，绝对不是谈个人感情的地方。如果你心肠太好，太为人着想、太顾及别人的感受，只会妨碍自己做事，也会给自己带来很多的麻烦。所以说，办公室与异性相处需要掌握一定的度，掌握与异性相处的礼仪。

相关知识

办公室可能是人们除了家之外停留时间最长的地方。所以，也应该像爱护自己的家一样爱护办公室。但是，办公室成员是区别于家人的，因此，不但要注意一些办公室的礼仪，更要注意一些办公室礼仪方面的禁忌，不要因为失礼而失去良好的同事关系。

一、办公室礼仪的特点

办公室是现代社会最为典型的工作场所，是机关、企事业单位的综合办事机构和场地，发挥着承上启下、协调关系、统筹全局的重要作用，因此，办公室礼仪具有自身的特点。

（一）平等

平等是指在单位、办公室里，同事之间是平等的、相互合作的关系。特别是在人格和尊严方面没有高低之分，只有职位的高低和分工不同。因此，对待上司、同事、下属要一视同仁，给予同等程度的礼遇，不应因对方的身份、地位、职务以及与自己的关系亲疏远近等方面的不同，而厚此薄彼、区别对待。

（二）尊重

在办公室里，必须以相互尊重为前提，尊重他人的人格，尊重他人的劳动，不妨碍或损害他人的利益。在工作上，对待上司要尊重，有事多请示；对同事要尊重，密切合作；对下属更要尊重，加强团队精神。只有人与人之间彼此尊重，才能保持和谐、愉快的人际关系。

（三）和谐

在办公室这样一个特定的场合和人群中，人际关系多而繁杂。人际关系的处理是办公室礼仪的核心部分，通过分析各种人际关系的实质内容，抓住处理关系的关键点，理顺人际关系，促进彼此关系的和谐。

二、着装禁忌

在办公室着装不得体，往往很容易让人把你的穿着和你的工作能力联系起来，在评价你的时候，容易引起误会，比如说“他这个人的工作能力和他的穿着一样糟糕”。因而需要时刻注意自己的着装。在办公室里有一些着装的问题是必须注意的：女性不要穿超短裙或过分“露、透、瘦”的服装；男性不要穿背心、拖鞋到办公室；进入办公室要把帽子、大衣和手套脱掉；在办公室工作期间，不论男女都不能穿大衣、风衣；夏天不能赤脚，不能穿着拖鞋，穿凉鞋时一定要穿袜子。

女性在工作场所还应该注意以下问题：虽然女性应该保持年轻的心态，但是在工作场合还是应该维持一定的稳重形象，不宜为了使自己看起来年轻而过分打扮，例如，以可爱款式的“娃娃装”来装扮自己。特别是夏天的时候，许多女性工作者不够注重自己的身份，穿着颇为性感的服饰。在这样的情况下，你的智慧和才能便会被忽视或埋没，甚至还会被看成轻浮。因此，再热的天气也应注意自己仪表的整洁大方。其实，成熟、职业化的服装更容易被大家接受和认可。

三、举止礼仪

举止就是人们在外观上可以明显地被察觉到的活动、动作，以及在活动、动作之中身体各部分所呈现出的姿态。在一般情况下，它主要是由人的肢体呈现出的各种体态及其变化所组成。人的举止往往显露着人的思想、情感以及对外界的反应。所以，作为公司的工作人员就应该时刻注意自己的举止。

在工作中人们常会忽略一些基本的手势礼仪，常常因一个小动作不规范而失礼，暴露出自己修养的不足。例如，最常用的举手示意手势，却常被不规范地使用，显得对人有失敬意。当你接待和引导客户时，正确的示意手势应该是除拇指外四指合拢，伸出手掌用指尖所指的方向示意。不能直接伸出食指，用一个指头来引导或指示，尤其是在相互介绍的场合，最忌讳用一个指头指着人向第三方介绍。此外，一些人习惯性地用手中正在拿着的笔，指点对方或做示意，这是不礼貌的，也是不符合礼仪规范的。

四、言谈禁忌

在办公室这样一个公共环境中，言语表达不恰当，可能会引来麻烦，因而在交谈的过程中要注意以下问题不能涉及。

（一）工资收入

工资收入往往是个人能力和实力的象征，许多人特别是企业工作人员，不愿意向他人透露自己的真实收入情况。所以在办公室谈工资，给别人的感觉就是你在打探他们的底细。

（二）私人关系

私人关系在这里主要是指个人关系的亲疏。例如在同事面前表现出和上司超越一般上下级的关系，甚至炫耀和上司及其家人的私交。在公司里，很忌讳成帮成派，作为你的上司，他并不想让别人知道他和你的关系，如果你在办公室大谈你们的“亲密”，那么在以后的交往中他就会慢慢地疏远你。同样也必须注意，了解到公司上层领导之间不易察觉的内在矛盾后，对此大放厥词一不小心就会把自己置身其中，成为公司内部矛盾的牺牲品。

（三）个人隐私

你和同事仅仅是工作上的合作关系，仅有业务的往来。对于同事的隐私不要主动地探询，自己的隐私不要泄露，因为那将会影响别人对你的评价，也容易被同事所厌烦，特别要注意不要传播别人的隐私。

（四）争论

争论是职场民主氛围的体现，甚至有适当的争论才更容易有好的沟通氛围，才能有创新。但作为新员工，初来乍到，在这方面还是应适当低调一点，更重要的是要多学习、多了解。

对新员工来说，最好不要在办公室里争论。并不是任何单位都有这样的氛围，也并不是任何人都能做到辩论之后还会心平气和。

（五）对比

有些人总拿现在单位和自己以前的任职单位对比，或者拿现在的单位和同学、朋友的单位对比。比较的重点无非是：上司个人魅力、待遇、福利、管理水平、工作环境，这样对比，都会让上司不爱听，同事反感。如果上司或同事扔下一句："那你怎么还在这里呢？"你该怎样收场？大部分人对现在的单位多少都会有一种归属感、荣誉感。贬低现在这个单位，也变相贬低了同事。人们一般认为，这样的人，心是浮躁的，工作是没有激情的，团队合作是实现不了的。总而言之，这样的员工是不可靠的。

（六）玩笑

开玩笑要注意尺度，不能对任何人都千篇一律地开玩笑，甚至对有些人不能开玩笑。和性格开朗、大度的人，可以稍开一点玩笑，会使气氛更加活跃；和拘谨的人，少开甚至是不开玩笑；异性，特别是对于女性，开玩笑一定要适当；不要拿别人的隐私、缺点、弱点、尴尬事件作为笑料；和年长同事、上司开玩笑，一定要在维护对方尊严的基础上。

五、行为禁忌

（一）拉帮结派

同事间由于性格、爱好、年龄等因素的差别，交往频率难免有差异，但绝不能以个人的好恶划出界线。在公司里面拉帮结派，排斥异己会破坏同事间的关系，导致同事间相处紧张；也不要因为趣味相投而结成一派，形成小圈子，这样容易引发圈外人的对立情绪。一个正直无私的人，待人处事定要一视同仁，不要将自己置于无谓的人际纠葛纷争之中。

（二）满腹牢骚

在工作中，特别是在同事面前不要乱发牢骚，应该保持高昂的情绪状态，即使遇到挫折、饱受委屈、得不到领导的信任，也不要牢骚满腹、怨气冲天。这样做的结果，只会适得其反，要么招同事嫌恶，要么被同事瞧不起。

（三）过分表现

当今社会，充分表现自己的才能和优势是没错的，但是，表现自己必须分场合、形式，如果过于表现，使人看上去矫揉造作，会引起旁观者的反感。

（四）故作姿态

办公室内不要给人以"新新人类"的感觉，毕竟这是办公场合。无论穿衣还是举止言谈，切忌太前卫，给人卖弄风骚或怪异的印象，这样会招致办公室内男男女女的耻笑，同时会被认为没有实际工作能力，是个吊儿郎当、行为怪异的人。

（五）择人而待

在工作岗位对待同事要一视同仁，不要遇到有能力的同事或上司是一个样，遇到能力较弱的同事又是一个样，给人一种势利小人的印象。要知道，在一个单位，势利小人是最让人瞧不起的，也是最不受欢迎的，即便你的工作是优秀的、事业是成功的。

（六）大声说笑

开朗的性格有助于和别人尽快建立良好关系，但是如果处处展现自己开朗的性格是并不合适的，尤其是在办公室大声说笑。本身在办公室就要避免聊天、谈论工作以外的事情，而如果你说到高兴处，肆无忌惮地又说又笑，甚至手舞足蹈，必然会影响到那些正在埋头工作的同事。

（七）闲聊

办公室是工作的场所，那就要尽量避免谈论和做与工作无关的事情。所以，在工作中，不要和同事闲聊与工作无关的事情。有的办公室设有盥洗室、开水房、吸烟室等非办公区域，在这些地方也不能凑在一起闲聊，这种闲聊等同于怠工。在办公室中说话的声音应该尽量放小，以不影响别人工作的音量为宜。

（八）在办公室吸烟

吸烟有害健康，这是人所共知的，办公室自然也不例外。一般情况下，很多公司都会禁止吸烟，有些还会专门设立一个吸烟室或吸烟区。所以，不要在不允许吸烟的场所吸烟，即使是在可以吸烟的场所，也要跟身边的人打招呼问对方是否介意自己吸烟。在可以吸烟的区域，要注意环境，不能随手乱弹烟灰、扔烟头，不小心弄脏了的地方应当立刻清洁，免得给别人造成麻烦。

六、环境礼仪

办公室是工作的地方，工作就要讲求效率，一个连自己办公桌都收拾不利落的人，很难有效率可言。另外，杂乱的办公桌也会影响整个办公室的环境，所以，一定要保持办公桌的整洁，办公桌上的东西要尽量少，桌子也要经常整理、清洁。不要在办公桌上摆放食物、镜子、化妆品等太多私人物品，更不要将自己的文具、文件放到邻桌。此外，办公桌下面也不要摆放无用的物品，并且要整理干净，将自己的物品摆到办公桌旁边的过道更是非常无礼的表现。离开办公室时，应将桌面上的文件、物品等收拾归位。

角色练习

办公室环境整理训练

★技能训练目标

（1）通过演练，使学生掌握办公室环境整理的一般操作。

（2）通过学生自评、互评，检验学生对知识的掌握程度。

★技能训练准备

（1）实训场地：教室。

（2）物品准备：办公室及相关办公用品等。

★技能训练步骤

（1）在办公区区分要与不要的东西，只保留有用的东西，撤除不需要的东西。

（2）把要用的东西按规定的位置摆放整齐，并做好标志进行管理。

（3）清扫环境卫生，将物品排列整齐，井然有序，保持美观、整洁。

特别提示

本练习建议两人一组进行训练。要注意操作的安全性。

视野拓展

办公室适合摆放的9种植物

在办公室里摆放植物，不仅能起到装饰办公室的作用，还有利于缓解视觉疲劳，提高工作效率。

一、仙人球

说到办公室花卉，当然首选仙人球。仙人球是一种茎、叶、花均有较高观赏价值的植物，是水培或土培花卉的艺术精品。推荐仙人球最关键的原因是，它有吸收电磁辐射的作用，是天然的空气清新器，还具有吸附尘土、净化空气的作用。

二、吊兰

据研究，吊兰具有吸收有毒气体的功能，一般房间养一盆吊兰，空气中由吸烟及建材散发出的甲醛，即可吸收殆尽，起到净化空气和对人体的保护作用。

三、芦荟

一般植物的光合作用都是在白天吸收二氧化碳的同时放出氧气，但芦荟是多肉质植物，它白天大量吸收二氧化碳，到了晚上再慢慢放出氧气，而且它还具有一定的吸收异味、美化居室的作用。

四、虎皮兰

虎皮兰放置在办公室，除了可供观赏外，还可以吸收屋内的甲醛等有害物质，降低其对人的伤害。特别是对新装修的房屋或新购置的家具，效果更明显。

五、万年青

万年青叶片宽阔光亮，四季翠绿，特别耐阴，可切取配制观叶盆景或做插花衬托，装饰环境，也可用于盆栽点缀办公室。

六、水竹

水竹天生一副文静姿态，茎挺叶茂，层次分明，秀雅自然，四季常绿，是室内观赏佳品，亦是切花的好材料。其养护简单，管理粗放，既可水植也可盆栽，因此深得盆景爱好者的青睐。

七、文竹

文竹放置办公室净化空气的同时也增添了书香气息。文竹对肝脏有病、精神抑郁、情绪低落者有一定的调节作用，它在夜间除了能吸收二氧化硫、二氧化氮、氯气等有害气体外，还能散发出杀灭细菌的气体，减少感冒、伤寒、喉头炎等传染病的发生，对人体的健康是大有好处的。

八、龟背竹

龟背竹株形优美，叶片形状奇特，叶色浓绿，且富有光泽，整体观赏效果较好。我国引种栽培较为广泛，龟背竹是著名的室内盆栽观叶植物，具有夜间吸收二氧化碳的奇特本领，有一定净化空气的作用。

九、绿萝

环保学家发现，一盆绿萝在8~10平方米的房间内就相当于一个空气净化器，能有效吸收空气中甲醛、苯和三氯乙烯等有害气体。绿萝不但生命力顽强，而且在室内摆放，其净化空气的能力不亚于常春藤和吊兰。新铺的地板非常容易产生有害物质，因此新装修好的办公室、居室非常适合摆放绿萝。

除了以上几种常见的植物之外，还有常春藤、水仙、散尾葵、铁树、龙血树、千年木、袖珍椰子等植物适宜摆放在办公室。

任务评价

序号	任务内容	任务要求	等级	待改进技能	备注
1	了解办公室礼仪的特点	掌握办公室礼仪的一般规则			
2	了解着装、言谈、行为和环境等方面的禁忌	能够根据要求找到自己行为的不足，加以改正			

项目关键词

办公室环境　开关门礼仪　发传真礼仪　接电话礼仪　打电话礼仪　办公室禁忌

课后练习题

1. 谈谈办公室环境的一般要求。
2. 从案例入手，说说开关门礼仪基本原则。
3. 分别举例说明服务员开关门的几种情况。
4. 旅游服务人员在利用传真对外通信联络时，必须注意哪两个方面的礼仪问题？
5. 说说接听电话的基本步骤。

6. 案例题。

（1）职员小赵要赶写经理下午开会要的一份材料，一上班就急急忙忙坐到放在办公室角落的电脑前，专心致志地准备材料。忙碌了一会，她闻到有些异味，扭头一看才发现办公室窗户没开。她刚打开窗户，电话响了，小赵跑到办公桌前拿起电话。是一个客户找经理的电话，小赵告之经理不在，对方要求留言，小赵赶忙去找记录的纸笔，在抽屉里翻找没有，又在堆满文件、报刊及各种物件的办公室桌上寻找，终于在一堆零食下面找到了纸笔。记录完毕，小赵将其放到了临窗的经理的办公桌桌面上。刚坐下，营销科的一位员工来请小赵帮他找一份文件并要求复印，小赵起身走到靠门的文件柜里找文件。文件找到了，小赵很快就复印好了。突然，沙沙一阵响声，小赵一抬头，发现好像要下雷阵雨。放在经理桌面上的电话留言纸被风吹到了窗台上，她赶紧过来"抢救"，可一着急，不知道被什么绊了一脚，她和风扇一起摔倒了。原来，前两天办公室的空调坏了，还没修，因为天气热，小赵用插板连接电脑线插座，并在电脑旁边放了台风扇，她就这样被电线绊倒了。

问题：职员小赵在办公环境的管理方面存在哪些不足？需要做哪些改进？

（2）部门经理有午睡的习惯，平时小李不敢进去打扰他。这一段时间，公司业务实在太忙，公司老总经常亲自来要资料，都是急件，小李必须到经理办公室查找文件核对相关数据。小李经常在经理午睡时进出他的办公室找文件。为了不把经理吵醒，小李都轻手轻脚进出，轻轻开关门，可出门带门时总会出现"咔嚓"声。小李怕吵醒经理，有时就有意把门虚掩上，后来小李发现，经理经常在午睡醒后流露出对小李打扰他午睡的不满。

问题：小李怎么做才合适呢？

（3）上海某合资企业曾发生过这样一件事：一次，总经理室电话铃响，秘书小胡抓起听筒报了一声"喂"，对方便说"请老王听电话"。总经理姓王，小胡不敢怠慢，赶紧把话筒递给了总经理。王总经理刚一开口，对方便是一顿责怪。王总经理觉得很奇怪，便询问对方的身份、姓名。一番口舌之后，才明白是打错电话造成了误会。事后，王总经理狠狠地批评了小胡，小胡却认为，打错电话乃区区小事，不必小题大做，自己不过是转接电话，并无过错。作为秘书，小胡的想法显然是不妥当的。

问题：小胡的做法和想法有哪些不妥当的地方？

项目五

旅游服务接待礼仪

旅游服务工作中，接待是给客人留下第一印象的重要工作，能为下一步的深入交往打下基础。旅游服务接待的礼仪规格相对其他行业要高些。做好旅游服务接待工作，不仅仅要注意接待的礼仪，还要注意自己的仪容仪表。要通过接待工作让客人体会到服务人员的热情好客、礼貌待人的诚意。

任务导读

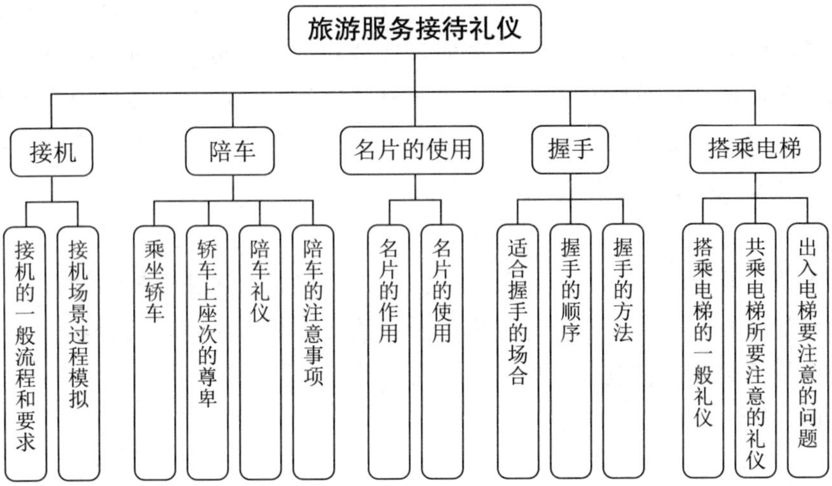

学习目标

1. 知识目标：了解旅游服务接待礼仪中接机、陪车、名片的使用、握手及搭乘电梯的礼仪知识点。了解接待的一般工作流程、方法和相关技能要求。

2. 职业认知：能够使学生通过服务接待礼仪学习，正确地运用相关接待礼仪职业知识，树立良好的旅游服务形象，赢得客人信任。

3. 技能目标：熟练掌握接机、陪车、介绍、交递名片、握手的操作要求，能完成一般的旅游服务接待工作。

任务一　接机

任务描述

接机服务是旅游服务中的经常性工作，在旅游企业中，接机服务要求较高，已经逐渐成为旅游企业重要的接待项目之一，也是游客接触旅游企业的第一个环节，应当倍加受到重视。

本任务要求同学了解旅游服务企业接机的基本流程和相关环节的礼仪要求，能够为游客提供优质服务。

情境导入

热情的接机代表

阳春三月，乍暖还寒时节，寒流突降，机场外飘起了大雪。航班抵达机场，走向出口处的客人身着轻便装束，他们明显对寒冷的天气估计不足。正在此时，举着接机牌在出口处等候客人的某旅游公司接机代表迎上去，一句热情的问候之后，随即为客人披上早已准备好的大衣。一时间，温暖包围了客人。接机代表将公司的热情欢迎及真切的关怀带给了客人，让公司在客人心目中留下了良好的印象。

☞ **分析**

接机代表是公司派往机场迎接刚下飞机的客人的使者，往往代表旅游公司对客服务的第一站，因此需要丰富的从业经验与娴熟的服务技巧，更需要对客人的热情之心。通过机场接机代表热情周到的接机服务，使客人对公司的服务产生了良好的第一印象，为后续工作打下了基础。

相关知识

接机服务就是指到飞机场接人，这项工作一般由公司接待组或会议接待组承担。

一、接机的一般流程和要求

（1）确定好接机和跟车人员。

（2）由接机负责人统筹牵头负责接机及与之衔接的跟车等事宜。在整个过程中要明确每个节点、环节的负责人。

（3）向接机工作人员每人发放或者自备一份客人通讯录，包括姓名、地市、性别、联系电话、航班、房间号等。

（4）事先打印好可粘贴的行李标签，标签印有客人的信息，包括地市、姓名、航班、房间号。接机和跟车人员在接到客人后，协助提送行李送至酒店房间。

客人到机场后，行李箱交给接机人员，要确保客人到房间就能看到行李箱。接机人员可以根据航班情况安排接送车，可以将人和行李分车运送。到酒店后，由专人负责将行李送至房间。

（5）接机时根据客人数量安排接机人员、跟车人员，以确保接机工作的质量。接机、跟车人员要沟通好，清楚衔接流程，清楚自己该做什么，负责什么，知晓客人的行程安排。

（6）根据航班情况，提前计划好车辆运送次数、时间。

（7）在整个安排确定后，为全体工作人员进行一次全流程培训或者来宾整体安排的告知会，让大家熟悉整体情况，以免工作出现纰漏。

（8）印发工作人员操作手册，手册中印有来宾人员名单（姓名、地市、性别、联系电话、航班、房间号）、整体计划安排、各个环节的内容、负责人及联系方式、工作人员分工联系表等。

（9）机场等候。

①查询航班准确抵达时间。当飞机抵达后，要站在旅客出口处，手举接机牌等待客人。

②航班抵达时联系司机将车子停到指定位置（视情况而定）。

③举牌迎候。牌子位置掌握在 1.3 米左右的高度。

④当见到客人，需要确认客人并礼貌问候，然后介绍自己：早上 / 下午 / 晚上好！请问您是 ××× 女士 / 先生吗？您好，××× 女士 / 先生，欢迎您来到 ××，我是 ××× 公司接待人员 ×××。请问您的行李全了吗？让我来帮您拿行李，车辆已经为您准备好了，我带您过去（挂上提前准备的行李标签）。

⑤引导客人前往停车地点上车。

二、接机场景过程模拟

（1）航班起飞前，由统一负责短信发送的人员发送温馨提示短信：“××× 经理，您好，我是 ×× 公司工作人员 ×××，您的航班将在 × 月 × 日 × 时刻到达 ×× 机场。届时我将在 ××× 位置持 ××× 接机牌等您，有任何需求都可以和我联系（联系电话 ×××××××），祝您旅途愉快。”之前由接机负责人与短信负责人确认沟通好。

（2）1 号、2 号接机人员（其中一个举牌子）和两个跟车人员在机场出口等待，3 号接机人员在机场贵宾室待客。

（3）飞机落地后，1 号或 2 号接机人员电话联系客人：“×××，您好，我是 ×××，我在 ××× 位置持 ××× 接机牌等您。”电话如未接通，可以发短信。

（4）见到客人后，1 号或 2 号接机人员上前询问：“您是 ×× 单位的 ×××（职位）

吗？您好，我是 ×××，欢迎您来到 ××。请先到 ×× 机场贵宾室休息，一会有专车送您到酒店。行李请交给我们，我们直接为您送到酒店您的 ×× 号房间。”这时，1 号跟车人员负责接过行李箱，贴上事先准备好的行李标签，将行李送至大巴车上，2 号接机人员负责带客人到机场贵宾室休息。不需要去贵宾室的来宾，直接由 2 号跟车人员送至大巴车上。

（5）到了机场贵宾室后，由 2 号接机人员交接至 3 号接机人员，并介绍，“这是 ×× 公司 ×××”。3 号接机人员负责招呼休息，可以对机场贵宾室或者住宿、安排等情况稍做介绍。

（6）完毕后，1 号、2 号跟车人员和接机人员再次在机场出口会合，接下一位。

（7）在来宾到达差不多，大巴要出发前，1 号、2 号跟车人员先确认行李安全无误，再回到机场贵宾室，由 3 号接机人员告知领导随同人员，“请各位跟随我们工作人员上车前往 ×× 酒店”，1 号、2 号跟车人员 1 人在前，1 人在后，引导客人上车。

（8）大巴行驶途中，由 1 位跟车人员送水给各位客人，并根据情况作简要交流介绍。到达酒店后，1 人将客人引导至酒店的接待处，1 人将行李交付给酒店处行李负责人员，并核对数量、名单。

（9）接机过程中，始终保持微笑。递送东西时要双手。接待的基本要求是礼貌得体、热情大方、不卑不亢。

（10）接机过程中，各角色可以轮流担当。

（11）统一接机工作人员的服装，仪容仪表按公司商务接待人员标准统一要求。

角色练习

接机服务训练

★技能训练目标

（1）认真做好接机前的准备工作，以良好的精神面貌迎接宾客，热情地做好途中介绍；确保宾客行李准确、按时抵店；针对特殊情况，能做出灵活处理。

（2）通过训练，使学生具有独立接机的对客服务能力。

（3）通过学生自评、互评，检验学生对知识的掌握程度。

★技能训练准备

（1）复习接机流程知识。

（2）结合教师设定的接机情境，对训练学生进行分组。

★技能训练步骤

（1）准备。提前从前台获取宾客姓名及航班号信息，准备接机牌，通知车队准时派车。

（2）接宾客。在机场出口处举接机牌，保证仪表仪容符合酒店要求；向来到的宾客致欢迎词。

（3）接回酒店。帮助宾客搬运行李，确认行李件数，送宾客上车；途中向宾客介绍集团和酒店概况；抵达酒店，帮助宾客提取行李；陪同宾客到前台办理入住手续。

（4）若没有接到指定客人，要立即与酒店礼宾部联系，查找客人是否已自行乘车抵达酒店，返回酒店后要立即与前台确认客人具体情况。

特别提示

学生可以以情景模拟的形式进行训练。本实训可在授课后集中实训。

视野拓展

机场 VIP 接送物品配备清单

矿泉水（果汁、清茶）、爽口糖、欢迎茶点、香巾、文件夹（内含公司、酒店册子、价格表、最新促销信息、地图、沟通卡、笔、便笺、中英文报纸、音乐曲目单等）、行李标签、接机牌。

任务评价

序号	任务内容	任务要求	等级	待改进技能	备注
1	了解接机服务的一般要求	能够掌握接机服务的礼仪要求			
2	接机准备	能够进行接机准备工作			
3	接机工作	能够做好接机工作，做到以礼相待			

任务二　陪车

任务描述

汽车如今已成为现代社会最主要的交通工具，“不在桌前（办公桌、餐桌）就在车上”早已成了许多旅游从业者的工作缩影。与客人、领导、同事一同乘车更是难免，因此乘车礼仪就显得十分重要了。

本任务要求学生能通过课程讲授了解陪车的一般礼仪要求，以便在旅游服务工作中更加注重细节。

情境导入

小赵乘车的故事

某公司员工小赵年轻肯干，点子又多，很快引起了总经理的注意并拟提拔为营业部经理。为了慎重起见，决定再进行一次考查。恰巧总经理要去省城参加一个商品交易会，需要带两名助手，总经理选择了公关部钱经理和小赵。小赵自然很看重这次机会，也想寻机表现一下。

由于司机小孙乘火车先行到省城安排一些事务，尚未回来，所以，他们临时改搭乘董事长驾驶的轿车一同前往。上车时，小赵很麻利地打开了前车门，坐在驾车的董事长旁边的位置上，董事长看了他一眼，但小赵并没有在意。

车上路后，董事长很少说话，总经理好像也没有兴致，闭目养神。为活跃气氛，小赵找了一个话题："董事长驾车的技术不错，有机会也教教我们，如果都自己会开车，办事效率肯定会更高。"董事长专注地开车，不置可否，其他人均无反应，小赵感到没趣，便不再说话了。一路上，除董事长向总经理询问了几件事，总经理简单地回答后，车内再无人说话。到达省城后，小赵悄悄问钱经理："董事长和总经理好像都有点不太高兴？"钱经理告诉他原委，他才恍然大悟，"噢，原来如此。"

开会结束后从省城返回，车子改由司机小孙驾驶。钱经理由于还有些事要处理，需在省城多住一天，同车返回的还是四人。这次不能再犯类似的错误了，小赵想。于是，他打开前车门，请总经理上车，总经理坚持要与董事长一起坐在后排，小赵诚恳地说："总经理您如果不坐前面，就是不肯原谅来的时候我的失礼之处。"并坚持让总经理坐在前排才肯上车。

回到公司，同事们得知小赵这次是同董事长、总经理一道出差，猜测肯定会提拔他，都纷纷向他祝贺。但之后，提拔之事不了了之了。

☞分析

在快节奏的现代生活和商务活动中，乘坐各种车辆，包括小轿车、公交车、地铁、火车、旅游车等，这已成为现代社会中人们日常生活的重要组成部分。乘车、陪车礼仪渐渐成为大家应该了解和掌握的重要知识。遵守礼仪要求，就会在生活和工作中受益；反之，则会深受影响。

案例中的赵先生在两个场景中分别选择了不同的陪车位置，虽然是无心的，却是非常失礼的行为。董事长驾车，他身旁的座位应该是车里面身份地位最高的人乘坐。在返程的途中，由公司的专业司机驾驶，这时后座的位置应该是尊者坐之。这是礼仪的要求，违反了这个乘车礼仪就会影响相关乘车人的心理感受。作为未来的旅游从业者，你会怎么处理呢？

相关知识

自轿车发明以来，车内座位就根据安全、舒适、方便等因素，被人们规定了尊卑、主次之座位。乘车时要保持风度、以礼待人。

一、乘坐轿车

乘坐轿车时，应当注意的礼仪问题主要涉及座次、举止、上下车顺序等几个方面。

（一）上下车的姿态

上车下车，看似简单，其实大有学问，对于女士而言，尤显重要。女士上下车，要采用背入式或正出式，即将身子背向车厢入座，坐定后随即将双腿同时缩入车厢。如穿长裙，在关上门前应先将裙子整理好；准备下车时，应将身体尽量移近车门，车门打开后，先将双腿踏出车外，然后将身体重心移至双脚，头部先出，然后再把整个身体移离车外。这样可以有效避免“走光”，也会显得姿态优雅。

如穿低胸服装，不妨加披一条围巾，以免弯身下车时出现难为情的局面，也可利用钱包或手袋轻按胸前，并保持身体稍直。

（二）座次有别

在比较正规的场合，乘坐轿车时一定要分清座次的尊卑，并在自己适合之处就座；在非正式场合，则不必过分拘礼。

座次礼仪规则可概括为“四个为尊，三个为上”。“四个为尊”是客人为尊、长者为尊、领导为尊、女士为尊，此四类人应为上座。“三个为上”是方便为上、安全为上、尊重为上，以这三个原则安排座次，其中“尊重为上”原则最重要。

二、轿车上座次的尊卑

从礼仪上来讲，主要取决于下述四个因素。

（一）轿车的驾驶者

驾驶汽车的一般有两种人：一种是轿车主人，另一种是专职司机。国内目前所见的轿车多为双排座与三排座，车上尊卑座次如下。

1. 主人亲自驾车时

当主人或领导亲自驾车的时候，此时一般称之为社交用车，上座为副驾驶座。这种情况，一般前排座为上，后排座为下；以右为尊，以左为卑。这种坐法体现出“尊重为上”的原则，体现出客人对开车者的尊重，表示平起平坐，亲密友善。

——双排五人座轿车，顺序是：副驾驶座→后排右座→后排左座→后排中座。

——双排六人座轿车，顺序是：前排右座→前排中座→后排右座→后排左座→后排中座。

——三排七人座轿车，顺序是：副驾驶座→后排右座→后排左座→后排中座→中排右座→中排左座。

——三排九人座轿车，顺序是：前排右座→前排中座→中排右座→中排中座→中排左座→后排右座→后排中座→后排左座。

乘坐主人驾驶的轿车时，最重要的是不能冷落主人，也就是不能令前排座位“虚位以待”，一定要有人坐在那里，以示相伴。当男士驾驶自己的轿车时，若夫人或女友在场，夫人或女友一般应坐在副驾驶座上。

提示：

由主人驾车送其友人夫妇回家时，其友人之中的男士，一定要坐在副驾驶座上，与主人相伴，而不宜形影不离地与自己夫人坐在后排，否则将是失礼之举；若同坐多人，途中坐前座的客人下车后，在后面坐的客人应改坐前座，此项礼节最易被疏忽。

2. 专职司机驾车时

由于右侧上下车更方便，因此要以右尊左卑为原则，同时后排为上，前排为下。接待非常重要的客人，比如政府要员、重要外宾、重要企业家，这时候上座是司机后座，因为该位置的隐秘性好，而且是车上安全系数较高的位置。

——双排五人座轿车，顺序是：后排右座→后排左座→后排中座→副驾驶座。

——双排六人座轿车，顺序是：后排右座→后排左座→后排中座→前排右座→前排中座。

——三排七人座轿车，顺序是：后排右座→后排左座→后排中座→中排右座→中排左座→副驾驶座。

——三排九人座轿车，顺序是：中排右座→中排中座→中排左座→后排右座→后排中座→后排左座→前排右座→前排中座。

提示：

在轿车上女性不宜坐于两异性中间。

（二）不同类型的车辆

上述方法，主要适用于双排座、三排座轿车，对于其他一些特殊类型的轿车并不适用。

吉普车，简称吉普，是一种轻型越野轿车，大都是四座车。吉普车底盘高，功率大，主要功能是越野，因其减震及悬挂太硬，坐在后排颠簸厉害。不管由谁驾驶，吉普车上座次由尊而卑依次是：副驾驶座→后排右座→后排左座。

多排座轿车，指的是四排以及四排以上座次的大中型轿车。其不论由何人驾驶，均以前排为上，以后排为下；以右为尊，以左为卑；并以距离前门的远近来排定其具体座次的尊卑。

以一辆六排 17 座的中型轿车为例，顺序是：第二排右座→第二排中座→第二排左座→第三排右座→第三排中座→第三排左座→第四排右座……

（三）轿车上座次的安全系数

从某种意义上讲，乘坐汽车理当优先考虑安全问题。在轿车上，后排座比前排座要安全得多。最不安全的座位，当数前排右座。最安全的座位，首推后排左座（驾驶座之后），或是后排中座。

当主人亲自开车时，之所以以副驾驶座为上座，既是为了表示对主人的尊重，也是为了显示与之同舟共济。由专人驾车时，副驾驶座位一般也称随员座，通常坐于此处者多为秘书、随员、译员、警卫等。

有鉴于此，一般不应让女士坐于专职司机驾驶的轿车的前排座，孩子与尊长也不宜坐此座。

（四）轿车上嘉宾的本人意愿

通常，在正式场合乘坐轿车时，应请尊长、女士、来宾就座于上座，这是给予对方的一种礼遇。然而，更为重要的是，与此同时，不要忘了尊重嘉宾本人的意愿和选择，并应将这一条放在最重要的位置。应当认定：必须尊重嘉宾本人对乘车座次的选择，嘉宾坐在哪里，即认定哪里是上座。即便嘉宾不明白座次，坐错了地方，轻易也不要对其指出或纠正，这时，务必要讲“主随客便”。

三、陪车礼仪

（1）上车要让领导人和客人先上，行政人员要主动为领导或客人打开车门，并以手示意，待领导和客人坐稳后再关门。

（2）车到目的地，行政人员要先下，为领导或客人打开车门。

（3）在乘车的座位上也有讲究，习惯的坐法是：“右为上，左为下，后为上，前为下”。也就是说，如果行政人员主陪，要请客人坐在汽车后排右侧的座位上，行政人员坐在来宾的左侧，尤其忌讳客人入座后行政人员从同一个门入座。正确的做法是从另一个车门入座。

（4）如果是领导主陪，行政人员坐到前排司机旁边的座位上，领导与客人在后排，领导坐在客人的左侧。

（5）如果是领导主陪两位客人，则领导坐在后排两位客人的中间。

四、陪车的注意事项

（一）选择适当的位置

如果与领导同车，你最好坐在副驾驶的位置上，这样除了可以为领导留出更多的空间休息外，坐在副驾驶的位置上通常还有保护领导的含义。如果领导喜欢和你坐在一排或你需要在车上向领导汇报重要的工作则另当别论。如果你与朋友同坐一车，则最好同坐一排，这样便于交谈。如果只是你一个人坐车时，最好也坐在副驾驶的位置上，以便与司机交谈，这样容易给人留下良好的印象，也是对司机劳动的一种尊重。

（二）车上不要睡觉、打瞌睡

长时间坐车，特别是在午后或酒后坐车时，特别容易犯困，但这种时候尽可能不要睡觉或打瞌睡。原因有三：一是对同车领导的不尊重。如果同车的领导都没有睡觉，而我们却睡着了，显然是过于放肆了。即使领导睡着了，我们也还有为领导保驾护航的责任。二是不利于安全行车。如果乘车的人都睡觉时，司机也容易犯困，而司机一旦打瞌睡则是十分危险的。所以，无论从保护领导还是从保护自己的角度出发，在乘车时都不要睡觉。三是有损自身形象。在车上睡觉时，一般睡姿都不太雅观，而有些人在睡觉时还会有一些不良习惯，如发呓语、打鼾等，这些本来都是很私密并且很不文雅的行为，很有可能会影响你在领导或同事心目中的完美形象。

（三）谈话要适当

与领导同车，自然要做适当的交谈，但一定要适度。如果此时领导的心情或精神状态都比较好，可以主动地选择一些比较轻松的话题与领导交谈，这样不仅可以使乘车的时间变短，还可以拉近你与领导之间的距离。如果领导已经很疲惫，则不应过多地打扰领导，简单地聊上两句，就应及时提醒领导休息；如果此时领导心情很糟糕，可以选择一些领导容易感兴趣的话题，转移领导的注意力。但这需要一定的技巧，如果你自忖无把握将领导的注意力转移开，则干脆保持沉默；如果领导此时正在思考问题，则千万不要打扰他；如果还有其他领导同车，且一起聊天时，你插话时要掌握好时机，话应少而精；领导之间若是在谈工作，除非问到你，或希望你介入，否则尽量不要插话；如果领导之间谈论的话题涉及对某人的评价等保密的内容时，你不但不要插话，甚至不要听，此时最好的办法是找个话题与司机聊聊天，或播放一段轻音乐（音量不要过大）。

说到底，在乘车时需要注意的也就这么多，做得好，自会赢得领导的好感和客人的尊重。

角色练习

上下轿车训练

★技能训练目标

（1）通过演练，使学生掌握正确、优雅的上下车动作。

（2）通过训练，将相关陪车知识化为学生灵活运用的能力。

（3）通过学生自评、互评，检验学生对技能的掌握程度。

★技能训练准备

（1）复习上下车和陪车的知识。

（2）结合训练的情境要求分组。

（3）根据教师布置的情境背景进行情节设计。

★技能训练步骤

（1）上车姿势——上车时姿态优雅，姿态应该为“背入式”，即将身体背向车厢入座，坐定后即将双脚同时缩进车内（如穿长裙，应在关上车门前将裙子整理好）。坐好后稍加整理衣服、坐定，关上车门。

（2）下车姿势——应将身体尽量移近车门，然后将身体重心移至另一脚，再将整个身体移离车外，最后踏出另一只脚（如穿短裙则应将两只脚同时踏出车外，再将身体移出，双脚不可一先一后）。

特别提示

本任务练习需注意动作轻缓，语言亲切。注意汽车的类型和客人情况。女士上车不要一只脚先踏入车内，也不要爬进车里，需要站在座位边上，把身体降低，让臀部坐到位子上，再将双腿一起收进车里，双膝一定保持合并的姿势。

本任务练习以两人以上小组为单位，设定情节练习上下车动作。在训练中，要注意仪容、仪表、站姿等礼仪规范。

视野拓展

丘吉尔开车的故事

有一次，时任英国首相的丘吉尔准备去参加一个重要会议，司机早早就去接了他。偏偏那天丘吉尔心情特别好，想过把开车瘾，就和司机换了位置，自己开着车去会场。

快到会场时，一个工作人员看到了丘吉尔在驾驶汽车，立刻慌张起来，跑到大会负责人那里着急地说："坏了坏了，不知道来了什么大人物！"负责人很奇怪："为什么呢？"工作人员说："丘吉尔为他开车呢！"

任务评价

序号	任务内容	任务要求	等级	待改进技能	备注
1	开车门	掌握开车门的方法和礼仪要求			
2	上车	能够符合礼仪要求，注意上车姿态			
3	下车	能够符合礼仪要求，注意下车姿态			

任务三　名片的使用

任务描述

名片发展至今，已是现代人交往中一种必不可少的联络工具，成为具有一定社会性、广泛性，便于携带、使用、保存和查阅的信息载体之一。旅游工作人员在各种场合与他人进行交际时，都离不开名片。而名片的使用是否正确，已成为影响人际交往成功与否的一个因素。

本任务要求学生能够通过名片相关知识的学习，掌握对客服务中名片使用要求，掌握递交名片的姿势要领。

情境导入

不注重细节的小赵

小赵是一家旅游公司的业务员，他的业务能力很好，但是做事情有些大大咧咧，不注意细节。有一次，他去拜访公司的一个大客户，这位客户想在小赵的公司交付三个德国商务旅行团的订单。到了那里之后，接待人员将小赵领到总经理办公室，说明来意之后，小赵想把自己的名片给对方，但是他在包里面找来找去也没有找到，后来终于在夹层中找到了一张皱巴巴的名片，上面还写有一些字，他随手就递给了总经理。谈了一会，总经理借口出去一下，回来的是总经理的秘书，他告诉小赵总经理临时有事情出去了，让小赵先回去。就这样到手的订单飞走了。后来小赵才知道，总经理觉得小赵不尊重他，还觉得小赵如此粗心，那他的公司在服务细节上肯定也会存在问题。

☞分析

作为一个业务人员，我们通常都有自己的名片，这就像我们的第二个身份证，直接代表了我们的身份、形象。正确使用名片会起到提升个人形象的作用，使用方法不正确则有可能损害个人甚至公司的形象。案例中的小赵就是因为名片使用不当而造成了订单的流失。

先来看看小赵都犯了使用名片的哪些禁忌。

名片遍寻不着。小赵在一开始找名片的时候就显得十分慌乱，说明他是一个日常工作或生活杂乱的人。一个工作或生活杂乱的人，别人怎么会相信他呢？在日常交往中，名片一定要放在自己随时可以拿到的地方，最好放在名片夹中，然后将名片夹放在自己的公文包中或者是自己的上衣口袋里面。最重要的是不管放在什么地方一定要随时能取出。

名片皱巴巴的，说明主人不认真。名片一定要保持整洁、平整。名片就像是你的衣服，如果你的衣服皱巴巴的，看上去像是逃难一样，谁还愿意和你谈生意呢？名片就是你的形象，即使你的衣服再精致，只要你的名片是皱巴巴的，别人对你的印象也会大打折扣。

名片上严禁乱涂乱画或者是修改。对名片乱涂乱画就像是在自己的脸上乱涂乱画，试想一下，谁愿意和一个脸上涂满了花花绿绿颜色的人谈生意呢？这样的人自己都不尊重自己，还能尊重其他人吗？

递交名片时也有讲究。在递给别人名片时应该双手捏着名片递出，并且名片的正面对着别人，方便别人接过你的名片就可以直接阅读。在递交名片时表情要显得庄重自然，不能边和另外的人说话边把名片递给别人。也不能用左手握着名片递给别人。递给别人名片时还应该注意在递出的时候可以说“请多多指教”之类的话。总而言之，递交名片的过程要显得谦逊有礼、庄重大方。

讲了这四个禁忌，可以知道小赵为什么会失去这笔生意了，也知道为什么总经理说小赵不尊重他了。那么，大家在日常交往中有没有犯这样的错误呢？

相关知识

名片是新朋友互相认识、自我介绍最快、最有效的方法。交换名片是旅游职业交往的第一个标准“官方动作”。

一、名片的作用

在现实生活中，名片是一种不可或缺的交往工具。对旅游服务人员而言，名片的作用一般有如下几种。

（一）介绍自己

初次与交往对象见面时，除了必要的口头自我介绍外，还可以将名片作为辅助的介绍工具。这样不仅能向对方明确身份，而且还可以节省时间，强化效果。

（二）结交他人

在旅游服务交往中，如欲结识他人，往往可以本人名片表示结交之意。因为主动递交名片给初识之人，既意味着信任友好，又暗含“可以交个朋友吗”之意。在这种情况下，对方一般会“礼尚往来”，将其名片也递过来，从而完成双方结识交往的第一步，同时也便于双方今后保持联系。

（三）通报变更

如果公司和个人情况有变化，旅游服务人员都会重新制作名片。向常来往的交往对象递交新名片，就能把公司或本人的最新情况通报给对方，以这种更简单的方式避免联系上的失误。

（四）以名片代替一封简洁的信函

在名片的左下角写上一行字或一句短语，然后装入信封寄给他人。如果是本人亲自递交或托人代交，要用铅笔书写；如果采用邮寄方式，则应用钢笔书写。

名片的使用

二、名片的使用

（一）携带名片

（1）携带的名片一定要数量充足，确保够用。

（2）名片要保持整洁，完好无损，切不可出现折皱、污损、涂改的情况。

（3）名片应统一置于名片夹、公文包或上衣口袋之内，在办公室时还可放于名片架或办公桌内、切不可随便放在钱包、裤袋中。

（二）递交名片

1. 观察对方意愿

除非自己想主动与人结识，否则名片务必要在双方均有结识之意并欲建立联系的意愿前提下递交，切勿强加于人。

2. 把握时机

递交名片要掌握适宜时机，只有在确有必要时递交名片，才会使名片产生效果。

3. 讲究顺序

双方交换名片时，应当首先由位低者向位高者递交名片，再由后者回复前者。但在多人之间递交名片时，不宜以职务高低决定发送顺序，最佳方法是由近而远、按顺时针或逆时针方向依次发送。切勿跳跃式递送，甚至遗漏其中某些人。

（三）接受名片

1. 双手接受

面含微笑，双手接过名片。至少也要用右手，而不得使用左手（见图 5–1）。

图 5–1　接受名片

2. 认真阅读

接过名片后，先向对方致谢，然后至少要用一分钟时间将其从头至尾默读一遍，遇有显示对方荣耀的职务、头衔不妨轻声读出，以示尊重和敬佩。若对方名片上的内容不清楚，可当场请教对方。

3. 精心存放

接到他人名片后，切勿将其随意乱丢乱放、乱揉乱折，而应将其谨慎地置于名片夹、公文包、办公桌或上衣口袋之内，且应与本人名片区别放置。

4. 有来有往

接受了他人的名片后，一般应当回递给对方一张自己的名片。没有名片、名片用完了或者忘了带名片时，应向对方做出合理解释并致以歉意，切莫毫无反应。

（四）索要名片

旅游服务人员最好不要直接开口向他人索要名片。但若想主动结识对方或者有其他原因有必要索取对方名片时，可采取下列办法。

1. 互换法

即以名片换名片。在主动递上自己的名片后，对方按常理会回递一张他的名片。如果担心对方不回递，可在递上名片时说："能否有幸与您交换一下名片？"

2. 暗示法

即用含蓄的语言暗示对方。例如，欲向尊长索要名片时可说："请问今后如何向您请教？"欲向平辈或晚辈索要名片时可说："请问今后如何与您联络？"

面对他人的索取，一般不应直接拒绝。如确有必要这么做，则需注意分寸。如最好向对方表示自己的名片刚用完，或说自己忘了带名片。但若自己手里正拿着名片或刚与他人交换过名片，显然不能这样说。

角色练习

递交名片训练

★技能训练目标

（1）通过演练，掌握递交名片的程序、要求及注意事项，掌握使用礼貌的语言与客户沟通的技能。

（2）能根据不同情境运用相关的名片递交礼仪。通过训练，将日常礼仪的知识化为学生的实际能力，使学生具有灵活的运用能力。

（3）通过学生自评、互评，检验学生对知识的掌握程度。

★技能训练准备

（1）强化递交名片的礼仪要求。

（2）实训场地：教室。

（3）实训用品：名片盒、名片。

★技能训练步骤

（1）教师对递交名片常见问题提问，学生讨论。

（2）讲解常见问题，递交名片的程序、要求及注意事项。

①名片持有者应事先将名片放在易于拿取的位置。取出名片时先郑重地轻置手中。

②递送名片时应双手递，以示尊重对方。将名片放置手掌中，用拇指夹住，其余四指托住名片反面。名片的文字要正向对方，以便对方察看，同时用敬语向对方表达友好之意。

（3）教师示范递交名片的程序及要求。

（4）教师展示实训情境，学生两人一组模拟实训情境。

（5）每小组模拟完后其他学生点评，教师补充，实训情境模拟结束后进行总结。

特别提示

本任务在练习时要注意身体姿态和手部操作的细节。

建议实训在教室进行。各小组学生自选情境，分别扮演情境中的对象，模拟名片递交方式。各小组实训时其他学生观看并点评。学生评分占40%，教师评分占60%。小组准备时间5分钟，每组演示时间不超过4分钟。演示结束后，教师统计分数，监督组对各小组进行评价。

视野拓展

名片的前身

名片是我国古代文明的产物。据清代学者赵翼在其著作《该余丛考》中记载："古人通名，本用削本书字，汉时谓之谒，汉末谓之刺，汉以后则虽用纸，而仍相沿曰刺"。可见，名片的前身即我国古代所用的"谒""刺"。

任务评价

序号	任务内容	任务要求	等级	待改进技能	备注
1	了解名片相关知识	掌握名片相关知识点			
2	递交名片	能够根据要求递交名片			

任务四　握手

任务描述

在旅游服务工作中，握手已经成为一种常见的礼仪形式。通常，与人初次见面、熟人久别重逢、恭贺、致谢、告辞或送行等均以握手表示自己的敬意。因此，掌握正确、礼貌的握手礼仪可以促进人们之间的情感关系。

本任务要求学生能够掌握握手的方法和礼仪要求，掌握握手的顺序，能在适合握手的场合很好地与他人行握手礼。

情境导入

没有握手的失误

一家公司招聘招商部经理，公司总经理主持面试。面试者是一位30岁左右的女性白领。从进门开始到谈话结束，这位求职者在行为举止方面都比较拘束，并且有些不善言谈，但对工作要求和职责的方面回答还是令人满意的。可后来她还是被这家公司拒绝了，为什么呢？经过询问得知那位总经理拒绝她的原因是因为她没有主动和他握手。

☞ **分析**

握手是人际交往中的第一环节，其中包含很多礼仪细节。不管身份与性别，都应该主动伸出手，用手掌和手指握住对方，坚定有力且简短。忽略握手，或者只握手指，或蜻蜓点水般地一带而过，或握得过久都是不礼貌的。这位求职者忽略了握手礼，没有主动和总经理握手，一是对总经理不礼貌，二是她如果应聘成功，那么作为招商部的经理，应该热情、大方，容易沟通，更需要主动和客户握手，这样才能表示对客户的尊重。

相关知识

握手是人与人交际的一个部分。握手的力量、姿势与时间的长短往往能够表达出不同礼遇与态度，显露出自己的个性，给人留下不同的印象；也可通过握手了解对方的个性，从而赢得交际的主动。美国著名女作家海伦·凯勒曾写道：“手能拒人千里之外，也可充满阳光，让你感到很温暖。”

一、适合握手的场合

（1）遇到较长时间没见面的熟人。

（2）在比较正式的场合和认识的人道别。

（3）作为东道主的社交场合，迎接或送别来访者。

（4）拜访他人后，见面和辞行的时候。

（5）被介绍给不认识的人时。

（6）在社交场合，偶然遇上亲朋故旧或上司的时候。

（7）别人给予你一定的支持、鼓励或帮助时。

（8）表示感谢、恭喜、祝贺时。

（9）对别人表示理解、支持、肯定时。

（10）得知别人患病、失恋、失业、降职或遭受其他挫折时。

（11）向别人赠送礼品或颁发奖品时。

二、握手的顺序

（1）主人、长辈、上司、女士主动伸出手，客人、晚辈、下属、男士再相迎握手。

（2）长辈与晚辈之间，长辈伸手后，晚辈才能伸手相握。

（3）上下级之间，要注意握手的顺序。

（4）主人与客人之间，主人要主动伸手。

（5）男女之间，女方伸出手后，男方才能伸手相握。

（6）即使男性年长于女性，在一般的社交场合中仍以女性先伸手为主，除非男性已是祖辈年龄，或女性未成年在 20 岁以下，则男性先伸手是适宜的。

（7）无论什么人，如果他忽略了握手礼的先后次序而已经伸了手，对方都应毫不迟疑地回握。

三、握手的方法

握手

（1）一定要用右手握手。在一些东南亚国家，人们不用左手与他人接触，因为他们认为左手是用来洗澡和上卫生间的。如果是双手握手，应等双方右手握住后，再将左手搭在对方的右手上，这也是经常用的握手礼节，以表示更加亲切，更加尊重对方。

（2）要紧握对方的手，时间一般以 1~3 秒为宜。过紧地握手，或是只用手指部分漫不经心地接触对方的手都是不礼貌的。

（3）被介绍之后，最好不要立即主动伸手。年轻者、职务低者被介绍给年长者、职务高者时，应根据年长者、职务高者的反应行事，即当年长者、职务高者用点头致意代替握手时，年轻者、职务低者也应随之点头致意。和年轻女性或异国女性握手，一般男士不要先伸手。

（4）握手时，年轻者对年长者、职务低者对职务高者都应稍稍欠身相握。有时为表示特别尊敬，可用双手迎握。男士握手时应脱帽，切忌戴手套握手。

（5）握手时双目应注视对方，面带微笑致意或问好，以表诚意。多人同时握手时应按顺序进行，切忌交叉握手。

（6）在任何情况下，拒绝对方主动要求握手的举动都是无礼的，但手上有水或不干净时，应谢绝握手，同时必须解释并致歉。

（7）握手时首先应注意伸手的次序。接待来访客人时，主人应向客人先伸手表示欢迎；送别客人时，主人也应主动握手表示欢迎。

（8）在握手的同时要注视对方，态度真挚亲切，切不可东张西望、漫不经心。如果是一般关系、一般场合，双方握手时稍用力握一下即可放开，时间一般为 1~3 秒。如果关系亲密、场合隆重，双方的手握住后应上下微摇几下，以体现出热情。如果男士同女士握手，一般只轻握女方的手指部分，不宜握得太紧太久。

（9）如果是戴着手套，握手前要先脱下手套。若实在来不及脱掉，应向对方说明原因并表示歉意。不过在隆重的晚会上，女士如果是穿着晚礼服，那么戴着的镂花长手套则可不必脱下。

虽然握手是一个再简单不过的动作，但其贯穿于各国人们交往、应酬的各个环节，因此我们绝不能忽视以上握手礼节。

角色练习

让我们握一下手吧

★技能训练目标

（1）通过演练，能用正确的姿势握手。

（2）能根据不同的交往对象和场景，准确地把握握手的时机和顺序。

（3）通过学生自评、互评，检验学生对握手礼仪知识的掌握程度。

★技能训练准备

（1）实训场地：教室。

（2）实训用品：手套。

★技能训练步骤

（1）教师对握手礼知识进行提问，学生讨论。

（2）讲解常见问题和握手礼的姿势、要求及注意事项。

（3）教师示范握手礼的程序及要求。

（4）教师展示实训情境，学生两人一组模拟实训情境。

（5）每小组模拟完后其他学生点评，教师补充，实训模拟结束后教师进行总结。

特别提示

本实训建议在教室进行。各小组学生自选情境，分别扮演情境中的对象，模拟见面握手场景。各小组实训时其他学生观看并点评，学生评分占40%，教师评分占60%。小组准备时间5分钟，每组演示时间不超过2分钟，监督组对各小组进行评价。

视野拓展

相见之礼的分别

一、中外有别

目前在国际社会，最通行的相见礼节是拥抱，还有亲吻，而中国人一般不这样做，我国通行握手礼。

二、各国有别

美国人对拥抱，有些人可以接受，有些人则觉得不可接受。亲吻也是如此。德国人一般采用握手礼作为见面礼仪。而在一些中华文明传播深远的地区，如华人聚居区的东南亚地区、美国的华人社区，拱手礼也还是非常流行的。

三、场合有别

场合不同，礼节不同。在正式场合，相见的礼节应一一遵循。不过，在自己的私人场合，就可以随意些了。比如看见自己最好的朋友，握手反而显得生疏。

任务评价

序号	任务内容	任务要求	等级	待改进技能	备注
1	了解握手礼的一般礼仪规则	掌握握手礼的一般礼仪规则			
2	握手礼姿势	能够根据要求行握手礼			
3	掌握握手的顺序	能够在适当的场合很好地与他人行握手礼			

任务五　搭乘电梯

任务描述

现在城市的高楼大厦中都有电梯，航站楼和商场扶手电梯也很常见。作为旅游服务人员，上下电梯的礼仪不可不知。

《礼记·曲礼》中说:“行不中道，立不中门。”意思是不要在道路正中间行走，那样会妨碍他人行走；也不要在大门正中长久站立，那样会影响别人进出。这与我们现代生活中所提倡的在公共场所行走、站立位置要求及乘坐扶梯靠右站立道理是一样的，都是为了不妨碍他人。

本任务要求学生能够了解搭乘电梯的一般礼仪要求，以及出入电梯要注意的问题，掌握乘电梯所要注意的礼仪，能够在搭乘电梯过程中有很好的表现。

情境导入

电梯里的面试

几年前，我到一家国内的知名企业参加面试。刚刚步入社会的我，没有丰富的面试经验，也不具备较好的外在条件。面试在市中心的写字楼里，看着出入大厅的靓丽都市白领，再瞅瞅自己特地从朋友那借来的略显肥大的套裙，唉!

14：30 分面试，我是提早 15 分钟到达的，面试在大厦的 12 层。

电梯来了，应试人员鱼贯而入，满满当当地挤了十几个人。刚要关门，一个西装笔挺的人跑了进来，电梯立刻响起了刺耳的警告声——超载了。

大家都把目光投向了那个最后进来的人，但他丝毫不为所动。顿时，电梯里的人都处于尴尬之中。没有一个人愿意退出等下一趟电梯。

我站在靠门的位置，主动地走了出去，转过身，在关门的瞬间，我不自觉地冲电梯中的人微扬了一下嘴角。

面试进行得紧张而顺利，每个人都回家等通知。第三天得到通知，我被这家公司正式聘用了。

上班后，我见到了面试那天最后跑进电梯的男子，他是我的同事。当我问他那天面试的详情时，他说，他也只是依照老板的意思，在电梯门口等待时机，公司除了要看应聘人的业务素质外，还会参考很多因素，比如到会场的时间、与周围人的沟通等。

他说："许许多多的测试都是无形之中进行的——面试在你一迈进大楼就已经开始了。"

☞ **分析**

在这个案例中，形象一般的"我"被公司录用了，这是偶然还是必然呢？这是必然的结果，一个人平时积累的道德礼仪修养在这一刻发挥了重要的作用。

现在人都多多少少有着一些容易被人忽视的陋习，如在电梯里吃零食，把垃圾、包装袋随手扔在电梯里，旁若无人地嬉闹，情侣在众人眼皮底下亲热等。这些人过于自我，根本不考虑别人的感受。做文明人要从小事做起，每个人都要养成良好的礼仪习惯。

相关知识

电梯可以分为自动扶梯和升降式电梯两种。电梯使用的场合不同，遵循的礼仪也有些不一样。

一、搭乘电梯的一般礼仪

（1）靠电梯最近的人先上电梯，然后为后面进来的人按住"开门"按钮；出电梯的时候，靠电梯门最近的人先走。男士、晚辈或下属应让女士、长辈或上司先进入电梯，自己再随后进入并站在电梯开关处为他们提供服务。

（2）电梯门口处，如有很多人在等候，此时请勿挤在一起或挡住电梯门口，以免妨碍电梯内的人出来。应先让电梯内的人出来之后方可进入，要给下电梯的人让道，不可争先恐后拥挤。

（3）在电梯里，尽量站成"凹"字形，挪出空间，以便让后进入者有地方可站。进入电梯后，应面对电梯口，以免造成面对面的尴尬。先进电梯的人应尽量站到边上，以方便他人出去。

二、共乘电梯所要注意的礼仪

（一）进入电梯后

（1）作为接待人员最好站在电梯开关处，以便开关电梯为客人服务。而客人的理想位置是在其对角处，以使两人的距离最大化，这样可以减少一定的心理负担。

（2）在电梯里讲话时不宜盯着对方的眼睛不放，目光可适当下移。

（3）打破沉默并不是接待人员的专利，客人也可利用这几十秒钟增进对接待人员的了解。

（4）如果客人正在思考或明显不想开口，那么接待人员完全没必要非要找个话题。

（5）因电梯空间很小，所以讲话时最好不要有手部动作，更不能指手画脚、动作过大。

（6）酒后或吃大蒜后，最好嚼块口香糖再上电梯，而香烟则应在上电梯前掐灭。

（7）上下电梯时长者、女士优先。

（二）与客人共乘电梯

（1）伴随客人来到电梯间门前时，要先按电梯呼叫按钮。轿厢到达、厅门打开时，接待人员可先行进入电梯，一手按“开门”按钮，另一手按住电梯侧门，礼貌地说“请进”，请客人们或长辈们进入电梯轿厢。

（2）进入电梯后，按下客人要去的楼层按钮。若电梯行进间有其他人员进入，可主动询问要去几楼，帮忙按下。电梯内可视状况决定是否寒暄，例如没有其他人员时可略做寒暄，有外人或其他同事在时，可斟酌是否要寒暄。在电梯内尽量侧身面对客人。

（3）到达目的楼层，一手按住“开门”按钮，另一手做出请出的动作，可说“到了，您先请！”客人走出电梯后，自己立刻步出电梯，并热诚地引导行进的方向。

（三）日常乘电梯礼仪

（1）为了你和他人的方便，切忌为了等人，让电梯长时间停在某一楼层，这样会引起其余乘客的不满；也不要不等已在电梯门口的人，自己一上电梯就关门。

（2）进出电梯要礼让，先出后进。遇到老幼病残孕者，应让他们先行。如果电梯里人很多，不妨静候下一趟电梯。

（3）携带容易造成污染的物品乘电梯时，要包裹严密，尽量放在电梯角落，防止蹭到他人身上。

三、出入电梯要注意的问题

（一）注意安全

当电梯关门时，不要扒门强行挤入。电梯人数超载时，不要心存侥幸非挤进去不可。当电梯在升降途中因故暂停时，要耐心等候，不要冒险扒门、攀缘。

（二）注意出入顺序

与不相识者同乘电梯，进入时要讲先来后到，出来时则应由外而里依次而出，不可争先恐后。

与熟人同乘电梯，尤其是与尊长、女士、客人同乘电梯时，则应视电梯类别而定。进入有人管理的电梯，应主动后进后出；进入无人管理的电梯时，则应当先进去后出来，先进去是为了控制电梯，后出来也是为了控制电梯。

（三）礼待他人

外侧电梯门口处为第二顺位。在电梯内，越内侧，是越尊贵的位置。操作按钮是晚辈或下属的工作，所以同乘电梯辈分最低的人站在此处，帮助不便按开关者。

（四）乘自动扶梯

乘自动扶梯时要搀扶老人和看好小孩。为了安全起见，上下自动扶梯应该站在每一格楼梯的中央。

角色练习

进出电梯训练

★技能训练目标

（1）通过演练，使学生掌握进出电梯的礼仪。

（2）通过学生自评、互评，检验学生对知识的掌握程度。

★技能训练准备

（1）复习强调进出电梯的礼仪要求、注意事项。

（2）人员分组，每小组 10 人。

（3）设定进出场景。

★技能训练步骤

（1）靠近电梯同学按电梯呼叫按钮，并先行进入电梯，一手按“开门”按钮，另一手按住电梯侧门，礼貌地说“请进”，其他人再进入电梯轿厢。

（2）进入电梯后，按下客人要去的楼层按钮。电梯行进间有其他人员进入，可主动询问要去几楼，帮忙按下。电梯内面向电梯口站立，也可侧身面对客人站立。

（3）到达目的楼层时，一手按住“开门”按钮，另一手做出请出的动作，可说“到了，您先请！”客人走出电梯后，自己立刻步出电梯，并热诚地引导行进的方向。

特别提示

本练习建议 10 人一组进行训练。要注意场景流程的合理性。进出电梯分场景，各有侧重点，教授和学习中要注意区分，以便在不同的情景下实施操作。

视野拓展

外国人这样乘电梯

法国人相当重视“女士优先”，电梯里有女士时，一定要让女士先走出电梯。然后，男士间也要互相谦让，不过，当有男士伸手示意另一位男士先行时，后一位男士也不能抬腿就走，而是要做出同样的动作，说“您先请，我在您后面走。”如此反复若干次后，最后先出来的男士还要对后出来者表示谢意和歉意。

在法国一些历史悠久的饭店里，还有一种有座椅的老式电梯，法国人理所当然地会把座椅让给老人、孩子和女士，电梯里“抢座”对法国人来说，是件匪夷所思的事情。

在日本乘电梯分“上座”和“下座”。“上座”是在电梯按钮一侧最靠后的位置；其次是这个位置的旁边；再其次是这个位置的斜前方；最差的“下座”就是挨着操作盘的位置，因为这个人要按楼层的按钮，相当于司机。在日本的电梯里，大家一般会把“上座”让给领导或老人，一些年轻人进入电梯后，则会主动站在“下座”的位置。

美国人在进入电梯时，习惯反复按“开门”按钮等人，直到确认无人进电梯，才会松开“开门”按钮，不过，没有人会去按“关门”按钮，因为在美国人心里，一进电梯就按“关门”按钮的人代表了粗鲁和刻薄。

任务评价

序号	任务内容	任务要求	等级	待改进技能	备注
1	了解搭乘电梯的一般礼仪要求	能够掌握搭乘电梯的方法和一般规则			
2	共乘电梯	能够在出入电梯时有很好的礼仪表现。根据要求找到自己行为的不足，加以改正			

项目关键词

接机礼仪　陪车礼仪　递交名片　握手礼　乘电梯礼仪

课后练习题

1. 请简述接机的一般流程和要求。
2. 请简述上下轿车的姿态。
3. 介绍一下轿车上座次的尊卑。
4. 陪车的注意事项有哪些？

5. 如何索要名片？

6. 介绍一下握手的一般顺序。

7. 介绍一下搭乘电梯的一般礼仪。

8. 请你判断以下人士的行为是否正确。

（1）一男士戴墨镜在街道上行走，路逢一女士。女士伸出右手与之相握。该男士与之相握，使用双手。

（2）C 女士和 D 男士都是李小姐的朋友，但他们互不相识，李小姐为两人做了介绍，C 女士伸出左手来准备和 D 男士握手。

（3）A 先生用双手接过 B 先生递送的名片。

（4）一女士把自己的名片递给一男士。该男士双手接过，认真默读一遍，然后说："王经理，很高兴认识您！"

9. 案例题。

（1）新机场刚刚投入使用，会出现航班时刻错报的情况，对于加班机来说，航班时刻更查不清楚。一次我被公司临时委派接一加班机，没有更多提前进机场的时间，在路上当我打电话查询航班时刻时，才知道飞机早就降落了。等我赶到机场，客人已经把可怜的小全陪骂哭无数遍了。

客人在拥挤闷热的机场等了近一个小时，紧张的气氛可以说是一触即发。我只有不断地道歉、鞠躬，并且找了个帅哥和好脾气的美女去赔礼，才缓和了气氛。在去宾馆的客车上，我使出自己的拿手戏——逗乐幽默的导游词，说到大约 10 分钟的时候，终于获得了 1 次掌声，之后，我听到了全车的笑声和全体团员的掌声。我的心放了下来，客人的抱怨基本没有了。我和陪车人员尽心尽力服务，避免再出现不愉快的事情。这样一直到宾馆，客人们都非常满意，还打电话给公司表扬我。我因此事也获得了公司的奖励。

问题：误接机是如何造成的？应如何避免？这位接机人员是如何获得客人的谅解和好评的呢？

（2）某公司召开了一次全国客户联络会，公司的王总经理带着秘书小赵亲自驾车到机场迎接来自香港大港集团的李经理。为了表示对李经理的尊敬，王总请李经理坐到轿车的后排，并让小赵在后排作陪。

李经理到宾馆入住后对小赵说，明天我自己打的到会场，就不麻烦你们王总亲自来接啦。

问题：李经理为什么会这样说？王总在座位上的安排有什么不妥？请你谈谈对往来迎送中陪车礼仪的看法。

（3）"记得我刚刚参加工作的时候，在我们公司，只有一辆吉普车，除应付紧急情况或接待重要的客人外，这辆车自然成了公司经理的专车。有一次科长叫我去局里送个急件，偏在这个时候自行车被骑走了。正在不知所措之际，公司经理下楼来了，一问情况，朝我大手一挥：搭我车去。原来他正巧也去局里办事。见经理拉开前门，在副驾驶的位置上坐稳了，我赶忙拉开后门上了车。这是我参加工作两年多的时间里第一次坐上这辆吉普车。后来单位又买了一辆五人座的微型面包车。再后来，公司的车慢慢多起来了。那时，我已调到公司办公室给经理当秘书，和经理一起坐车出去的机会也多了，但每次还是经理坐前排，我坐后排。有时我就和经理开玩笑说，人家国外都是领导坐后排，秘书坐前排，以后您也坐后排吧。谁知经理把手一挥："管外国人干吗？我在前排坐惯了。"最后公司办了几家中外合资的公司，以合资公司的名义买了几辆进口免税车，其中档次最高的奔驰车自然配给了合资公司的董事长（我们公司的经理已升为董事长了）。新车到公司后，董事长拉上办公室主任和我跟他一起出去。上车前，我说，这次坐进口车了，咱也得遵守国际惯例，我坐前排，您和主任坐后排。令我想不到的是，经理答应得非常痛快——行。从此以后，再没见经理坐过前排了。"

问题：说说不同车型乘车的座次顺序。

（4）某外国公司总经理刘易斯先生在得知与旅美贸易公司的合作很顺利时，便决定偕夫人一同前来中国做进一步考察和观光。小李陪同旅美贸易公司的张总经理前来迎接。在机场出口见面时，经介绍后张经理热情地与刘易斯总经理及夫人握手问好。

问题：小李如何做自我介绍？小李为他人做介绍的次序是怎样的？说说张经理的握手次序。

（5）张先生与王小姐在公园相遇，由于好久没见，张先生热情地向王小姐伸出手去，想与王小姐握手，谁知王小姐却不将手伸出来与之同握，反而将手放进裤兜里，张先生只好尴尬地摸着自己的手。

问题：如果你是张先生或者王小姐，你会怎么做呢？

（6）公司的电梯挤满了人，一位穿西装的中年男人被挤到靠近电梯门的地方。突然，他感到有人往他背上戳了一下，他转身，看见一个戴耳机的年轻人朝他努了努嘴巴，示意他出去。中年男人的脸上有一丝不快，但还是走出了电梯。

很快，这个年轻人收到了解雇通知，同事们很震惊：他不仅是技术骨干，更是正在进行的项目的负责人之一。原来那个中年男人，是公司的董事长。

问题：很多人同情这位年轻人，觉得董事长过于计较。你怎么看待这件事？此案例对你有哪些启发？

项目六

信息交往礼仪

现代社会是一个信息的社会。对于旅游从业者而言，信息就是资源、是财富、是生命，所以人们十分重视信息资源。目前，除了传统的通信工具外，很多现代化的电子通信手段层出不穷，为人们获取信息、传递信息、利用信息提供了越来越多的选择。

通信一般有其特定的含义，是指人们利用一定的设备来进行信息的传递。通信礼仪通常指在利用各种通信手段时所应遵守的礼仪规范。

任务导读

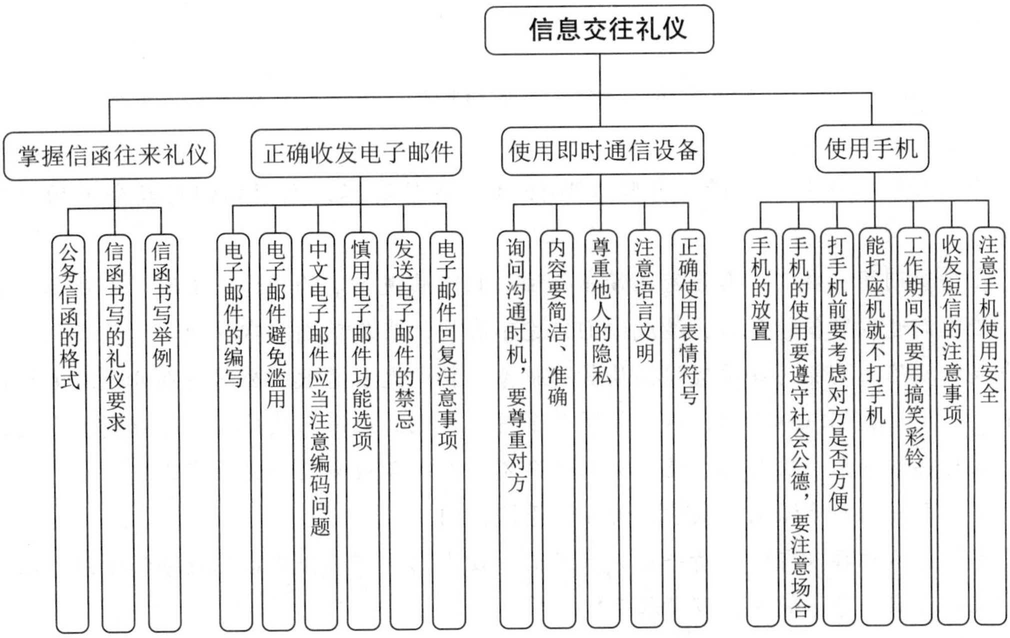

学习目标

1. 知识目标：了解信息交往礼仪中信函、电子邮件、即时通信、手机的礼仪知识点。了解信函撰写的礼仪要求和书写规范。

2. 职业认知：熟练掌握信函的书写要求，能完成一般的信函撰写任务。

3. 技能目标：能够运用电子信息的一般使用礼仪要求，树立良好的旅游从业者形象。

任务一　掌握信函往来礼仪

任务描述

信函属于礼仪文书范畴，是指企业与企业之间，在各种场合或往来过程中所使用的简便书信。本任务要求学生能够草拟旅游信函，主要通过课上学习、课上实训及课后反复演练等方法，对信函撰写技能进行训练。

情境导入

一封致歉信

香港 ×××（国际）有限公司

香港九龙青山道 *** 号香港 **** 中心 *** 座　电话：××××　××××

亲爱的王教授等游客：

你们好！参加我公司西安夕阳红 1016 团的各位游客，感谢你们对我公司的信任和支持。

在香港期间，我们 3 名导游在带领各位叔叔阿姨观光购物的途中出现了一些不礼貌行为，给你们造成了精神压力，造成你们旅途不愉快，我们感到非常抱歉。由于我们工作中的失误和缺陷，没能为各位提供高质量的服务，特向大家道歉。公司特别开会点名批评了我们，并要求我们深刻反省，停止带团 3 个月。我们都已深深地反省，并感到很内疚，各位叔叔阿姨难得来一次香港，还让你们这么不开心。今后我们一定改变工作方法，提高接待水平。再一次表示深深的歉意，请各位原谅我们。

有机会各位再来香港，请一定联系我们，让我们再有机会为各位服务和介绍。谢谢你们，祝各位团友身体健康、万事如意！

致礼

致歉人：香港 ×××（国际）有限公司导游

王英、刘欢、章可

2011 年 11 月 5 日

附件:《香港 ××× (国际)有限公司关于对西安夕阳红 1016 团的 3 名香港导游的处理决定》

☞分析

信函一般由信头、正文、信尾三部分组成。

信头即信函的开头，由发信人名称及地址、标题、函号、称谓、收信人地址和单位等组成。

正文是信函的主体，叙述往来联系的实质问题。正文写作要求内容单纯，一文一事，文字简明，事实有据，行文礼貌。

信尾部分包括四部分内容：祝颂语、签名、日期和附件。

案例中展示的是一封道歉信。内容上基本涵盖了信函包括的基本内容，可以在起草相关信函时借鉴。

相关知识

信函是书信的正式称呼。在工作往来中，信函是一种应用极为广泛的书面交流形式，能够展示企业的文化内涵和个人的礼仪修养。

尽管公务信函和私人信函都属于信函，但由于适用范围和使用目的有所区别，两者在书写格式上存在很多不同之处。

一、公务信函的格式

公务信函主要是为开展业务而撰写的，其格式与一般私人书信有所区别。

（一）称谓

公务信函的称谓应郑重，私人信函中过分亲昵的称呼在这里是不适用的。

对于相对熟识的人，可以称“先生”或“女士”，对于一般熟识的则可以称姓加职务。这里的“熟识”可以是仅指通信联系而从未谋面的情形。西方此类信函在上述称谓的前边加“亲爱的”，我国习惯上加“尊敬的”一类词。

公务信函在许多情形下没有具体的收件人，此时的称呼可笼统地称为“先生”或“女士”（或“小姐”），且在前边加上“尊敬的”或以职务相称，如“经理先生”“编辑女士”“主持人小姐”一类均可。此外，这种情况下也不能用过于宽泛的称谓，否则可能收不到良好效果，如“有关人士台鉴”。当然，如果能够通过一些渠道打听清楚你要联系的人的姓名要更好一些。

（二）结尾

结尾的落款要求和开头相对应，开头是哪种关系程度的称呼，落款也应是相应的。比如，称呼是连姓带名的“王某先生”，结尾落款就是连姓带名的“刘某”；称呼是不带姓的，落款就不带姓。大企业、大单位的信函往往是打印的，但落款处要有亲笔签名。

（三）信笺和信封

旅游企业都有自己的专用信笺和信封。对于高规格的业务活动来说，对此两项也有比较严格的要求。一般来说，信笺、信封上都应有单位的名称、徽标以及地址、电话，样式上应稳重且具有吸引力，质地上尽可能优良，印刷上尽可能优美，以表明企业的实力。

二、信函书写的礼仪要求

（一）撰写完整

在写信时，为了避免信息传递错误，务必使书信的基本内容完整无缺。

例如，在信文中提到收到对方来信，或是在末尾写落款时，不可一笔带过，均应准确到具体日期。一般要求写明何月何日，必要时还须写明何年何月何日何时。

在书写信封时，双方的邮编不可缺少。另外，在书写收信人及发信人地址时，要完整，要用全称，不宜采用简称。只有这样，方能确保书信被及时送达，或是因故退回时不至于丢失。

（二）书写清楚

书写信函必须清晰可辨。要做到这一点，需要注意以下四个方面的问题。

（1）字迹要清楚，切勿潦草、乱涂乱改。

（2）要选择耐折、吸墨、不湿、不残、不破的信纸、信封，切勿随意乱用污损的信纸、信封。

（3）要选用书写字迹清楚的笔与墨水。任何时候都不要用铅笔、圆珠笔、水彩笔写信，红色、紫色、绿色等彩色的笔或墨水也最好别用。

（4）在书信里叙事表意时，要层次分明、条理清楚、有头有尾，切忌云山雾罩，令对方产生疑惑，这是书写公务信函时要特别注意的一点。

（三）内容简洁

写信如同作文一样，同样讲究言简意赅。在一般情况下，写信应当“有事言事，言罢即止”，切勿洋洋洒洒、海阔天空、无休无止。

当然应当避免为使语言简洁而矫枉过正，过分地“惜墨如金”，而使书信语言晦涩难懂。

（四）用词、语法正确

在写信时，不论是称呼、叙事，还是遣词造句都必须做到正确无误。

在信中杜绝出现错字、别字、漏字、代用字或生造字，也不要为了省事，而用汉语拼音或外文替代不会写的字。

在书写收信人姓名、地址、职务及尊称时，不允许出现任何差错。

书写信封时，收信人姓名之后加的称呼如“同志”“先生”“小姐”等，是专供邮递员或带信人使用的，而并非是发信人对收信人所用的称呼，因此像“大人”“爱妻”“小弟”

之类的私人称呼，在信封上是不宜出现的。

（五）谦恭礼貌

写信人在写信时要像真正面对收信人一样，以必要的礼貌向对方表达自己的恭敬之意。其中一个重要做法，就是要尽量多用谦辞与敬语。

例如，在信的开头称呼收信人时，可使用“尊敬的”“敬爱的”一类词，对对方的问候必不可少。最后，还应使用规范的祝福语。

三、信函书写举例

旅游服务承诺书

××××旅游公司

地址：×××××××××

邮编：××××××

为响应省委、省政府“重塑旅游大省形象”活动，适应新形势下旅游事业发展的特点，打造我省优质旅游品牌，真正满足游客需求，让游客满意、舒心，我们郑重承诺如下。

（一）散客、团体天天接待，取消人数等种种限制，满足游客随时出行的愿望。

（二）首家推出全程独立专车服务，游客可自愿选择旅游车型、车款，并不受人数等限制。

（三）旅行线路、酒店星级、服务标准、交通工具、导游等级、特别护理（如翻译人员、随团医护人员、全陪、地陪等）均可完全自愿选择。

（四）旅途中游客可自由支配景区观光游览时间，从根本上改变传统古板、走马观花的旅游模式。

（五）风景区的景点均可自由进行选择，游过或不感兴趣的景点或景区可自愿放弃。

（六）双方签订“旅游标准合同书”，我方将会严格遵守并严格执行旅游合同书中的一切承诺，让游客明明白白消费。

（七）我社将全程依照《中华人民共和国旅游人身意外伤害保险条例》的规定，进行相应的保险（不论国籍）。

（八）在旅途中，我社将严格执行国家关于购物的明确规定，尊重游客是否购物的意愿。

（九）提供旅游期间及往返交通中的机、车、船等票务优惠。

（十）在旅游期间，我社绝对确保您的旅程畅通无阻、衔接无误。我社开通 24 小时旅游服务专线，并及时处理电子邮件，热情地为游客提供快捷优质的服务。

角色练习

信函编写练习

★技能训练目标

（1）初步掌握书写信函的基本要求、格式、特点和信函写作的基本知识。

（2）通过学习不同的信函模板写作形式和要求，使学生具有独立撰写各种信函的能力。

（3）通过学生自评、互评，检验学生对信函写作的掌握程度。

★技能训练准备

（1）复习信函写作的知识。

（2）结合教师给出的信函类别，学生进行分组撰写。

★技能训练步骤

（1）准备模板：介绍信、推荐信、辞职信、投诉信、道歉信和证明及接洽、联系信函。

（2）分组利用模板进行商务信函的撰写。

（3）师生修改并添加信函的相关信息，注意格式。

（4）学生添加信函的具体内容。

（5）师生检查落款信息的准确性。

特别提示

本练习可根据不同的信函模板形式分组练习，然后交流撰写心得再进行训练，这样效果会好些。

视野拓展

认识电子公文

电子公文是通过电脑进行操作、传输、存储、处理的数字化产物。

与纸质公文相比，电子公文具有存储体积小、检索速度快、远距离传输快速并能同时满足多用户共享等特点。随着电脑和网络信息技术的应用普及，越来越多的公文可直接在电脑上完成和传输，旅游企业的电子公文应用也将越来越多。

电子公文在电子办公系统中可以实现公文的进出、办理、形成、传输、存储、归档等流程。电子公文处理系统可以帮助办公人员及时掌握公文的有关信息，并提供查询、统计、打印、催办、领导批阅、归档等功能，起到提高办公效率与质量的作用。在手工方式向电子化方式转变的过程中，公文的运行流程是要变化的，组织机构、管理方式也会变化。在公文软件设计中，应该重视软件开发和公文业务流程的再造和整合，应该用信息技术来规范公文处理。如为了防止公文多头办理，应该取消纸质公文审办、签发单，改由电子公文系统处理。在加强公文审核把关的同时，应尽可能简化公文流程，精简操作环节，提高公文运转效率。

根据公文处理标准，在电子公文处理系统中可设置办理时限、到时催办、来文提示、急件提醒、退文提示等程序，并可调阅相关的信息资料辅助公文写作。

电子公文归档后即形成电子档案。具有档案保存价值的电子公文，必须要归档保护。对于电子公文的归档管理，不宜一刀切，最好分步走。一是利用纸质公文将电子公文的内容固定，解决电子公文易于被修改的问题，确保其法律效用，还可对电子公文分类，并进行目录标引，保留电子公文在检索、存储方面的优点，从而既能高效、方便地利用电子公文，又对电子公文起到保护作用。二是让档案管理工作提前介入电子公文的运作与管理，在电子公文的形成、处理过程中建立电子公文生命周期表，将电子公文与电子档案管理统一起来，有利于对电子公文的形成、收集、积累、鉴定、归档及归档后的电子档案的保管与利用，实行全过程管理，从而确保电子公文的真实性、完整性和有效性。

在电子公文处理系统中应建立安全可靠的加密机制和分级权限控制，并对登录的所有人员的工作时间、对象和操作过程、拟稿和修改的内容进行全过程的跟踪和登记。此外，不论任何公文数据，系统必须确保其安全，以防止硬件的偶然故障、人为损坏所引起的数据丢失现象。为确保数据安全，做好数据备份工作也是至关重要的。

与纸质公文相比，电子公文也存在自身无法克服的局限性，如信息与载体分离，必须依赖于软件和硬件才能被识别和利用；电子公文容易被人修改、复制，修改之后几乎不留痕迹，在真实性、完整性、凭证性方面比较难被认可。因此，目前甚至今后相当一段时间内，不可能完全抛开纸质公文而只用电子公文，电子公文将和纸质公文并存。

任务评价

序号	任务内容	任务要求	等级	待改进技能	备注
1	了解信函知识	掌握信函的相关知识点			
2	编写信函	编写一封符合体例要求的旅游信函			
3	检查信函格式	能够检查并纠正一般旅游业务信函的格式错误			

任务二　正确收发电子邮件

任务描述

电子邮件（Electronic Mail，简称 E-mail）是从终端机输入文字、图片或者声音等，通过网络邮件服务器传送到另一端终端机上的信息。

本任务要求学生能通过网络的电子邮件系统，以低成本、快速的方式，与旅游客户联系，主要通过课堂学习、课堂实训及课后反复演练等方法，解决邮件礼仪方面存在的问题。

情境导入

一封电子邮件

一天，旅行社销售部的赵玉龙接到组长刘蓓的一封电子邮件，邮件内容如下。

主题：销售报告修改

赵玉龙：

你好！谢谢你发来的报告。我阅读了报告，我觉得你需要在第三段的销售数据中添加更多具体信息。报告的文本应该更加正式，因为王总会阅读你的报告，报告必须显示我们的职业素养和专业素质。

还有，我想告诉你周三我社公关部有一个会议，讨论新的销售活动。

10 点开始，在 5 号会议室召开会议。

请告知你是否能来。

谢谢！

组长：刘蓓

作为赵玉龙，接到这封电子邮件，他会怎样理解呢？如果你是刘蓓的话，这封电子邮件你会如何撰写？编写电子邮件不简单，我们一起来试试吧。

☞ 分析

组长刘蓓的邮件标题写得非常清楚，内容中她也清晰地表达了希望赵玉龙改进的地方，但是此邮件存在什么问题呢？

其实邮件正文第二段关于会议的内容相当重要，她却把它加在一个要求修改报告的邮件里。

如果赵玉龙不立即将会议安排记录在日程表里，他必须要记得在一封题为“销售报告修改”的邮件里有会议信息，而这不符合逻辑。把这两个信息放在一封邮件里，结果可能是这两件事都被忘记。

让我们看一个相对理想的修改稿。

主题：销售报告修改

赵玉龙：

你好！谢谢你上周发来的报告。我昨天仔细阅读了报告，我觉得你需要在第三段的销售数据中添加更多具体信息。报告的文本应该更加正式，因为王总会阅读你的报告，报告必须显示我们的职业素养和专业素质。

谢谢你的努力！

组长：刘蓓

主题：周三　公关部门会议

还有，我想告诉你周三公关部有一个会议，讨论新的销售活动。

10点开始，在5号会议室召开。请告知你是否能来。

谢谢！

组长：刘蓓

把两封邮件分开，赵玉龙可以快速地找到他要处理的邮件。

同时，赵玉龙还可以更好地管理他的邮件，只要他修改好了报告，他就可以删除第一封邮件，留着提醒本周三开会的邮件。

相关知识

电子邮件又称电子函件或电子信函。它是利用电子计算机所组成的互联网络，向通信对象所发出的一种电子信件。使用电子邮件进行对外联络，不仅安全保密、节省时间，而且不受篇幅的限制，清晰度高，还可以节省通信费用。

作为旅游从业者每天可能收到很多封邮件。如果把每一封邮件都读完，那么他一整天大部分时间可能都要花在处理邮件上了，这也说明一些人还不太清楚电子邮件的真正用途。电子邮件用来处理简单的工作，比如安排时间、通知、会面后的跟进等，绝对不能用来讨论合约、写建议书等。大部分重要的事情最好还是面对面谈，这样才能观察到对方的肢体语言、情绪，以及语言背后的一些有效的信息和感受。

一、电子邮件的编写

在旅游业务交往中，电子邮件也是一种商务文本，体现企业的文化形象，应当认真撰写。向他人发送的电子邮件，一定要精心构思、认真撰写，体现对他人的尊重和礼貌。在撰写电子邮件时，要注意以下问题。

（一）邮件的主题要明确

一封电子邮件，大都只有一个主题，并且往往需要在前注明。若是将其归纳得当，收件人看到标题便会对整个电子邮件内容有大概的了解。

（二）邮件的语言要流畅

电子邮件要便于阅读，语言流畅；尽量别写生僻字、异体字；引用数据、资料时，最好标明出处，以便收件人核对。

（三）邮件的内容要简洁

网上的时间极为宝贵，所以电子邮件的内容应当简明扼要、越短越好，体现对他人的尊重。

二、电子邮件避免滥用

在现代信息社会中，任何人的时间都是无比宝贵的。若无必要，不要轻易向他人乱发电子邮件。尤其是不要以邮件的方式与他人谈天说地，或者只为了检验一下自己的电子邮件能否成功发送。

一般而言，收到他人的重要电子邮件后，应立即向对方回复，以示礼貌。

三、中文电子邮件应当注意编码问题

编码的问题是由于中文文字自身的特点加上一些其他的原因产生的。我国和世界上其他国家的华人，目前使用着互不相同的中文编码系统。因此，当中国旅游企业向其他一些国家和地区的旅游企业和宾客发电子邮件时，由于双方所采用的中文编码系统有所不同，对方很有可能只会收到一封由乱码字符所组成的“天书”。

因此，旅游企业在使用中文向其他国家和地区的华人宾客发电子邮件时，必须同时用英文注明自己所使用的中文编码系统，以保证对方可以收到自己的邮件。

四、慎用电子邮件功能选项

现在市场上所提供的先进的电子邮件软件有多种字体选用，甚至还有各种信纸可供使用者选择。这固然可以强化电子邮件的个人特色，但是此类功能必须慎用。

这主要是因为，一方面，对电子邮件修饰过多，难免会使其容量增大，收发时间增长，既浪费时间又浪费金钱，而且往往会给人以华而不实之感；另一方面，电子邮件的收件人所拥有的软件不一定能够支持上述功能。这样一来，发出的电子邮件就很有可能会背离了发件人的初衷，使之前功尽弃。

五、发送电子邮件的禁忌

在发邮件的时候，注意以下问题，以免给对方带来不便。

（1）个人化的信件。

（2）无关的信件。

（3）转发带有诅咒链接邮件。

（4）忘记附件。

（5）带病毒的邮件。

（6）写错收件人的姓名。

六、电子邮件回复注意事项

（1）要全部读完邮件后再回，避免情绪激动的时候回信，尤其要确认是否必须以邮件回复，如果对方的内容中带有情绪，最好面对面交流。

（2）最好24小时内回应。如果你很忙，最好先跟对方发个简单的邮件表明你已收到了，可是需要一些时间来准备或处理，并且告诉对方一个等待时间。如果收到群发、需要大家讨论某一问题的邮件，最好读完所有的邮件内容之后再回复，避免重复。

（3）邮件内容方面有时要避免过于简单，否则对方阅读时容易产生误解，影响邮件所要传达的意思。

（4）写清楚主题，并标注紧急程度。紧急程度可以有很多种：FYI为不太重要，Urgent为急件。

（5）回复群发邮件时，避免发给无关的人。

无论是正式的信件还是电子邮件，都是自己与其他人沟通的工具，所以要尽量保持尊敬对方的态度。如果在写信件和回邮件的过程中，始终保持这种态度，就会避免很多不必出现的问题。

角色练习

电子邮件的编写练习

★技能训练目标

（1）通过相关电子邮件模板的学习，使学生具有专业电子邮件的编写、设计的能力。

（2）通过学生自评、互评，检验学生对电子邮件编写设计的掌握程度。

★技能训练准备

（1）复习电子邮件编写的知识。

（2）结合教师给出的电子邮件案例，学生进行分组编写训练。

★技能训练步骤

（1）准备电子邮件模板。

（2）分组利用模板进行电子邮件的设计。

（3）修改并添加电子邮件的相关信息，注意格式。

（4）添加电子邮件的具体内容。

（5）注意落款信息的准确。

特别提示

本练习可根据不同的电子邮件模板分组练习，然后交换编写心得，再进行训练，这样效果会好些。

视野拓展

电子邮件可以作为诉讼证据

电子邮件能否作为诉讼证据，主要看其是否具备客观性、关联性、合法性。

从证据的客观属性看，证据首先必须是客观存在的事实。电子邮件通过网络用数字信号表达人们的意图，并能呈现到电脑终端，这种行为以及这种行为的数字化表现形式毫无疑问是客观存在的。

从证据的关联性看，在电子邮件客观真实存在的基础上，如果与案件事实相关联并对案件事实起证明作用，就可以作为证据来使用。

从合法性来看，电子邮件作为证据也有法定的表现形式。电子邮件作为一种外在形式或载体，就实质内容来做具体分析，可以分别划归到我国现行法律对证据的七种分类之中。例如，以文字为内容的电子邮件，其实是书证的数字化或电子化，可以被划为书证；以音频或视频为内容的电子邮件，其实是视听资料的数字化或电子化，应该被归类为视听资料。据此，以电子邮件收发的证人证言或当事人陈述等的言辞证据也就不难归类。因此，电子邮件可以作为证据使用。

我国相关法律如《民法典》就将电子邮件作为证明合同关系成立与否的一种有效证据。在审判实践中，也已经有将其作为一种证据使用的做法。

任务评价

序号	任务内容	任务要求	等级	待改进技能	备注
1	了解电子邮件知识	掌握电子邮件的相关知识点			
2	编写电子邮件	编写一封符合体例的旅游业务电子邮件			
3	检查电子邮件格式	能够检查并纠正一般的旅游业务电子邮件格式错误			

任务三　使用即时通信设备

任务描述

即时通信是指能够即时发送和接收消息的通信方式。现在的即时通信已不再是一个单纯的沟通工具，它已经发展成融交流、资讯、娱乐、搜索、电子商务、办公协作和企业客户服务等为一体的综合化信息平台。

本任务要求学生掌握即时通信工具的使用规则，不断提升人际沟通能力，很好地解决即时通信交流中存在的礼仪方面问题。

情境导入

小刘和小李的网络对话

小刘与销售部的小李在同一个公司，平时工作联系一般都使用钉钉或微信。有一天两人在网络上对话。

小李：小刘在吗?

小刘：在啊!

小李：我问你……

小刘：嗯。

小刘准备接受问题，但 20 秒没看到对方回应，于是准备先做别的事情去，正要切到别的窗口时小李又发信息过来。

小李：请问 8 月 17 日的台湾团报名已经截止了？（过了 5 秒。）

小李：是不是 8 月 17 日就出发了呢?

小刘：对啊!

小李：噢噢!

小李：原来如此啊!

小李：可是。(停了 10 秒。)

小刘不知道该不该离开。

小李：那样的话……

小李：是不是……

小李：有点急呀?

小刘：嗯啊，是有点紧张。

小李：那你觉得？（消失 30 秒。）

小刘正要开始做事，小李又发信息过来了。

小李：如果……

小李：……

小刘抓狂了。

小刘：……

你在网络交流中使用即时通信软件时遇到过这种尴尬的情况吗？说说你的感想。

分析

我们在网络交流中经常使用即时通信软件。上面的案例是小李想交流，小刘也愿意跟对方交流，但小李在沟通时给小刘造成了困扰。小刘觉得自己没受到尊重，感觉小李不礼貌，于是产生了不耐烦情绪，结果影响到了两个人的沟通效果。

交流是个双方的互动过程，网络交流双方只能通过屏幕传递信息，因此在交流时要顾及对方的感受，尊重对方。既不要始终使自己处在讲话的位置，也不要断句太长时间。如果只根据自己的工作情况来发表意见，而不考虑别人的时间和感受，那么交流的效果就会事与愿违。

相关知识

网络即时通信工具目前几乎成了职场中最受欢迎的网络工具。人们可以通过这些通信工具联络事宜，就算近在咫尺，也无须起身交谈。与远方的协作客户交谈，轻轻敲几下键盘就可以解决问题，这种交流在过去是无法想象的。

虽说即时通信形态自由，不用花钱，或许有些规矩不必那么严格遵守，不过也有最基本的底线，就是双方都能接受或是有一定程度的默契。如果没有的话，比较安全的方式还是采用传统的电话沟通方式。通话开始先问好，看看对方是否方便，有话快说，简单扼要，表达清楚，这样的沟通方式才符合要求。

现在国内的即时通信工具按照使用对象分为两类：一类是个人 IM，如微信、QQ、百度 Hi、网易泡泡、盛大圈圈、淘宝旺旺等。百度 Hi 具备文字消息、音视频通话、文件传输等功能，你可通过它找到志同道合的朋友，并随时与好友联络感情；另一类是企业用 IM，简称 EIM。

现在使用最普及的就是微信、TIM、钉钉。需要注意的是，网络通信虽然方便、快捷，但毕竟只是辅助通信手段，不能当成唯一的通信方式。当有重要的、正式的或紧急的事宜时，必须通过传统的方式，比如电话、书面信函甚至面访的形式完成。

和其他的通信方式一样，作为一个有素养的旅游从业者，有几点规则是必须清楚的。只要养成了良好的接发即时通信的习惯，你就可以在职场上巧妙地使用网络即时通信工具。

一、询问沟通时机，要尊重对方

正如打电话一样，我们是在和人交流，即便是陌生人，每次都要问对方此刻是否方便使用即时通信工具。我们可以试试这样说："小明，你现在有时间吗？我想请教一个关于上个月财务报告的问题。"当别人正在忙碌而无暇回复之时，不能频繁地发窗口抖动。你不仅仅是在询问别人是否方便，你也是在抛出话题。如果他们很忙，就问他什么时候比较合适。

在交流中，不愿听别人说话，甚至不容别人插话，滔滔不绝，使交流变成"一言堂"的方式，或者只顾显示文采，效果往往不好；反之，也不能一直处于沉默状态，要随时给对方一定的回应。

面对不同的交往对象，应当尊重其宗教信仰，尊重对方的民族风俗习惯，不要轻易挑起争端，造成语言上的冲突。交谈结束，不宜一声不发地就下线，此时道上一句"再见"再下线是比较合适的做法。

二、内容要简洁、准确

即时通信不适合叙述深刻的思想。即时通信的优势在于快捷并节省时间，而其劣势则是会让我们的沟通方式变得松懈。

发送信息前一定要仔细校对，看看语法、用词是否正确，是否会引起对方的误解。

三、尊重他人的隐私

不要随意公开私人邮件、聊天记录和视频等内容，要尊重他人的隐私。不要好为人师，不要自诩高人一等。尊重他人的劳动，不要剽窃或随意修改和张贴别人的劳动成果。尊重他人的时间。在沟通提问以前，先确定自己无法解决而对方是能够提供帮助的人。

四、注意语言文明

使用文明语言是即时通信交流的基本礼仪，如使用"您好""大家好""很高兴认识您""很高兴见到您""对不起，我打错字了""我有点儿事，要离开一会儿""我要下线了，以后再聊好吗""再见"等文明用语，这样会使聊天更愉快，给对方留下良好印象。在即时通信中，忌用侮辱、谩骂、恶毒、肮脏、下流的不文明语言。使用不文明语言不但会使对方感到不愉快，还会降低自己的人格，很难在网络上交到朋友。

五、正确使用表情符号

以工作的身份联络他人时所使用的用户名应庄重、正式。在联络过程中慎重使用表情符号。在网络里，人们会用标点符号或者一些表情符号表情达意，以增强表达效果。比如使用调皮、再见、OK 等图标。在发出一个表情之前，应先在心里掂量是否与当时的语境相适应，还需要检查一下是否用鼠标错点了表情，以免误发成另一种不合时宜的表情引起不必要的误会。

角色练习

即时通信练习

★技能训练目标

（1）初步掌握即时通信的基本要求、要素及礼仪的基础知识。

（2）通过即时通信信息交流的学习，使学生具有良好的网络礼仪素养。

（3）通过学生自评、互评，检验学生对即时通信礼仪的掌握程度。

★技能训练准备

复习即时通信礼仪的相关知识。

★技能训练步骤

（1）准备一个交流话题。

（2）分组利用即时通信进行信息交流沟通。

（3）注意开始、沟通中和结束时应该展现的礼仪用语和用词。

特别提示

本练习可根据不同的交流情境，分组练习，然后交换沟通心得再进行训练，这样效果会好些。

视野拓展

即时通信工具面临的安全挑战

在旅游活动中，即时通信工具因其有强大的通信能力和丰富的功能而备受青睐，但是作为一种以沟通能力最优化为目标的应用软件工具，其安全保护机制和访问受限程度是相对较弱的。伴随着其惊人的发展速度，即时通信的安全问题正日益成为诸多网络安全领域中广泛受关注的问题之一。

在旅游服务沟通交流中，即时通信应用作为重要工具主要面临着哪些安全威胁呢?

1. 恶意软件威胁

以计算机病毒为代表的各种恶意软件始终是最困扰公司和个人用户的安全问题，在即时通信领域也不例外，目前通过即时通信平台传播的病毒主要通过用户之间的文件传递完成感染行为，同时，利用即时通信平台漏洞进行感染的恶意软件数也呈现出上升势头，这类软件正在超越电子邮件病毒成为新的主流应用系统病毒。

2. 匿名账号欺诈威胁

匿名注册使得即时通信系统中的用户标识无法与真实的操作者对应起来，利用即时通信平台开展的破坏活动更加难于被追查，特别是经过多个即时通信账号的攻击行为或恶意软件传播，想确认攻击的源头极其困难。

3. 穿透安全防御威胁

类似防火墙这样常见的安全防御功能，很多时候会因为由于开放了即时通信工具所需的端口而被突破。大多数即时通信软件都允许用户选择所使用的端口，或者自动尝试可以通信的端口，这使得恶意用户可以利用即时通信工具绕过防火墙。

4. 垃圾信息威胁

继利用电子邮件和网站等方式开展网络钓鱼之后，以即时通信作为诱骗手段的网络钓鱼行为正越来越多地出现。比较常见的手法是利用即时通信软件发送消息将用户导向陷阱，以及冒充即时通信供应商开展某种活动，以骗取用户的敏感信息。

任务评价

序号	任务内容	任务要求	等级	待改进技能	备注
1	了解即时通信的一般知识	掌握即时通信的相关知识点			
2	熟练地运用即时通信工具进行信息交流	完成符合即时通信礼仪的信息交流			
3	检查即时通信信息交流中的礼仪点	能够检查并纠正一般的即时通信礼仪不足			

任务四　使用手机

任务描述

手机是电话的一种，在礼仪方面与“电话礼仪”没有多大的差别。手机作为一种现代沟通工具，已经打破了传统的通信方式。在社交场合还是工作场合频繁地、毫不顾及他人地使用手机，已经成为“手机礼仪”的最大弊端，因此“手机礼仪”作为礼仪的一个内容，也越来越受到人们的关注。

本任务要求学生掌握手机的一般使用礼仪，了解手机放置位置、公共场合使用要求及使用安全等知识，解决手机使用中存在的礼仪方面问题。

情境导入

很少听到手机铃声

我去日本旅行，却发现由于疏忽未办理国际长途漫游业务，手机无法使用。索性关掉了手机，逃离平日随时响起的手机铃声，静享一个真正的、无琐事干扰的轻松旅程。令人惊讶的是，在日本乘坐地铁、参观旅行、逛街购物、餐馆就餐，居然没有听到一声手机铃声，没有听到一人大声接打电话。心里不觉好奇：日本人的手机呢？

一次，我们雇的当地司机询问导游梨原子可否互留一下手机号码。梨原子爽快答应。当司机告诉完他的手机号码后，梨原子便把电话拨了过去。很快，司机挥着振动的手机说“收到了”。

下车后，我问梨原子，你们怎么都喜欢用振动模式，是不是有专门的规定？我在日本没有听到一声手机铃声，是不是所有日本人都这样呀？梨原子笑着说，没有什么规定，这只是我们的一个习惯而已，这样手机铃声便不会影响到别人了。

梨原子的话让我恍然大悟，耳畔少了嘈杂的手机铃声干扰，也让我静心感受到当地的“手机文明”。

同学们，你在日常工作学习中是怎样使用手机的？遇到过尴尬的情况吗？说说你的感想。

☞ **分析**

手机的使用礼仪要符合公共道德的一般要求。在公共场合、会议中，或者与别人洽谈的时候，最好的方式还是将手机调成振动状态，这样既显示出对别人的尊重，又不会打断发言者的思路。

在餐桌上，关掉手机或是把手机调到振动状态也是必要的，避免正吃到兴头上的时候，被一阵烦人的铃声打断。

在会场上，你的手机铃声不断，引起大家的目光都转向你，会显示出你缺少修养。案例中提到的日本人的“手机文明”值得我们学习借鉴。

相关知识

手机是现代社会生活中越来越流行的通信工具之一，已经深入到了我们的工作生活中，但无论在社交场合还是工作场合频繁地使用手机已经成为“手机礼仪”的最大弊端，因此有必要了解一些手机使用的礼仪。使用时除了应遵守电话礼仪外，还应注意一些特殊规范。

一、手机的放置

在一切公共场合，手机在没有使用时，都要放在合乎礼仪的位置。不要在没使用的时候放在手里或是挂在上衣口袋外。放手机的常规位置是：一是随身携带的公文包里，这个位置最正规；二是上衣的内袋里，也可以放在手袋里。不要放在桌子上。一般情况下不要将手机挂放在腰带上，女士则要注意，手机就算再好看和小巧，也别把它挂在脖子上。

二、手机的使用要遵守社会公德，要注意场合

（1）工作时间尽量使用座机，而不要使用手机进行交流。

（2）在会议中和别人洽谈的时候，最好的方式是把手机关掉，或者调到振动状态，这样既显示出对别人的尊重，又不会打断发言者的思路。

（3）在餐桌上，关掉手机或是把手机调到振动状态也是必要的。

（4）注意手机使用礼仪，不要在接听座机电话时接听手机，不要在公共场合如剧场、图书馆和医院里接打手机。

（5）公共场合特别是楼梯、电梯、路口、人行道等地方，不可以旁若无人地使用手机，应该把声音尽可能地压低一下，绝不能大声说话、呼喊。

（6）在一些场合，比如在图书馆或剧院打手机是极其不礼貌的行为，如果必须回复，可以采用发送手机短信等方式。

三、打手机前要考虑对方是否方便

给对方打手机时，尤其知道对方是身居要职的领导或宾客时，首先想到的是，这个时间他（她）方便接听吗？并且要有对方不方便接听的准备。在给对方打手机时，要注意根据从听筒里传来的声音来判断对方所处的环境：如果很静，应想到对方可能在开会，有时大的会场能听到一种空阔的回声；当听到噪声时，对方就很可能在室外，开车时的隆隆声也是可以听出来的。有了初步的判断，对能否顺利通话就有了准备。但不论在什么情况下，是否通话还是由对方来定为好，所以“现在通话方便吗？”通常是拨打手机的第一句问话。

四、能打座机就不打手机

在没有事先约定和不熟悉对方的前提下，我们很难知道对方什么时候方便接听电话。所以，在有其他联络方式时，还是尽量不打对方手机。而且通信属于个人事宜，因此，联系不熟悉的人时可先拨打其办公室座机，有急事需拨打手机时，则应注意讲话言简意赅。如果需要长时间通话，应主动询问对方可否拨打其座机。

五、工作期间不要用搞笑彩铃

手机在职场上起着举足轻重的作用，但有的人往往忽略手机的使用礼仪，这主要体现在手机不分场合地响起铃声以及在与人交谈中频频接打电话。此外，不恰当的铃声设置和彩铃也会令你失礼于人。旅游服务人员由于岗位性质的需要，应该以稳重的形象示人，因

此，在工作场合中，如果响起“爸爸，接电话”“汪、汪”这样的手机铃声不仅会显得很不严肃，而且与自己身份不符。同样，在旅游服务工作期间，搞笑彩铃也会令人反感，是有损旅游职业形象的。

六、收发短信的注意事项

（1）不要在别人正注视你的时候查看短信。一边和别人说话，一边查看手机短信是失礼的行为，是对别人不尊重的表现。

（2）在短信的内容选择和编辑上，应该和通话一样文明，因为你发的短信，同时也反映了你的品位和素养。所以不要编辑或转发不健康、庸俗的短信，特别是一些所谓的“流行民谣”等短信，更不应该转发。

七、注意手机使用安全

（1）不要在加油站及加油站附近使用手机，否则会引起爆炸事故。

（2）不要在医院内使用手机，以免手机的电磁波影响医疗器械的正常使用，危及病人的身体安全。

（3）不要在机场和飞机上使用手机，手机电子信号会干扰飞机的导航系统，影响仪器的正常运转。

（4）不要在驾驶车辆时使用手机通话，容易精力分散，导致交通事故。

角色练习

使用手机拨打电话的练习

★技能训练目标

（1）掌握手机使用的基本要求和礼仪的基础知识。

（2）通过对手机礼仪的学习，培养学生良好的修养。

（3）通过学生自评、互评，检验学生手机使用礼仪的掌握程度。

★技能训练准备

（1）复习手机礼仪的相关知识。

（2）准备手机。

★技能训练步骤

（1）设计一个手机通话话题。

（2）分组使用手机进行通话交流练习。

（3）注意手机通话开始时、沟通中和结束时应该展现的手机使用礼仪。

特别提示

本练习可结合其他的通信工具，如固定电话、传真机等来进行情境交流，分组练习，然后再交流使用手机时的礼仪方面的心得，要反复进行训练。

视野拓展

如何保障个人手机网络安全

现在人们离不开手机，出门在外可以不带钱包，但不带手机是万万不行的，但手机安全却时时刻刻威胁着我们的神经。保护手机安全要从日常使用入手，养成良好的手机使用习惯，多上网学习，借鉴他人保护手机安全方法。

1. 手机支付最好用本机流量，警惕免费 Wi-Fi 轻易连接，防止支付宝密码被窃取；自家路由器疏于管理，照样被不法分子利用；如果获取到手机号，智能门锁也能打开；谨慎病毒植入免费充电宝，USB 接口收集个人信息；陌生二维码随便扫，银行卡里的钱或被“偷”。

2. 不浏览非常规的手机网站，不要随意点击网站上的图片或者链接。尽量在手机系统自带的市场下载软件。收到陌生的短信不要随意点击附带的链接，很有可能是木马病毒。

3. 不要把手机随意借给外人，毕竟手机上有你的隐私信息。手机设置密码，自家路由器要有密码。下载 APP 到官网。

4. 最好给手机设置一个密码再下载一个手机安全软件，既能查杀病毒还能监控垃圾软件。定时清理手机垃圾。

任务评价

序号	任务内容	任务要求	等级	待改进技能	备注
1	了解手机使用的一般知识	掌握手机使用礼仪的相关知识点			
2	熟练地运用手机进行通话交流	能够进行符合手机使用礼仪的通话交流			
3	掌握手机使用的礼仪	能够检查并纠正一般手机通话中的失礼之处			

项目关键词

信函　电子邮件　邮件回复　即时通信　手机使用礼仪

课后练习题

1. 简述撰写信函的一般要求和书写规范。

2. 简述电子邮件的一般使用礼仪要求。

3. 小组讨论，如果你是任务三“情境导入”案例中的小李，你该如何去做呢？你会说些什么话呢？

项目七

旅游用餐礼仪

现代社会礼仪无处不在，除了日常的职场商务礼仪之外，人们经常会忽略餐桌上的礼仪。其实用餐不单是满足基本的生理需要，餐厅也是重要的社交场合。了解餐桌礼仪非常重要，作为旅游服务人员，掌握基本的中西餐的礼仪知识，举止才能得体，才能在对客服务中不失礼。

任务导读

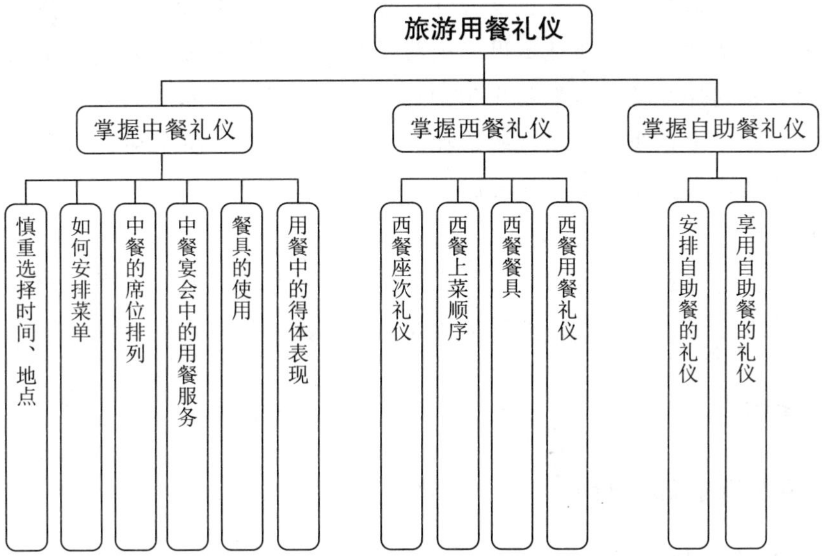

学习目标

1. 知识目标：了解中西餐用餐礼仪的基本要求。
2. 职业认知：熟悉中西餐用餐中的基本礼仪和禁忌。
3. 技能目标：通过模拟训练，能熟练运用中西餐礼仪的相关知识。

任务一　掌握中餐礼仪

任务描述

本任务要求学生掌握举行中餐宴会时间地点的选择、菜单的安排、席位排列、上菜顺序、餐具的使用、用餐举止等方面的规则和技巧，并能正确灵活地运用。

情境导入

一场不尽如人意的答谢宴会

大华旅游公司将要举办一场年终VIP客户答谢宴会，公司王总经理决定用中餐宴会的形式来招待宾客，具体事宜由销售部协调、安排。接到任务后，销售部孙经理马上组织部门员工召开了筹备会。首先，他们根据宴请的人员数量、活动经费等选择了一家非常有特色的酒店；然后又根据客人的身份、重要性、年龄、性别等分好了席位。尽管他们做了充分的准备，可是在活动当天，还是出现了一些不尽如人意的地方：客户赵先生在酒店附近找了半天，没有找到停车场，结果到晚了；员工小李为了表示东道主的热情，与一位客户喝了好几杯酒，在对方声明身体不适的情况下，仍然不罢休，弄得对方很是反感；酒店的个别值台服务员在菜品上齐后就不见人影，反而需要客人自己来倒酒、分菜。

☞ 分析

本案例中，大华旅游公司的工作人员和酒店的个别服务人员没有很好地掌握用餐礼仪的一些规则、要求，以致出现了许多不尽如人意的情况。

相关知识

一、慎重选择时间、地点

（一）时间的安排

中餐，特别是中餐宴会具体时间的安排，根据人们的用餐习惯，依照用餐时间的不同，可分为早餐、午餐、晚餐三种。确定正式宴请的具体时间，要讲究主随客便，优先考虑被邀请者。如果有可能的话，应该事先和主宾协商一下，力求两相方便。为显示出自己的诚意，至少要提供几种时间上的选择。

（二）地点的选择

在社交聚餐的时候，用餐地点的选择也非常重要。

首先要环境优雅。宴请不仅仅是为了“吃东西”，同时吃的也是“环境和文化”。如果用餐地点环境不好，即便菜肴有特色，也会使宴请的效果打折扣。在可能的情况下，要争取选择环境舒适安静的地点用餐。

其次是卫生条件良好。在确定社交聚餐的地点时，一定要看卫生状况如何。如果用餐地点太脏、太乱，不仅卫生问题让人担忧，还会破坏用餐者的食欲和情绪。

最后还要充分考虑到，对客人尤其是主要客人，交通是否便利，以用餐地点接近主要客人为原则，并考虑是否有停车场等设施。用餐地点还必须选择容易找到的地方，不要给宾客造成麻烦。

二、如何安排菜单

菜单安排是一项复杂的工作，要考虑的因素很多。

首先，要考虑来宾的饮食禁忌，特别是要高度重视主宾的饮食禁忌。安排菜单的禁忌主要有 3 条。

（1）宗教的饮食禁忌，一点也不能疏忽大意。

（2）出于健康的原因，对于某些食品有所禁忌。

（3）有些人的职业对饮食有特殊的要求，在安排菜单时要考虑其不同的禁忌。

其次，要兼顾不同地区人们的饮食偏好。

如果主宾没有任何饮食禁忌，也没有特别的饮食偏好，那么安排菜肴时，可以优先选择具有中国特色、本地特色、餐厅特色的菜肴，让主宾品尝当地招牌菜，特别是没有吃过的菜品，一定会给他留下深刻的印象。

三、中餐的席位排列

中餐的席位排列关系到来宾的身份和主人给予对方的礼遇，所以是一项重要的礼仪内容。中餐席位的排列，在不同情况下也有一定的差异，大致可以分为桌次排列和位次排列两个方面。

（一）中餐桌次的排列

在中餐宴请活动中，往往采用圆桌来布置菜肴和酒水。排列桌子的数量可分为两种。

1. 两桌组成的宴请

这种情况分为两桌横排和两桌竖排的摆放形式。

（1）两桌横排摆放，桌次是以右为尊，以左为卑。这里所说的右和左，是由面对正门的位置来确定的。

（2）两桌竖排摆放，桌次讲究以远为上，以近为下。这里所讲的远近，是以距离正门的远近而言。

2. 三桌或三桌以上组成的宴请

（1）在安排多桌宴请的桌次时，除了要注意“面门定位”“以右为尊”“以远为上”等规则之外，主桌排定之后，其余桌次的高低以距离主桌的远近而定。一般来说，距离主桌越近，桌次越高；距离主桌越远，桌次越低。桌子较多时要设桌次牌。

（2）多个餐桌的排列可以采用横排、竖排、花排等多种方式，具体采取哪一种排法应当根据场地的实际情况来确定。

（3）在安排桌次时，所用餐桌的大小、形状要基本一致。除主桌可以略大外，其他餐桌都不要过大或过小。

（4）为了使赴宴者能够及时、准确地找到自己所在的桌次，主办方可以在请柬上注明对方所在的桌次，在每张餐桌上摆放桌次牌，在宴会厅入口处摆放桌次排列示意图，安排专门服务人员引导来宾按桌就座。

（二）中餐位次的排列

宴请时，每张餐桌上的具体位次也有主次尊卑的区别。排列位次的基本要求如下。

（1）单桌宴请，主人大都应当面对正门而坐，并在主席就座。

（2）多桌宴请，各桌均有一位主桌主人的代表在座，他也被称为该桌主人。其位置一般应与主桌主人同向，有时也可以面向主桌主人。

（3）各桌位次的尊卑，应根据其距离该桌主人的远近而定，以近为上，以远为下。

（4）各桌依该桌主人的位置，讲究以右为尊（以该桌主人面向为准）。

另外，每张餐桌上所安排的用餐人数应限 10 人以内。人数如果过多会显得拥挤。

根据上面位次的排列方法，圆桌位次的具体排列可以分为两种情况。

第一种情况：每桌一个主位的排列方法。特点是每桌只有一名主人，主宾在其右边就座，每桌只有一个谈话中心。

第二种情况：每桌两个主位的排列方法。特点是主人夫妇在同一桌就座，以男主人为第一主人，女主人为第二主人，主宾和主宾夫人分别在男女主人旁就座。

如果主宾身份高于主人，为表示尊重，也可以安排在主人位子就座，而主人坐在主宾的位子上。

四、中餐宴会中的用餐服务

（一）入席服务

当客人来到席位前时，值台服务员要面带微笑，拉椅让座，待客人坐定后，帮助客人打开餐巾、筷套等。

（二）斟酒服务

为客人斟酒水时，首先要征求客人的意见，从主宾开始先斟葡萄酒，再询问是否要斟烈性酒，最后再询问是否斟饮料。

（三）菜肴服务

（1）根据宴会的标准、规格，可采用转盘式分菜、旁桌式分菜、分叉分勺派菜和各客式分菜等几种方式来进行服务。

（2）上菜位置一般在陪同和翻译之间进行，也可在副主人右边上菜，这样有利于向来宾介绍菜肴，严禁在主人和主宾之间或来宾之间上菜。

（3）中餐的上菜顺序一般是先凉后热，先炒后烧，咸鲜清淡的先上，甜的、味浓味厚的后上，最后上主食。

（4）上菜时，如果由服务人员给每个人上菜，要按照主宾、次宾、主人的顺序，顺时针方向依次进行。如果由个人取菜，每道热菜应放在主宾面前，由主宾开始按顺时针方向依次取菜，切不可迫不及待地越位取菜。

（四）席间服务

在宴会进行时，服务人员要勤巡视、勤斟酒、勤换盘碟和烟灰缸，并仔细观察客人的表情及需求，主动提供服务。

五、餐具的使用

（一）筷子的使用

筷子是中餐最主要的餐具。用筷子取菜、用餐的时候，要遵守基本的规矩和礼仪。

（1）无论筷子上是否有残留的食物，都不要舔筷子。试想一下，用舔过的筷子再去夹菜，是不是会让别人大倒胃口呢?

（2）和人交谈时，要暂时放下筷子，不能一边说话，一边挥舞着筷子，甚至用筷子指着别人。

（3）不要把筷子竖插放在食物上面。这种插法只有在祭奠逝者的时候才用。

（4）不要用筷子敲打碗盘的边缘。

（5）筷子只是用来夹取食物的，不能用来剔牙、挠痒或是用来夹取食物之外的东西。

（二）汤匙的使用

（1）汤匙的主要作用是舀取菜肴、食物。有时用筷子取食物时，也可以用汤匙来辅助，但尽量不要用自己的汤匙去取菜。

（2）暂时不用汤匙时，应放在自己的碟子上，不要把它直接放在餐桌上或是插在食物中。

（3）使用汤匙取用食物后，应立即食用或放在自己碟子里，不要把它再次倒回原处。

（4）如果取用的食物太烫，不要用汤匙舀来舀去，也不要用嘴对着吹，可以先放到自己的碟中或碗里等凉了再吃。

（5）食用汤匙里盛放的食物时，尽量不要把汤匙塞入口中或者反复吮吸舔食。

（三）盘子的使用

盘子在餐桌上一般要保持原位，而且不要堆放在一起。下面重点介绍一种用途比较特殊的、被称为食碟的盘子。食碟主要是用来盛放从公用的菜盘里取来的菜肴。使用食碟时，一次不要取放过多的食物。不吃的渣、骨、刺等不要直接吐在地上或餐桌上，而应轻轻取放在食碟的前端，放的时候要用筷子夹放到食碟上。如果食碟放满了，可以请服务员及时更换。

（四）牙签的使用

尽量不要当众剔牙。必要时，应用另一只手掩住口部。剔牙后不要长时间叼着牙签，更不要用牙签来扎取食物。

（五）手巾和餐巾的使用

中餐用餐前，服务人员一般会为每位用餐者送上一块湿毛巾，这是供进餐者擦拭嘴角和双手用的。如果桌面上设有餐巾，当主人示意用餐开始时，方可将餐巾全部打开或对折，平摊在自己的腿上。

在正式宴会上，切忌用餐巾或餐巾纸擦拭餐具、酒具等物品，那是对主人不信任和不尊重的一种行为。

六、用餐中的得体表现

（一）座位的选择

当步入宴会大厅时，首先要跟主人打招呼。对待其他客人，要微笑点头示意或握手问好；对待长者要主动起立，让座问安；对待女宾要举止庄重，彬彬有礼。

入席时，自己的座位应听从主人或接待人员的安排，应让位高者、年长者以及女士优先入座。

（二）入座的方式

最得体的方式是从左侧入座，即右手拉开椅子，从椅子的左边入座。

（三）良好的坐姿

（1）入座后要保持坐姿端正，双脚踏在本人座位下，不要任意伸直腿或两腿不停摇晃。

（2）暂停用餐时，双手可以放在桌面上，以手腕底部抵住桌子边缘，或者把双手放在双膝上，保持静止不动。

（3）吃东西时手肘不要压在桌面上。

（四）菜肴的食用

（1）客人入席后，一般是主人示意开始后，客人才可以动手取用菜肴。

（2）菜肴一上桌，应由主宾先取用。一般来说，无论上任何一道菜，如果主宾尚未动筷，其他人不宜率先取食。

（3）多人用餐，取菜时要注意相互礼让，依次而行，取用适量。

（4）取菜时应从盘子靠近或面对自己的盘边夹起。距离自己较远的菜可以请人帮助，不要起身甚至离座去取。

（5）可以让菜，劝对方品尝，但不要擅自做主，主动为别人夹菜、添饭，这样做会让人感觉不舒服。

（五）进餐的风度

（1）用餐时不要摇头摆脑、宽衣解带、满脸油汗、响声大作。

（2）宾客进餐的速度宜与男女主人同步，不宜过快或过慢。

（3）如果不慎将酒水、汤汁等溅到他人的身上，表示歉意即可。

（4）席间不宜吸烟，如要吸烟，必须先征得邻座的同意。

（5）进餐时要闭嘴咀嚼，嘴里不要发出声音，口含食物时最好不与别人交谈。

（6）吐出的骨头、鱼刺、菜渣等要用筷子或手取接出来，不要直接吐到桌面或地面上。如果咳嗽、打喷嚏，要用手或手帕捂住嘴，并把头向后方转。吃饭嚼到沙粒或嗓子里有痰时，要离开餐桌去吐掉。

（7）如果宴会没有结束，但自己用餐完毕，不要随意离席。要等主人和主宾用餐完毕起身离席后，其他的客人才能依次离席。

（8）在餐厅进餐，如果是做客，不要抢着付账；未征得朋友的同意，也不要代人付账。

（六）敬酒的礼仪

敬酒也就是祝酒，是指在正式宴会上，由男主人向来宾提议，提出某个事由而饮酒。在饮酒时，通常要讲一些祝愿、祝福类的话，有时主人和主宾还要发表专门的祝酒词。祝酒词内容越短越好。

1. 敬酒的时机

敬酒应该在特定的时间进行，并以不影响来宾用餐为前提。

敬酒分为正式敬酒和普通敬酒。

正式的敬酒，一般是在宾主入席后、用餐开始前进行，一般都是主人来敬，同时还要说一些规范的祝酒词。

普通敬酒，只要是在正式敬酒之后就可以开始了，但要注意是在对方方便的时候。如果向同一个人敬酒，应该等身份比自己高的人敬过之后再敬。

2. 敬酒的顺序

一般情况下应按年龄大小、职位高低、宾主身份为序。敬酒前一定要充分考虑好敬酒的顺序，分清主次，避免出现尴尬的情况。即使你分不清对方身份，或者对方的职位、身份高低不明确，也要按统一的顺序敬酒，比如先从自己身边的人开始按顺时针方向敬酒，或是从左到右、从右到左进行敬酒等。

3. 敬酒的举止要求

（1）无论是主人还是来宾，如果是在自己的座位上向集体敬酒，首先要站起来，面含微笑，手拿酒杯，面朝大家敬酒。

（2）当主人向集体敬酒、说祝酒词的时候，所有人应该一律停止用餐或喝酒。主人提议干杯的时候，所有人都要端起酒杯站起来，互相碰一碰。即使平时滴酒不沾的人，也要拿起酒杯抿一下，以示对主人的尊重。

（3）别人向你敬酒的时候，你要手举酒杯到双眼高度，在对方说了祝酒词或“干杯”之后再喝。喝完后，还要手拿酒杯和对方对视一下，这一过程才结束。

（4）干杯前可以象征性地和对方碰一下酒杯。碰杯的时候，应该让自己的酒杯低于对方的酒杯，表示对对方的尊敬。用酒杯杯底轻碰桌面，也可以表示和对方碰杯，当你离对方比较远时，可以采取这种方式。如果主人亲自敬酒干杯后，你要回敬主人，和他再干一杯。

（5）劝酒要适度。有些人因为生活习惯或健康等原因不适合饮酒，也许会委托他人代喝或者用茶水、饮料等代替。作为敬酒人，应当充分体谅对方，不要强迫对方喝酒。

角色练习

中餐基本礼仪练习

★技能训练目标

（1）通过举行模拟中餐宴会，使学生掌握中餐礼仪的基本规则和技巧。

（2）通过学生自评、互评，检验学生运用知识的能力。

★技能训练准备

（1）复习有关知识点。

（2）确定出组织者、宾客、服务人员的角色扮演者。

（3）训练包括宴请前的准备工作、宴请中宾主用餐及就餐服务三部分。

★技能训练步骤

（1）分组练习。

（2）小组展示。

（3）师生点评。

（4）分组练习，改进不足。

特别提示

本任务实训的目的，是要求学生掌握中餐礼仪的基本要求。

视野拓展

饮茶中的礼仪

一、鞠躬礼

鞠躬礼可具体分为站式、坐式和跪式三种。同时，根据行礼的对象分成“真礼”（用于主客之间）、“行礼”（用于客人之间）与“草礼”（用于说话前后）。

站式鞠躬与坐式鞠躬比较常用，其动作要领是：两手平贴大腿徐徐下滑，上半身平直弯腰，弯腰时吐气，直身时吸气。弯腰到位后略停顿，再慢慢直起上身。行礼的速度应与他人保持一致，以免出现不协调感。

“真礼”要求行90度礼，“行礼”与“草礼”相对弯腰程度较低。

在参加茶会时会用到跪式鞠躬礼。“真礼”以跪坐姿势为预备，背颈部保持平直，上半身向前倾斜，同时双手从膝上渐渐滑下，全手掌着地，两手指尖斜对，身体倾至胸部与膝盖间只留一拳空当（切忌低头不弯腰或弯腰不低头）。稍停顿后慢慢直起上身，弯腰时吐气，直身时吸气。“行礼”时两手仅前半掌着地，“草礼”时仅手指第二指节以上着地即可。

二、伸掌礼

伸掌礼是品茗过程中使用频率最高的礼节，表示“请”与“谢谢”，主客双方均可采用。两人面对面时，均伸右掌行礼对答。两人并坐时，右侧一方伸右掌行礼，左侧方伸左掌行礼。伸掌姿势为：将手斜伸在所敬奉的物品旁边，四指自然并拢，虎口稍分开，手掌略向内凹，手心中要有含着一个小气团的感觉，手腕要含蓄用力，不至显得轻浮。行伸掌礼同时应欠身点头微笑，讲究一气呵成。

三、叩指礼

叩指礼是从古代中国的叩头礼演化而来的，“叩指”即代表叩头。早先的叩指礼是比较讲究的，必须屈腕握空拳，叩指关节。随着时间的推移，逐渐演化为将手弯曲，用几个指头轻叩桌面，以表示谢意。

四、寓意礼

寓意礼是寓意美好祝福的礼仪动作，最常见的有以下两种。

“凤凰三点头”。用手提壶把，高冲低斟反复三次，寓意向来宾鞠躬三次，以示欢迎。高冲低斟是指右手提壶靠近茶杯口注水，再提腕使水壶提升，此时水流如“酿泉泻出于两峰之间”，接着仍压腕将水壶靠近茶杯口继续注水。如此反复三次，恰好注入所需水量，即提腕断流收水。

双手回旋。在进行回转注水、斟茶、温杯、烫壶等动作时用双手回旋。若用右手则必须按逆时针方向，若用左手则必须按顺时针方向，类似于招呼手势，寓意“来、来、来”表示欢迎。

放置茶壶时壶嘴不能正对他人，否则表示请人赶快离开。

斟茶时只斟七分即可，暗寓“七分茶三分情”之意。俗话说“茶满欺客”，意为茶满不便于握杯啜饮。

任务评价

序号	任务内容	任务要求	等级	待改进技能	备注
1	了解中餐的席位排列	掌握中餐桌次排列和位次排列的基本方法			
2	熟悉中餐餐具在使用过程的基本礼仪	掌握中餐餐具的使用方法			
3	了解中餐用餐礼仪的基本要求	熟练运用各种中餐用餐礼仪			

任务二　掌握西餐礼仪

任务描述

本任务要求学生通过课上学习、实训及课后反复练习，掌握西餐座次礼仪、上菜顺序、餐具的使用、用餐举止等方面的规则和技巧，并能正确灵活运用。

情境导入

不谙西餐礼仪的小张

小张在一家旅游公司任总经理秘书。一天中午，他陪同总经理到西餐厅宴请利达公司王经理。他到餐厅入座后，就用桌上一块“很精致的布”仔细地擦了自己的刀、叉。喝汤时，由于刚上的汤比较烫，他一边用汤匙搅和着热汤，一边用手在汤碗上方不停地扇动。不一会牛排上来了，他将牛排全部切成小块，然后用叉子一块一块地送入口中。突然手机响了，他顺手将餐巾扔在桌旁，边接电话边往洗手间走去。

试分析此案例中，小张有哪些失礼之处？

☞ **分析**

小张在用餐过程中有很多失礼之处，他用“很精致的布”（餐巾）擦餐具，那只是用来擦嘴或手的，不能用来擦脸或是餐具，用餐巾来擦餐具是很不礼貌的行为；喝汤时，应先用汤匙由后往前将汤舀起，汤匙的底部放在下唇的位置将汤送入口中，不能用手在汤碗上方扇动，这是不文雅的举止；吃牛排要切一块吃一块，块不能切得过大，或一次将肉都切成块；小张离开席位时，即便是暂时离开，也应该取下餐巾布随意叠成方块或三角形放在盘侧或桌角，最好放在自己的座位上；如有事确需离开应向左右的客人小声打招呼。

小张并不了解西餐文化和礼仪，所以才闹出了笑话。随着中国对外交往的频繁，只有掌握一些西餐礼仪，才不至于像小张一样出洋相。

相关知识

西餐是我国人民和其他部分东方国家和地区的人民对西方国家菜点的统称，从广义上讲，也可以说是对西方餐饮文化的统称。西餐有三个鲜明的特点，一是其源自西方国家；二是用餐时必须以刀叉取食；三是其烹调方式、菜式与中餐有所不同。随着我国旅游业的迅猛发展，对外交往越来越频繁，这就要求旅游从业人员必须掌握西餐的进餐礼仪和餐具使用礼仪等知识。

一、西餐座次礼仪

正式宴会开始前的准备工作之一就是要安排席位。席位排列关系到来宾的身份和主人给予对方的礼遇，所以是一项重要的礼仪内容。在不同情况下，席位的排列有一定的差异，一般可以分为桌次排列和位次排列两方面。

（一）桌次排列

在用西餐时，人们所用的餐桌有长桌、方桌和圆桌，有时还会拼成其他各种图案形式。不过，最常见、最正规的西餐桌当属长桌。下面介绍一下西餐桌次排列的具体情况。

1. 长桌

长桌排位一般有两种方式。一是男、女主人在长桌中央对面而坐，餐桌两端可以坐人，也可以不坐人，见图 7-1（a）、（b）；二是男女主人分别就座于长桌两端，见图 7-1（c）。某些时候，如用餐者人数较多时，还可以参照以上办法，用长桌拼成其他图案，以便安排大家一道用餐。

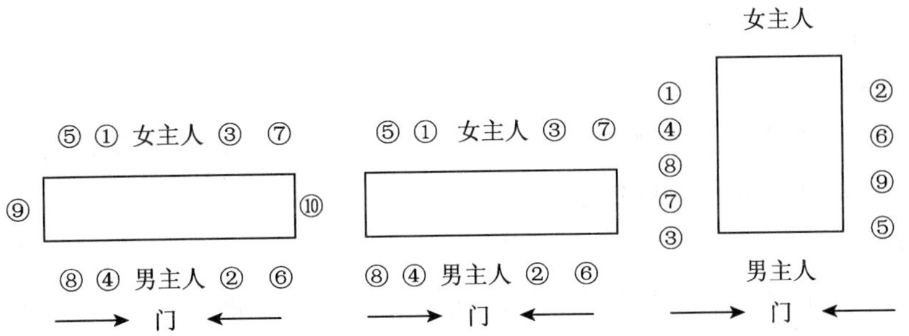

（a）男女主人居中而坐时位次的排列　（b）男女主人居中而坐时位次的排列　（c）男女主人分坐两端时位次的排列

图 7-1　西餐长桌位次排列图

2. 圆桌

西餐使用圆桌排位的情况并不多见。在隆重而正式的宴会里更为罕见。其具体排列基本上是各项规则的综合运用，见图 7-2。

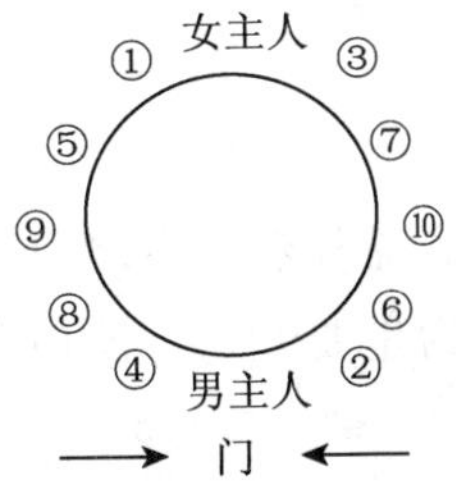

图 7-2　西餐圆桌位次排列图

（二）位次排列

1. 女士优先

在西餐礼仪里，女士处处备受尊重。在排定用餐位次时，主位一般应请女主人就座，而男主人则退居第二主位。

2. 恭敬主宾

在西餐中，主宾极受尊重。即使用餐的来宾中有人在地位、身份、年纪方面高于主宾，但主宾仍是主人关注的中心。在排定位次时，应请男、女主宾分别紧挨着女主人和男主人就座，以便进一步受到照顾。

3. 以右为尊

在排定位次时，以右为尊依旧是基本原则。就某一特定位置而言，其右位高于其左位。例如，应安排男主宾坐在女主人右侧，应安排女主宾坐在男主人右侧。

4. 面门为上

面门为上有时又叫迎门为上，其所指的是，面对餐厅正门的位子，一般在序列上要高于背对餐厅正门的位子。

5. 距离定位

一般来说，西餐桌上位次的尊卑，往往与其距离主位的远近密切相关。一般情况下，离主位近的位子高于距主位远的位子。

6. 交叉排列

用中餐时，用餐者经常有可能与熟人尤其是与其恋人、配偶在一起就座，而正式的西餐宴会一向被视为交际场合，在排列位次时，要遵守交叉排列的原则。依照这一原则，男女应当交叉排列，生人与熟人也应当交叉排列。因此，一个用餐者的对面和两侧，往往是异性，而且还有可能与其不认识或者不熟悉，这样坐可以广交朋友。不过，这也要求用餐者最好是双数，并且男女人数各半。

二、西餐上菜顺序

西餐上菜服务方式有法式、俄式、英式、美式、意式等，各种服务方式既有相同的地方，根据不同的礼仪习俗也有所不同。通常一些饭店会将几种服务方式混合使用。常见的西餐上菜顺序如下。

（一）头盘

头盘也称为开胃品，一般有冷头盘和热头盘之分，常见的品种有鱼子酱、鹅肝酱、熏鲑鱼、奶油鸡酥盒、焗蜗牛等。因为是要开胃，所以开胃菜一般都是特色风味，味道以咸和酸为主，而且数量少，质量较高。

（二）汤

和中餐不同的是，西餐的第二道菜就是汤。大致可分为清汤、奶油汤、蔬菜汤和冷汤等。品种有牛尾清汤、各式奶油汤、海鲜汤、美式蛤蜊汤、意式蔬菜汤、俄式罗宋汤、法式葱头汤等。

（三）副菜

鱼类菜肴一般作为西餐的第三道菜，也被称为副菜。通常鱼虾海鲜等水产类菜肴与蛋类、酥盒菜肴均为副菜。因为鱼类等菜肴的肉质鲜嫩，比较容易消化，所以放在肉类菜肴的前面。西餐吃鱼类菜肴讲究使用专用的调味汁，品种有鞑靼汁、荷兰汁、酒店汁、白奶油汁、大主教汁、美国汁和水手鱼汁等。

（四）主菜

肉、禽类菜肴是西餐的第四道菜，也称为主菜。其中最有代表性的是牛肉或牛排，牛排按其部位又可分为沙朗牛排（也称西冷牛排）、菲利牛排、薄牛排等。肉类菜肴配用的调味汁主要有西班牙汁、浓烧汁、蘑菇汁等。禽类菜肴最多的是鸡，有山鸡、火鸡等，可煮、可炸、可烤，主要的调味汁有咖喱汁、奶油汁等。

（五）蔬菜类菜肴

通常为配菜，可以安排在肉类菜肴之后，也可以与肉类菜肴同时上桌，蔬菜类菜肴在西餐中称为沙拉。与主菜同时搭配的沙拉，称为生蔬菜沙拉，一般用生菜、番茄、黄瓜、芦笋等制作。还有一类是用鱼、肉、蛋类和蔬菜制作的，一般不加味汁，在进餐顺序上也可以作为头盘。

（六）甜品

西餐的甜品是主菜后食用的，可以算是第六道菜。从真正意义上讲，它包括所有主菜后的食物，如点心、冰激凌、奶酪、水果等。

（七）饮品

喝咖啡一般要加糖和淡奶油。茶一般要加香桃片和糖。

三、西餐餐具

广义的西餐餐具包括刀、叉、匙、盘、杯、餐巾等，狭义的西餐餐具则专指刀、叉、匙三大件。刀分为食用刀、鱼刀、肉刀（刀口有锯齿，用来切牛排、猪排等）、黄油刀和水果刀。叉分为食用叉、鱼叉、肉叉和虾叉。匙则有汤匙、甜食匙、茶匙。公用刀、叉、匙的规格明显大于餐用刀叉。

（一）餐具的摆法

垫盘放在餐席的正中心，盘上放折叠整齐的餐巾或餐纸（也有把餐巾或餐纸折成花蕊状放在玻璃杯内的）。两侧的刀、叉、匙排成整齐的平行线，如有席位卡，则放在垫盘的前方。所有的餐刀放在垫盘的右侧，刀刃朝向垫盘。各种匙类放在餐刀右边，匙心朝上。餐叉则放在垫盘的左边，叉齿朝上。一个座席一般只摆放三副刀叉。面包碟放在客人的左手边，上置面包刀（即黄油刀，供抹奶油、果酱用，不是用来切面包的）一把。各类酒杯和水杯则放在右前方。如有面食，吃面食的匙、叉则横放在前方。

（二）餐具的用法

1. 刀叉持法

用刀时，应将刀柄的尾端置于手掌之中，以拇指抵住刀柄的一侧，食指按在刀柄上，但需注意食指绝不能触及刀背，其余三指则顺势弯曲，握住刀柄。叉如果不是与刀并用，叉齿应该向上。持叉应尽可能持住叉柄的末端，叉柄倚在中指上，中间则以无名指和小指为支撑，叉可以单独用于叉餐或取食，也可以用于取食某些头道菜和馅饼，还可以用于取食无须切割的主菜。

2. 刀叉的使用

右手持刀，左手持叉，先用叉子把食物按住，然后用刀切成小块，再用叉送入嘴内。欧洲人使用时不换手，即从切割到送食物入口均以左手持叉；美国人则切割后，将刀放下换右手持叉送食入口。

刀叉并用时，持叉姿势与持刀相似，但叉齿应该向下。通常刀叉并用是在取食主菜的时候，但若无须用刀切割时，则可用叉切割，这两种方法都是正确的。

3. 匙的用法

持匙用右手，持法同持叉，但手指务必持在匙柄之端，除喝汤外，不用匙取食其他食物。

4. 餐巾用法

进餐时，可折起（一般对折）大餐巾，折口向外平铺在腿上，小餐巾可伸开直接铺在腿上。注意不可将餐巾挂在胸前（但在空间不大的地方，如飞机上可以）。擦嘴时需用餐巾的上端，并用其内侧来擦嘴。绝不可用来擦脸部或擦刀叉、碗碟等。

（三）餐具使用的礼仪

吃西餐必须注意餐桌上餐具的排列和放置位置，不可随意乱取乱拿。使用刀叉时，尽量不使其碰撞，以免发出大的声音。正规宴会上，每一道食物、菜肴即配一套相应的餐具（刀、叉、匙），并以上菜的先后顺序由外向内排列。进餐时，应先取左右两侧最外边的一套刀叉。每吃完一道菜，将刀叉合拢并排置于碟中，表示此道菜已用完，服务员便会主动上前撤去这套餐具。如尚未用完或暂时停顿，应将刀叉呈“八”字形左右分架或交叉摆在餐碟上，刀刃向内，意思是告诉服务员，我还没吃完，请不要把餐具拿走。如果是谈话，可以拿着刀叉，无须放下。不用刀时，也可以用右手持叉，但若需要做手势时，就应放下刀叉，千万不可手执刀叉在空中挥舞摇晃。

四、西餐用餐礼仪

（一）提早预约

预约时要说清人数和时间，也要表明是否有特殊要求，如要求视野良好的座位，或者是过生日、预算有多少等。要在预计时间内到达餐厅。

（二）着装要得体

赴宴时，应注意仪表整洁，穿戴大方，忌穿工作服。去高档的餐厅，男士要穿着整洁的上衣和皮鞋；女士要穿套装和有跟的鞋子。如果指定穿正式服装的话，男士必须打领带。进餐过程中，不要解开纽扣或当众脱衣。如主人请客人宽衣，男客人可将外衣脱下搭在椅背上，不要将外衣或随身携带的物品放在餐桌上。

（三）入座方式及坐姿

从椅子左侧入座。当椅子被拉开后，身体在几乎要碰到桌子的距离处站直，领位者会把椅子推进来，腿弯碰到后面的椅子时就可以坐下来。就座时，身体要端正，手肘不要放在桌面上，不可跷足。餐台上已摆好的餐具不要随意摆弄。用餐时，上臂和背部要靠到椅背，腹部和桌子保持约一个拳头的距离，两脚交叉的坐姿最好避免。

（四）正确使用餐巾

西餐餐巾一般用布制作，方正平整，色彩素雅。餐巾在用餐前就可以打开。点完菜后，在前菜送来前的这段时间把餐巾打开，往内折 1/3，让 2/3 平铺在腿上，盖住膝盖以上的双腿部分。在注重礼节的场合也可以放在胸前，平时的轻松场合还可以放在桌上，餐巾可以用来擦嘴或擦手，要以对角线叠成三角形状，或平行叠成长方形，污渍应全部擦在里面，外表看上去一直是整洁的。离开席位时，即使是暂时离开，也应该取下餐巾布叠成方块或三角形放在盘侧或桌角，最好放在自己的座位上。

（五）优雅用餐

（1）喝汤时，先用汤匙由后往前将汤舀起，汤匙的底部放在下唇的位置将汤送入口中。喝时用嘴唇轻触汤匙内侧，不要端起汤盘（碗）来喝。汤将喝完时，左手可靠胸前轻轻将汤盘（碗）内侧抬起，用汤匙舀净即可。吃完汤菜后，将汤匙留在汤盘（碗）中，匙把指向自己。

（2）吃面包时一般掰成小块送入口中，不要拿着整块面包去咬。抹黄油和果酱时也要先将面包掰成小块再抹。吃比萨饼或其他饼类时，用刀在盘内切出一块正好适合一口吃掉的大小，用叉子叉住送入口中。吃面条时要用叉子先将面条卷起，然后送入口中。

（3）吃鸡腿时应先用力将骨去掉，不要用手拿着吃。吃鱼时不要将鱼翻身，吃完上层后用刀叉将鱼骨剔掉后再吃下层肉，要切一块吃一块，块不能切得过大，或一次将肉都切成块。吃鱼、肉等带刺或骨的菜肴时，不要直接外吐骨、刺，可用餐巾捂嘴轻轻吐在叉上放入盘内。

（4）每次送入口中的食物不宜过多，吃东西时要闭嘴咀嚼。在咀嚼时不要说话，更不可主动与人谈话。就餐时不可狼吞虎咽。对自己不愿吃的食物也应要一点放在盘中，以示礼貌。如盘内剩余少量菜肴时，不要用叉子刮盘底，更不要用手指相助食用，应以小块面包或叉子相助食用。

（5）喝咖啡时如愿意添加牛奶或糖，添加后要用小勺搅拌均匀，将小勺放在咖啡的垫碟上。喝时应右手拿杯把，左手端垫碟，直接用嘴喝，不要用小勺一勺一勺地舀着喝。吃水果时不要拿着水果整个去咬，应先用水果刀切成四或六瓣再用刀去掉皮、核，用叉子叉着吃。

（6）饮酒时正确的握杯姿势是用手指轻握杯脚。饮酒干杯时，即使不喝，也应该将杯口在唇上碰一碰，以示敬意。当别人为你斟酒时，如不要可简单地说一句“不，谢谢！”或以手稍盖酒杯，表示谢绝。和中餐不同的是，西餐用来敬酒、干杯的酒，一般都用香槟，而且只敬酒不劝酒，只敬酒而不真正碰杯。不可以越过自己身边的人和相距较远者祝酒干杯，尤其是交叉干杯。

（7）不可在进餐时中途退席。在进餐尚未全部结束时，不可抽烟，直到上咖啡表示用餐结束时方可。如左右有女客人，应有礼貌地询问能否抽烟。如有事确需离开应向左右的客人小声打招呼。

角色练习

西餐就餐服务训练

★技能训练目标

（1）熟悉西餐宴会的桌次、位次安排。

（2）了解西餐餐具正确的摆放方法和使用方法。

（3）熟悉西餐用餐过程中的礼仪，以提高自己的品位和格调。

★技能训练准备

（1）准备好西餐的基本餐具。

（2）准备西餐宴会视频。

（3）准备简单的西餐食物。

★技能训练步骤

（1）教师演示如何摆放餐具，让学生们仔细观看并实际演练。

（2）播放外国影片中西餐宴会的情景，使学生直观、生动地感受西餐宴会的一些基本礼节，并提示重要的细节。

（3）准备简单的西餐食物，如面包、沙拉、汤等，练习正确的就餐方法。采取同学自评、互评和老师点评相结合的方法，检验学生运用知识的能力。

（4）教师现场演示和讲解，向学生展示西餐宴会桌次、位次排列情况。

特别提示

本任务可组织学生分组练习，要求在设定的特定情境下分角色扮演，完成指定的实训内容，并达到考核标准。然后通过角色轮换，使每个学生对主客双方的礼仪都能熟练掌握。

视野拓展

吃西餐的六个“M”

品味西餐文化，传统是先饱眼福（餐厅布置），再饱耳福（柔和音乐），后饱口福（美味的菜肴）。学者们经过长期的探讨和归纳认为吃西餐最讲究六个“M”。

一、Menu（菜单）

走进西餐馆，服务员先引领入位。坐稳后，首先送上来的便是菜单。菜单被视为餐馆的门面，看菜单、点菜已成了吃西餐的一个必不可少的程序，是种生活方式。

如何点好菜，有个绝招，办法是打开菜单，看哪道菜是以饭店名称命名的，一定要点，因为哪位厨师都不会拿自己店名开玩笑的。

二、Music（音乐）

豪华高级的西餐厅有乐队演奏一些柔和的乐曲，一般的小西餐厅也会播放一些曼妙的乐曲。要求乐声达到似听到又听不到的程度——客人要是集中精力和友人谈话就听不到，要是想休息放松一下就听得到。

三、Mood（气氛）

西餐讲究环境雅致，气氛和谐。一定要有音乐相伴，要有洁白的桌布，要摆放鲜花、洁净的餐具等。如遇晚餐，要灯光暗淡，桌上要有蜡烛，营造一种浪漫、迷人、淡雅的气氛。

四、Meeting（会面）

和谁一起吃西餐，要有选择，一定要是亲朋好友或兴趣相投的人。

五、Manner（礼仪）

遵循西方习俗，正确使用刀叉，一般会安排男女相邻而坐。讲究“女士优先”的原则，要表现出对女士的殷勤。

六、Meal（食品）

西餐是以营养为核心的。

西餐品酒三部曲

品酒要用眼、鼻、口来鉴别酒液的色、香、味。简单说，品酒可分为三个主要步骤。

一、用眼睛观赏酒液的颜色

选定餐酒后，侍应生会先将酒奉上，给你核对瓶上的标签，确认餐酒品牌无误后，会先倒少许酒液于杯内给你试饮，若你对酒的口味感到满意，侍应生便会继续添酒。

试酒前，先要微微举起酒杯，轻轻打圈摇晃，先欣赏酒液的“挂杯”情况，再于灯光下观赏色泽，并要留意酒液是否清澈无杂质。

二、用鼻子去感受酒香

先握紧杯脚，将酒杯轻轻打圈，让红酒在杯内晃动，跟大量空气接触，释放香气，然后将酒杯凑近鼻子，慢慢享受酒香。多试几次，你就会慢慢分辨出酒液中的果味、木味、花味、泥土味以及橡木味，也可以凭味道分辨出酒的级数。

三、呷一口酒，让酒香在口腔中慢慢释放散开

忌咕噜咕噜地吞下去，应先呷一口，让味蕾感受酒的味道，然后再慢慢咽下。

任务评价

序号	任务内容	任务要求	等级	待改进技能	备注
1	掌握西餐座次礼仪	掌握西餐桌次、位次排列的基本要求			
2	了解西餐上菜顺序	能够按顺序安排一桌西餐菜肴			
3	掌握西餐餐具摆放、用法	能够检查并纠正餐具摆放、使用错误			
4	掌握西餐用餐礼仪	能够指出用餐时的失礼之处并改正			

任务三　掌握自助餐礼仪

任务描述

本任务要求学生通过课上学习、实训及课后反复练习，掌握安排自助餐和享用自助餐的礼仪规范，掌握自助餐的用餐流程和注意事项，并能熟练运用。

情境导入

小周，享用自助餐失礼了

环球旅行社的小周由于工作出色，社里安排她带领一批重要客户前往欧洲旅游。到了目的地后，酒店的第一顿饭是十分丰盛的自助餐。尽管在此之前小周并未享用过正规的自助餐，但是她在用餐开始之后发现一些用餐者的表现非常随便，便也就“照葫芦画瓢”放松自己了。

令小周开心的是，她在餐台上排队取菜时，竟然见到自己平日最爱吃的北极甜虾。于是，她毫不客气地替自己满满地盛上了一大盘。当时她的主要想法是：这东西虽然好吃，可也不便再三再四地来装，否则旁人就会嘲笑自己没见过世面了；再说，这么好吃的东西，这回不多盛一些，保不准一会儿就没有了。

然而令小周不解的是，当她端着盛满了北极甜虾的盘子从餐台边上离去时，周围的人居然个个都用异样的眼神盯着她。一位团里的客人还用鄙夷的语气小声说道："真给中国人丢脸呀！"事后，还有人将此事反映给了旅行社的领导。

分析

小周的所作所为是有违自助餐礼仪的。在自助餐厅取菜肴时，应当每次只取一点点，吃完之后再去取用。若图省事或因是自己爱吃的，不管三七二十一大装特装一通，看在明眼人眼里，是十分不得体的。

相关知识

自助餐是目前国际上通行的一种非正式的西式宴会，是西餐的一种就餐方式。厨师将烹制好的冷、热菜肴及点心陈列在餐厅的长条桌上，由客人自取食物，自我服务。

据考证，自助餐起源于8~11世纪北欧的斯堪的纳维亚半岛，是当时的海盗最先采用的一种进餐方式，所以至今世界各地仍有许多自助餐厅以"海盗"命名。那时的海盗们每有所获时，就要大宴群盗，以示庆贺。但海盗们不熟悉也不习惯当时西餐的繁文缛节，于是便发明了这种自己到餐台上自选、自取食品及饮料的吃法。后西餐从业者将其规范化、文明化，并丰富了餐食的内容，就成了今日的自助餐。

自助餐礼仪泛指人们安排或享用自助餐时所需要遵守的基本礼仪规范。具体来讲，自助餐礼仪又分为安排自助餐的礼仪与享用自助餐的礼仪两个部分。

一、安排自助餐的礼仪

安排自助餐的礼仪，指的是自助餐的主办者在筹办自助餐时的规范性做法，通常包括备餐时间、就餐地点、准备食物、招待客人等四个方面的问题。

（一）备餐时间

按照惯例，自助餐大都被安排在各种正式的商务活动之后。自助餐的用餐时间没有固定时间限制，只要主人宣布用餐开始，用餐者就可以就餐。在整个用餐期间，用餐者可以随到随吃，也可不必在主人宣布用餐开始之前到场恭候。在用自助餐时，来去自由，不像正式的宴会那样，必须统一退场，用餐者只要自己觉得吃好了，与主人打过招呼之后，随时都可以离去。通常自助餐是无人出面正式宣告其结束的。

一般来讲，主办单位如准备以自助餐形式招待来宾，最好事先以适当的方式通知来宾。同时，必须注意一视同仁，不要安排一部分来宾用自助餐，而安排另一部分来宾去参加其他正式的宴请。

（二）就餐地点

选择自助餐的就餐地点，不必像正式宴会那么认真。最主要是既能容纳下全部就餐来宾，又能为其提供足够的交际空间。按照正常的情况，自助餐安排在室内、室外进行皆可，通常大多选择在大型餐厅、露天花园等场地进行。在选择、布置自助餐的就餐地点时，有以下三点注意事项。

1. 为用餐者提供一定的活动空间

除了摆放菜肴的区域之外，在自助餐的就餐地点还应划出一块明显的用餐区域。这一区域不要显得过于狭小。考虑到实际就餐的人数，用餐区域面积往往要有一定的弹性，实际就餐人数难以确定，用餐区域的面积就要规划得大一些。

2. 提供数量足够使用的餐桌与座椅

尽管真正的自助餐所提倡的是就餐者自由走动，立而不坐，但在实际中有不少的就餐者，尤其是年老体弱者，还是希望在就餐期间能有一个暂时的歇脚之处。因此，在就餐地点应当预先摆放好一定数量的桌椅，供就餐者使用。在室外就餐时，提供适量的遮阳伞也是很有必要的。

3. 就餐地点环境要舒适宜人

在选定就餐地点时不只要考虑面积、费用问题，还要兼顾安全、卫生、温湿度等诸多问题。要是用餐期间就餐者感到异味扑鼻、过冷过热、空气不畅，或者过于拥挤，都会影响到此次自助餐的整体评价。

（三）准备食物

一般来讲，考虑到便于就餐、满足就餐者的不同口味以及方便就餐者选择等诸多因素，自助餐为就餐者提供的食物，通常以冷食为主，食物的品种应尽可能丰富，同一类型的食物应集中在一处摆放。

各种自助餐虽然表面看没什么大的差别，但实际上还是不同的。根据标准的不同，档次也有很大的不同。在不同的时间或是款待不同的客人时，食物也可在具体品种上有所侧重，或以冷菜为主，或以甜品为主，或以茶点为主，或以酒水为主等。除此之外，还可酌情安排一些时令菜肴或特色菜肴。

一般而言，自助餐上所备的食物在品种上应当多多益善。具体来说，一般的自助餐上所供应的菜肴大致包括冷菜、汤、热菜、点心、甜品、水果以及酒水等几大类型。常上的冷菜有沙拉、冻子、香肠、火腿、牛肉、猪舌、虾松、鱼子、鸭蛋等。常上的汤类有红菜汤、牛尾汤、玉黍汤、酸辣汤、三鲜汤等。常上的热菜有炸鸡、炸鱼、烤肉、烧肉、烧鱼、土豆片等。常上的点心有面包、菜包、热狗、炒饭、蛋糕、曲奇、士力架、三明治、汉堡、比萨等。常上的甜品有布丁、果排、冰激凌等。常上的水果有香蕉、菠萝、西瓜、木瓜、柑橘、樱桃、葡萄、苹果等。常上的酒水有牛奶、咖啡、红茶、可乐、果汁、矿泉水、鸡尾酒等。在准备食物时，注意食物的卫生以及热菜、热饮的保温问题，同时一定要注意保证供应。

（四）招待客人

招待好客人是自助餐主办者的责任和义务，所以必须特别注意下列环节。

1. 照顾好主宾

不论在任何情况下，主宾都是主人照顾的重点，在自助餐上也不例外。主人在自助餐上对主宾所提供的照顾，主要表现在陪同其就餐，与其进行适当的交谈，为其引见其他客人等。但要注意给主宾留下一些自由活动的时间，不要始终伴随其左右。

2. 充当引见者

作为一种社交活动，自助餐自然要求其参加者主动进行适度的交际。在自助餐进行期间，主人一定要尽可能为彼此互不相识的客人多创造一些相识的机会，并且积极为其牵线搭桥，充当引见者。但应当注意的是，介绍他人相识，必须了解双方是否都有此心愿，切勿一厢情愿。

3. 安排服务者

小型的自助餐，主人往往可以身兼两职，既是主人又充当服务者。但是，在大规模的自助餐上，显然是不能缺少专人服务的。在自助餐上，直接与就餐者进行正面接触的主要是侍应生。根据常规，自助餐上的侍应生必须由健康而敏捷的男性担任。其主要职责是为了不使来宾因频频取食而妨碍了同他人所进行的交谈，而主动向其提供一些辅助性的服务，如推着装有各类食物的餐车，或托着装有多种酒水的托盘，在来宾之间来回走动，并为客人补充食物、饮料、餐具等。

二、享用自助餐的礼仪

所谓享用自助餐的礼仪，主要是指在以就餐者的身份参加自助餐时，所需要遵循的基本礼仪规范。现在很多场合用餐虽然不是严格意义上的自助餐，但都借鉴了自助餐的优点，如工作餐、会议餐等，所以知晓一些享用自助餐的礼仪很有必要。通常主要包含以下内容。

（一）排队就餐

在享用自助餐时，尽管就餐者自己照顾自己，但由于用餐者人数较多、取食集中等，大家都必须自觉地遵守秩序，取餐时要按照餐厅设定的方向顺向排队，不可逆向行进、乱挤、乱抢，更不可插队。在取餐之前，先要准备好一只食盘，轮到自己取餐时，应用公用的餐具将食物装入自己的食盘之内，然后迅速离去。切勿在众多的食物面前犹豫再三，让其他人久等，更不应该在取菜时挑挑拣拣，甚至直接下手或用自己的餐具取菜。

（二）循序取菜

在自助餐上，如果想要吃饱吃好，那么在具体取用菜肴时，就一定要首先了解合理的取菜顺序。按照常识，参加一般的自助餐时，取菜的先后顺序应当是：冷菜、汤、热菜、点心、甜品和水果。因此在取菜时，最好先在全场转上一圈，了解一下情况，然后再去取菜。如果不了解这一合理的取菜顺序，而在取菜时完完全全地自行其是，乱装乱吃一通，难免会本末倒置，自己吃得既不畅快又不舒服。比如甜品、水果本应放在最后食用，可要是不按顺序用餐，先大吃一通甜品、水果，那么很快就会饱了，这样做会影响吃热菜、吃主食的胃口。

（三）量力而行

不限数量，保证供应，这是自助餐大受欢迎的特点。因此，在参加自助餐时，遇上自己喜欢吃的东西，完全可以放开肚量尽管去吃，大可不必担心别人笑话自己。但应当注意的是，在根据本人的口味选取食物时，必须要量力而行。在享用自助餐时，多吃是允许的，而浪费则绝对是不允许的。切勿为了吃得过瘾，而将食物狂取一通，结果是“眼大肚小”，从而导致了食物的浪费。

（四）多次少取

“多次”的原则，即“多次取菜”；“少取”的原则，即“每次少取”。“多次”的原则与“少取”的原则其实是同一个问题的两个不同侧面。“多次”是为了量力而行，“少取”是为了避免造成浪费。所以，二者往往也被合称为“多次少取”。用餐者在自助餐上选取某一种类的菜肴，可以再三再四地反复去取。但第一次应当只取一小点，待品尝之后，觉得适合自己的话，那么还可以再次去取，直至感到吃好了为止。换而言之，在自助餐选取某菜肴时，去取多少次都是允许的。相反，要是为了省事而一次取用过量，装得太多，则是失礼之举。通常在选取菜肴时，最好每次只为自己选取一种，吃完后再去取用其他的品种。要是不谙此道，在取菜时乱装一气，将多种菜肴盛在一起，导致其五味杂陈，则难免会“暴殄天物”。

（五）不可外带

所有的自助餐，无论是由东道主主办的招待宾客的自助餐，还是对外营业的正式餐馆里经营的自助餐，都有一条硬性的规定，即自助餐只许可就餐者在用餐现场自行享用，绝对不许可在用餐完毕之后携带回家，即便是不用付费的内部自助餐也要遵守这一规定。在用餐时无论吃多少东西都不碍事，但是千万不要外带食物回去，否则会遭人讥笑的。其实，自助餐在很大程度上具有商务活动功能，与其他客人进行交往才是首要的事情，吃东西往往处于次要地位。

（六）送回餐具

自助餐强调自助为主，不但要求就餐者取用菜肴时以自助为主，而且还要求其善始善终，在用餐结束之后，自觉地将餐具送至指定地方。通常，自助餐大都要求就餐者在用餐完毕之后、离开用餐现场之前，自行将餐具整理到一起，然后一并将其送回指定的位置。在庭院、花园里享用自助餐时，尤其要注意，不允许将餐具随手乱丢，甚至任意毁损餐具。在餐厅里就座用餐，有时可以在离去时将餐具留在餐桌之上，而由侍应生负责收拾，但也应在离去前对其稍加整理，不要弄得自己的餐桌上杯盘狼藉、不堪入目。自己取用的食物，以吃完为宜，万一有少许食物剩了下来，也不要私下里乱丢、乱倒、乱藏，而应将其放在适当之处。

（七）照顾他人

在参加自助餐时，除了对自己用餐时的举止表现要严加约束之外，还需对他人和睦以待，多加照顾。如果作为主人邀请的宾客，发现有比较陌生的人孤零零地站在一边，你有责任帮助主人照顾好客人，可以主动上前交谈，向他介绍你熟悉的人。对于自己的同伴，特别需要加以关心，若对方不熟悉自助餐，不妨向其扼要地进行介绍。在对方乐意的前提下，还可向其具体提出一些有关选取菜肴的建议。对于在自助餐上碰见的熟人，亦应如此加以体谅。不过，不可以自作主张地直接为对方代取食物，更不允许将自己不喜欢或吃不了的食物“处理”给对方吃。在用餐的过程中，对于其他不相识的用餐者，应当以礼相待。在排队、取菜、寻位以及行动期间，对于其他用餐者要主动加以谦让，不要目中无人、蛮横无理。

（八）注重社交

任何宴会，实际上吃饭只是形式，社交才是其真正的内容，自助餐亦是如此。所以，参加自助餐活动不应当以不善交际为由，只顾自己躲在僻静之处一心一意地埋头大吃，或者来了就吃，吃了就走，而不同其他在场者进行任何形式的正面接触。在参加自助餐时，一定要主动寻找机会，积极地进行交际活动。首先，应当找机会与主人攀谈一番；其次，应当与老朋友好好叙一叙；最后，还应当争取多结识几位新朋友。在自助餐上，交际的主要形式是几个人聚在一起进行交谈。为了扩大自己的交际面，在此期间不妨多换几个类似的交际圈。在每个交际圈里多少要待上一会儿时间，不能只待上一两分钟马上就走，似蜻蜓点水一般。介入陌生的交际圈，大体上有三种方法：其一，请求主人或圈内之人引见；其二，寻找机会，借机加入；其三，毛遂自荐。

角色练习

自助餐基本礼仪练习

★技能训练目标

（1）通过模拟自助餐的用餐流程，使学生掌握基本规则和技巧。

（2）通过学生自评、互评，检验学生运用知识的能力。

★技能训练准备

复习有关自助餐礼仪知识点。

★技能训练步骤

（1）分组练习。

（2）小组展示。

（3）师生点评。

（4）分组练习，改进不足。

特别提示

本任务实训的目的是要求学生掌握自助餐礼仪的基本要求。

视野拓展

自助餐的起源

人们在尽情享受自助餐的同时，有没有想过这样一个问题：谁发明了自助餐？

自助餐起源于西餐，厨师将烹制好的冷、热菜肴及点心陈列在餐厅的长条桌上，由客人自己随意取食，自我服务，十分方便，十分舒适。自助餐距今有1000多年的历史，它的诞生具备典型的北欧风情，与海盗的生活，也就是维京人的生活密不可分。

维京人又被称为“北欧海盗”，生活在1000多年前的北欧，即今天的挪威、丹麦和瑞典。当时欧洲人更多将他们称为Northman，即北方来客。维京是他们的自称，在北欧的语言中，这个词语包含着两重意思：首先是旅行，然后是掠夺。维京人凭借卓越的航海技术先后到达欧洲各地，过着买卖商品或掠夺的生活，他们不但在北海、波罗的海劫掠横行，更一度骚扰英国、殖民美洲，远航的足迹遍及整个欧洲。

维京人是强悍的战士，虽然他们的人数比较少，但是依靠周密的计划与出其不意的突袭常常取得成功。在战斗中他们表现得异乎寻常的狂热，强悍不畏死。海盗们一旦劫掠到食物便会大摆宴席庆祝胜利。但庆祝胜利的他们，却总会出现内斗的一幕。原来，狂野的性格使他们异常暴躁，食物分配不均的时候便会大打出手，直到把对手打倒，将食物占为己有。

公元789年，一伙维京海盗洗劫了英国的多赛特郡，这是维京海盗首次染指英格兰。这里物资极其丰富，海盗们获得了巨额财富。这一天，海盗头领决定庆祝一番，准备举办盛大的宴席，犒劳26艘海盗船上的兄弟。负责后勤保障的伙夫们紧张忙碌起来。因为有几百人同时进餐，伙夫们干脆改用大锅做菜。他们按照传统的送餐方式，菜一道一道上。可不一会矛盾就出现了，上菜的速度根本跟不上海盗们吃饭的速度。就在这时，有海盗跑来报告，有当地人组织反抗，正准备向他们的大本营攻过来。海盗头领并不慌张，他派出一半的海盗前去迎战，剩下的一半人继续用餐。不一会，还嫌上菜太慢的海盗们与伙夫打了起来。伙夫们不是海盗的对手，但他们也有办法，干脆罢工。海盗们性格粗野，见没人上菜，干脆自己打开了后厨门。看到一锅锅准备好的菜，他们不管三七二十一，自己拿着餐具想吃什么就拿什么，反而吃得更加尽兴。由于事先准备的食材很多，中途又撤走了一半的人，尽管众海盗狼吞虎咽，个个吃得肚子溜圆，菜还是剩了许多。海盗头领是个聪明人，他立刻想到，以后聚餐的机会越来越多，不如每次聚餐时都多做一些，同时减少用餐礼节和规矩，由弟兄们随意取食。这样就不会因为菜上得慢或是好菜分不均而打架了。他立即找来伙夫，交代以后聚餐就照此办法，并将这种聚餐方式命名为“便餐”，意为随便可以吃的意思。就这样，自助餐的雏形就诞生了。这种吃法很快在海盗中流行起来。后来，海盗们上了岸，经常在餐馆中聚餐，他们依然讨厌那些用餐礼节和规矩，只要求餐馆将他们所需要的各种饭菜、酒水用餐具盛好，集中放在餐桌上，供他们畅饮豪吃，吃完不够再加。

后来，热衷于沙龙聚会的法国波旁王室推广了这种“便餐”形式，将原本“草莽”的聚餐方式转变为上流社会的时尚。“二战”时期，自助餐形式被引入到美军后方驻地的军用食堂，之后又在社会上流行开来，并被起名为自助餐。

自助餐发展了千年，如今早已改头换面，但许多地方还能看出“海盗风”，比如欧美许多地方都有名为“海盗”或“船长”的自助餐厅。在俄语中，“自助餐”一词干脆就叫“瑞典桌子”，直接道出了这种吃法的源头。值得一提的是，热衷于各种自助餐的瑞典人还曾在首都斯德哥尔摩摆下了一张长达730米的自助餐桌，结果吸引了10万名食客。如今许多正宗自助餐都有现场烤肉表演，菜色也以炖、焖、煮、烹为主，究其原因，也是当年维京海盗“粗放式”烹饪的遗风。

任务评价

序号	任务内容	任务要求	等级	待改进技能	备注
1	掌握安排自助餐的礼仪	掌握合理安排自助餐的基本技巧			
2	掌握自助餐用餐礼仪	能够指出自助餐用餐时的失礼之处并纠正			

项目关键词

中餐　西餐　自助餐用餐礼仪　安排自助餐礼仪

课后练习题

1. 简答中餐的席位排列方法。
2. 简答西餐的上菜顺序。
3. 享用自助餐的基本礼仪规范有哪些?
4. 筷子的使用禁忌有哪些?
5. 西餐中的位次排列原则有哪些?
6. 小组讨论：如果你是任务一“情境导入”案例中的销售部孙经理，你该如何去策划此次宴会活动呢?

项目八 旅游服务语言沟通礼仪

语言是一门艺术。在旅游服务工作中，同样一种意思，表达的不一样，效果也会相差甚远。对旅游服务人员来说，语言运用、语言表达能力如何，既体现着自己的文化素养及服务水准，又代表着自己所在企业的总体服务形象，所以，旅游服务人员在对客服务时，必须注意自己的一言一语，自觉地遵守旅游服务的言谈礼仪规范。

本项目在教师分发工作任务书的基础上，学生通过自主收集材料、扮演角色、技能训练等方法，培养语言服务礼仪意识，提高语言服务能力。

任务导读

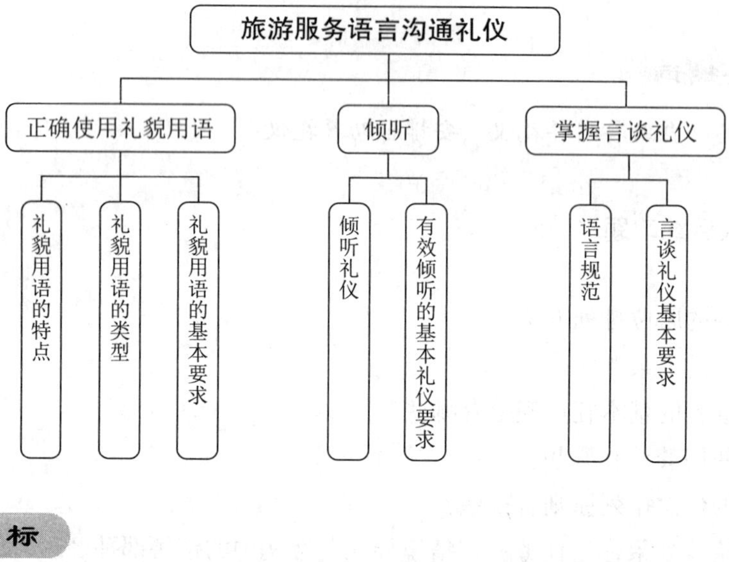

学习目标

1. 知识目标：了解礼貌用语的特点，掌握倾听的方法和言谈的艺术。
2. 职业认知：熟悉服务工作时礼貌用语类型，熟悉倾听、言谈礼仪的基本要求。
3. 技能目标：通过训练，能熟练运用礼貌用语及倾听、言谈礼仪。

任务一　正确使用礼貌用语

任务描述

本任务要求学生能用文明礼貌语言对客服务，主要通过课上学习、课上实训及课后反复演练等方法，对文明礼貌语言技能进行训练。

情境导入

怠慢客人的小王

一天，杭州某旅行社来了一位辽宁客人，咨询杭州三日游旅游产品的情况，接待员小王边看手机，边随手拿起宣传单说："都在单子上。"客人看了一下宣传单，坐了下来，问道："价格还有优惠吗？"小王低着头说："没有。"客人欲言又止，站起身离开了。

假如你是小王，你该如何去做呢？你会说些什么话呢？

☞ 分析

本案例中，小王在接待宾客时，既没使用礼貌用语，又没有表现出服务的热情和诚意，缺乏旅游服务人员应有的素质。

相关知识

一、礼貌用语的特点

礼貌用语是指在语言交流中使用尊重与友好的词语。俗话说："良言一句三冬暖，恶语伤人六月寒。"礼貌用语在旅游服务中起着非常重要的作用，是尊重他人的具体表现，是保持良好人际关系的基本要求。所以，我们在旅游服务中要学会使用礼貌用语为客人服务。那么，礼貌用语具有哪些特点呢？

（一）主动性

主动性是指在旅游服务过程中，要善于观察、及时了解客人的心理和需求，以积极的心态礼貌地与客人说话。如客人进店，应主动打招呼说"你好""您好"等。

（二）约定性

约定性是指在旅游服务过程中，要根据约定俗成的礼仪言谈规范为客人服务。如客人进店，工作人员要说"欢迎光临"，离店要说"谢谢光临""欢迎再来"等礼貌语言。

在旅游服务有些情况下，使用含蓄、委婉的语言来代替双方有可能忌讳的词语，以隐晦的表达方式来提示双方都明白但又不必点明的事情，这样，既传达了信息，又因为没有点破要表达的内容，使双方都能接受。

（三）亲密性

亲密性是指在旅游服务过程中，要通过亲切、生动的礼貌用语，活跃气氛，消除隔阂，增进沟通，使宾客有宾至如归、如沐春风的感觉。如用“几位”代替“几个人”，用“哪一位”代替“谁”。

在接待服务中，语言不能呆板，不能机械地回答，这样容易使宾客感到服务人员不热情、业务不熟练、责任心不强。

二、礼貌用语的类型

在服务岗位上，要求能准确而恰当地运用礼貌语言。常用礼貌用语“有请”“您好”“谢谢”“对不起”“请原谅”“没关系”“不要紧”“别客气”“您早”“再见”等。

常用礼貌用语类型有：问候用语、迎送用语、请托用语、致谢用语、征询用语、致歉用语、祝贺用语、推托用语、应答用语、赞赏用语等。

（一）问候用语

问候用语是用来打招呼或问好的用语，是旅游工作者与客人相见时向对方表示欢迎、致以敬意、询问安好、表示关切的方式。一般不强调具体内容，只表示一种礼貌。在使用上通常简洁明了，不受场合的约束。无论在任何场合，与人见面都不应省略问候语。同时，无论对方以何种方式向你表示问候，都应给予相应的回应，不可视而不见、听而不闻。常用的问候用语有两种类型。

1. 标准式问候语

一般在称呼语后加“好”，如“您好”“各位好”“诸位女士好”等。

2. 时效式问候语

是指在一定的时间范围之内使用的问候用语，如“早上好”“晚安”等。问候时一定要语气亲切。

（二）迎送用语

迎送用语是欢迎或送别客人时的用语，分为欢迎语和送别语。

1. 欢迎语

欢迎语是用来迎客的，当客人进入自己的服务区时必须要有欢迎语。如“欢迎光临”“欢迎您的到来”等。通常和问候语连在一起，如旅游服务人员见到客人时说“您好！欢迎光临！”，表明自己尊重对方，使对方产生被重视之感。在服务工作中，欢迎语与见面礼往往可同时被运用。

2. 送别语

送别客人时使用的必不可少的语言。送别语虽然给人客套之感，但也不失真诚与温馨。与人告别时，神情应友善温和，语言要有分寸，具有委婉谦恭的特点。送别语主要有“感谢光临，欢迎下次再来”“非常高兴认识你，希望以后多联系”“十分感谢，咱们后会有期”等。需要注意的是，送别乘飞机的客人忌讳说“一路顺风”，因为顺风不利于飞机飞行。

（三）请托用语

请托用语是向客人提出要求或请求客人帮忙时使用的语言。一般情况下都要加上一个“请”字。如“先生，请您填一下这个单子”，注意语气应柔和，不能生硬，更不能用命令式的口吻去说。常用的请托用语有三种类型。

1. 标准式请托语

主要用“请”，如“请大家记住车牌号”“请跟我来”“请稍候”“请让一让”等。

2. 求助式请托语

常用的有“劳驾您”“拜托您”“打扰您”“帮帮忙”“请多关照”等。

3. 组合式请托语

常用的有“麻烦您让一让”“打扰了，劳驾您帮我照看一下”等。

请托用语应做到语调柔和、语气谦恭、语言文明、态度真诚。

（四）致谢用语

致谢用语是表达谢意、感激的用语。俗话说“礼多人不怪”。在服务中，旅游服务人员应该把“谢谢您”“非常感谢”“多谢了”等挂在嘴边，让客人感受到服务人员的诚意和谢意。常用的致谢用语有三种类型。

1. 标准式

通常用“谢谢”，或者在后面加称呼语或敬辞，如“谢谢您”“太好了，谢谢您”等。

2. 加强式

为了强化谢意，可以在“谢谢”前面加程度副词，如“多谢”“非常感谢”“十分感谢”“万分感谢”等。

3. 具体式

就某一具体事情道谢，致谢原因通常一并提及，如“给您添麻烦了”“这次让您费心了”“我们的事儿有劳您了”等。

致谢用语应做到发自内心、语言清晰、时机适当、真挚诚恳。

（五）征询用语

征询用语是指服务人员在服务过程中向客人征询意见和想法时使用的礼貌语言。如“请问，我可以帮您吗”“您有事需要帮忙吗”“您还有什么事吗”“我可以进来吗”“您不介意的话，我可以看一下吗”“您看这样做行吗”等，征询性的语言能使客人感觉受到尊重。常用的征询用语有三种类型。

1. 主动式

适用于主动向客人提供服务时，如“您需要什么？”“我能为您做点儿什么吗？”等。

2. 封闭式

多用来询问客人的意见，一般提供一种选择方案，以便对方及时决定是否采纳。如“您觉得这种形式可以吗？”“您要不先试试？”“您不介意我来帮帮您吧？”

3. 开放式

开放式是提供选择的征询，提出多种方案，让对方有多种选择的余地，能够显示对客人的尊重和体贴。如“您是喜欢浅色的还是深色的？”“您是想住单人间还是双人间？”“您打算预订豪华包间、雅座还是散座？”“您愿意要哪一种？”

（六）致歉用语

致歉用语是指服务人员服务不到位或出现差错时，真诚地向客人道歉所使用的礼貌语言，是缓和双方可能产生的紧张关系的一帖良药。常用的致歉语有“对不起”“请原谅”“很抱歉”“失礼了”“失陪了”“不好意思，让您久等了”“请多多包涵，非常过意不去”等。当你不好意思当面致歉时，还可以通过电话、手机短信等其他方式来表达。

致歉用语应做到态度诚恳、语言温和、虚心倾听、谋求谅解。

（七）祝贺用语

在旅游服务中，服务人员应根据场合适时地向客人表示祝贺，用来表达美好的心愿。如“节日愉快”“祝你们旅途愉快”“祝您身体健康”等。这样做不但是一种礼貌，也是一种人之常情。常用的祝贺用语主要有两种类型。

1. 应酬式

如“祝您健康”“祝您万事如意”“祝您一帆风顺”“祝您马到成功”“祝您心想事成”“恭喜您”“祝贺您”等。应酬式祝贺用语的使用要注意切合情境，适合客人当时的情绪。

2. 节庆式

常用的有“节日快乐”“生日快乐”“新婚快乐”“新年好”“祝您开张大吉”“祝您福如东海、寿比南山”等。

（八）推托用语

推托用语适用于无法满足对方的要求或暂时不能马上满足对方要求的情况时，采用的婉转的推托词语。拒绝别人也是一门艺术。在工作中要拒绝他人时，必须语言得体、语气委婉、态度友好，不能直言“不知道”“做不到”“不归我管”“问别人去”等，那样做只能让客人感觉不舒服，使工作变得被动。要根据情况尽可能帮助客人解决问题，实在做不到应诚恳地表示遗憾，如“很遗憾”“很抱歉，不能帮您”等。常用的推托用语类型有三种。

1. 道歉式

如“很抱歉，我们的条件还不够完善”“实在对不起，我们能力有限”。

2. 转移式

如“对不起，您需要点别的吗？”“我们这里最有特色的是……您要不要试一试？”“这个与您要的差不多，您看这个行吗？”

3. 解释式

如“公司有规定，很抱歉，我真的无能为力”“请原谅，我们有规定，不能满足您的要求”。

推托用语要求真诚坦荡、时机适当、婉转客气、努力说服。

（九）应答用语

在服务过程中，服务人员所使用的应答用语是否规范，往往直接反映出其服务态度、服务技巧和服务质量。一般情况下不要轻易地对客人说一个“不”字，更不允许对客人的问话置之不理。工作中遇到客人提出的要求或问题超出自己能力范围时，不应简单地说“对不起，我不太清楚”或者“对不起，这个不归我管”，而应诚恳地说“对不起，这件事我不太清楚，您稍等，我帮您去问一下”，问完之后一定要给客人答复，否则不仅仅是失礼，还会引起客人反感甚至投诉。常用的应答用语类型有三种。

1. 肯定式

用来答复客人的请求。常用的有“好的”“是的”“一定尽力”“很高兴为您服务”“我一定尽力满足您的要求”等。对于客人的请求要注意迅速及时地回复。

2. 谦恭式

用来回复客人的认同、满意、欣赏、赞扬、感谢。常用的有“请不必客气”“这是我们应该做的”“您过奖了”“谢谢您的夸奖，我一定努力”“您能够满意，这是我的荣幸”等。

3. 谅解式

用来回应客人对自己表达的歉意。常用的有“没关系”“别客气，您不必放在心上”等。

应答用语应做到热情有礼、认真负责、洗耳恭听。

当宾客对我们的服务有所需求时，我们的答复却使他们失望，或者采用不理睬、否定、含糊、欺骗、搪塞等方式，会使宾客产生不满情绪，这类忌语常见的有“没有”“不知道”“我不管”“不可以”“没空”“自己去找”等。这些本身带有否定语气、表示与自己无关或不耐烦的语句，是服务性行业要杜绝使用的，这不仅是宾客忌讳的，也是企业不容许的。

（十）赞赏用语

赞赏用语是指在称赞或肯定他人时使用的礼貌用语。恰到好处地运用赞赏用语，能够改善关系、融洽感情、缩短双方的心理距离。常用的赞赏用语类型有三种。

1. 回应式

用于回应客人的表扬、赞赏，常用的有“承蒙您的夸奖，真是不敢当”“得到您的夸奖，我真开心”“您把我说得太好了，谢谢您”等。

2. 认可式

用于回应客人的意见、建议或见解，常用的有“是的”“对，您的观点非常正确”“您真是行家”“您真不愧是这方面的专家”等。

3. 评价式

用于对客人的正面评价，常用的有“您真好”“太好了”“太棒了”“您真有眼光”“您真有品位”等。

赞赏用语应做到情感真实、符合实际、用语恰当。

三、礼貌用语的基本要求

礼貌用语要做到“五声”，即宾客到来有迎声，宾客询问有答声，宾客帮忙有谢声，照顾不周有歉声，宾客离开有送声。

使用礼貌用语要做到：说话要尊称，态度诚恳；说话要文雅，举止表情谦和；说话要热情，讲究语言艺术；说话语调要柔和，音量适中，快慢有序，婉转悦耳。

角色练习

迎送客人练习

★技能训练目标

（1）通过迎送客人，使学生掌握礼貌用语。

（2）通过学生自评、互评，检验学生运用礼貌用语能力。

★技能训练准备

（1）复习有关礼貌用语的知识点。

（2）确定宾客、服务人员的角色扮演者。

（3）情节分别包括迎接、让座、送别三部分。

（4）谈话用的椅子等。

★技能训练步骤

（1）分组练习迎送客人。

（2）小组展示。

（3）师生点评。

（4）分组练习，改进不足，提高运用礼貌用语能力。

特别提示

本任务实训的关键点是服务过程中基本礼貌用语离口，以小组方式进行可以提高实训效果。

视野拓展

常用服务用语顺口溜

与人相见说“您好”，问人姓氏说“贵姓”，向人询问说“请问”；
仰慕已久说“久仰”，长期未见说“久违”，麻烦别人说“打扰”；
请人协助说“费心”，请人解答说“请教”，请人谅解说“包涵”；
求人办事说“拜托”，求人指点说“赐教”，无法满足说“抱歉”；
求人帮忙说“劳驾”，得人帮助说“谢谢”，归还物品说“奉还”；
宾客来到说“光临”，让人等待说“稍候”，等候别人说“恭候”；
请人赴约说“赏光”，迎接客人说“欢迎”，没能迎接说“失迎”；
希望照顾说“关照”，言行不妥说“失敬”，欢迎购买说“惠顾”；
老人年龄说“高寿”，祝人健康说“保重”，向人祝贺说“恭喜”；
身体不适说“欠安”，看望别人说“拜访”，赞扬他人说“高见”；
客人入座说“请坐”，陪伴朋友说“奉陪”，临别分手说“再见”；
中途先走说“失陪”，请人勿送说“留步”，送人远行说“平安”。

任务评价

序号	任务内容	任务要求	等级	待改进技能	备注
1	恰当地运用礼貌语言	掌握礼貌用语的特点			
2	熟悉礼貌用语常用的类型	根据情境运用礼貌用语			
3	了解礼貌用语的要求	礼貌用语态度诚恳热情			

任务二　倾听

任务描述

本任务要求学生在对客服务时能运用倾听礼仪，学会倾听，主要通过课上学习、课上实训及课后反复演练等方法提高学生倾听的技能。

情境导入

最好的谈话对象

某旅游公司的小李到一位著名的植物学家家里做客。整个晚上，这位植物学家都在津津有味地谈论各种稀奇古怪的植物，小李听得目不转睛，像个特别喜欢听故事的孩子，中间只是偶尔忍不住问一两句。离开时，植物学家紧握小李的手，兴奋地说："你是我遇到的最好的谈话对象。"请同学们思考一下，小李在交谈过程中是如何倾听的？

分析

案例中，小李的言谈举止符合有效倾听的基本礼仪要求，赢得了主人的信任，同时也为自己和旅游企业培养了潜在的客户。

相关知识

一、倾听礼仪

倾听不是简单地用耳朵来听，它是一门艺术。倾听礼仪不仅仅是要用耳朵来听说话者的言辞，还需要全身心地去感受对方在谈话过程中表达的语言信息和非语言信息。狭义的倾听是指凭借听觉器官接受语言信息，并通过思维活动达到认知、理解的全过程；广义的倾听包括文字交流等方式，其主体是倾听者。

在旅游服务中，服务人员要做到有效倾听，即把感观、感情和智力综合起来，使客人感觉找到了贴心的倾诉对象，产生了情感共鸣，达到了亲和效应。换句话说，不仅仅是耳朵"听"，还要配合眼睛、脑和心。

在旅游服务中，服务人员通过有效倾听能激发客人谈话的欲望，获取客人的重要信息，发现说服客人的关键点，并获得客人的信任。倾听的主要作用有三点。

（一）倾听是尊重和重视对方的表现

认真倾听能够有效地体现出对宾客的尊重和重视，以实现有效沟通，达到提高服务质量的目的。

（二）倾听是了解宾客、分辨事实的最佳途径

优秀的服务人员应当善于从倾听中了解对方的意图、目的、心态，了解事情的来龙去脉，掌握事实。

（三）倾听是提高工作效率、建立良好宾客关系的基础

善于倾听能避免交流失误而导致判断问题和行为的偏差，与宾客建立畅通、良好的关系。

二、有效倾听的基本礼仪要求

（一）要有耐心，要神情专注

倾听时要用肢体语言表示你对客人的谈话感兴趣。身体向前倾，保持目光接触，集中注意力，不要让自己分心。这些动作和态度会鼓励客人无拘无束地畅谈。在谈话过程中要带着目的去倾听，要适应对方的谈话风格，压制自己的急躁情绪。

影响有效倾听的一个普遍性问题是思绪发生偏离。因为大多数人对语言的接收速度通常是讲话速度的四倍。常有的一种现象是：一个人一句话还未说完，但听者已经明白他讲话的内容是什么，这容易导致听者在倾听客人讲话时思绪产生偏离。相反，你应该利用讲、听的速度差去组织你获取的信息，并力求正确地理解对方讲话的主旨。

避免思绪发生偏离有两种办法。

（1）专注于客人的非言语表达行为，以求增强对其所讲内容的了解，力求领会客人所有想传递的信息。

（2）要克制自己，避免精力分散。即使客人讲话时的腔调、举止和习惯有可能转移你的注意力，或者自己当下过于情绪化，你也应该努力抵制这些因素的干扰，集中精力听讲，尽量不去关注他是用什么腔调讲的，或是举止上有何癖好，而应专注其中的内容。

（二）要尊重客人，不能随意打断对方的谈话

客人说的时候不要去想自己下一步该说什么，或寻找一个空隙“插话”。要集中注意力倾听客人所说的内容。要仔细地听对方说些什么，不要把精力放在思考怎样反驳对方所说的某一个具体的观点上。

打断客人的讲话是交谈中一个普遍存在的问题。打断客人的讲话意味着你对客人观点的轻视，或者表明你没有耐心听客人讲话。在旅游服务中，只有当需要客人就某一点进行澄清时，你才可以打断对方。例如，当你听到对方做自我介绍时，如果对方的名字没听清楚，你才可以询问。为了减少你打断客人的讲话可能造成的负面影响，最好用“请原谅”来开始。

（三）要对谈话内容做出恰当的反应

倾听客人谈话要注意力集中，保持目光接触，用微笑、点头、注视或提问鼓励客人畅谈。通过提问可以澄清事实和问题，但也不要问太多的问题，要少说多听，不要因太多的问题打断了说话人的思路。提问要适时、适度。

1. 提问要适时

如果提问的时机不当，很可能会使沟通中断，或者达不到最终的沟通目的，同时也会影响到客人对服务人员的印象。

2. 提问要适度

如果提问超出了一定限度，容易使客人产生反感，从而影响到沟通效果。提问要掌握四点技巧：①提问的内容要适度；②提问的数量要适度；③提问的语气要适度；④提问的

方式要适度。

适时、适度的提问有获取信息和引导双方谈话进入感兴趣领域的作用。

（四）要接受对方，鼓励他或帮助他寻求解决问题的途径

不要对客人谈话时的语言和动作表现出异样，这样会让客人感到尴尬。要注意判断客人的“弦外之音”，例如，对方在谈话时一直在微笑，把握了微笑这一非语言信息，就要进一步综合分析说话人微笑的真实含义，是表示友好呢，还是表示赞同？是掩饰自己的紧张情绪呢，还是偶然想起了其他好笑的事情？交谈结束时，问问你自己：“这个人到底打算告诉我什么？”

（五）要及时对谈话信息进行反馈

为了正确理解客人的讲话，应该根据你的理解用自己的话复述信息，看看客人是否认可你的理解，避免出现差错。比如，“不知我是否理解了您的话，您的意思是……”这不仅表明你的确在认真地倾听客人说话，也为客人提供了一个帮助你澄清可能的误解的机会。一旦确定了你对他的了解，就要进入积极实际的帮助和建议。对于一些不能肯定的地方，你也可以通过直接提问的方式来寻求顾客的澄清。

要抓住主要意思，不要关注个别枝节。善于倾听的人总是注意分析哪些内容是主要的，哪些是次要的，以便抓住事实背后的主要意图，避免造成误解。

有时当你并未真正专注倾听时，为了迎合客人，你会假装附和，口头上讲一些应和的话，如“我明白”“真有趣”“是的，是的”“嗯”“哦”来表明你的共鸣。这些回答如果是真正发自内心的，可以表明你的确是在认真地听客人讲话，从而能鼓舞客人继续讲下去；但如果你拿这些话来敷衍，那么等于告诉客人你没注意听他讲话，这样，客人很快就会对你失去信任。

同样，如果你一边听一边手脚不闲、打哈欠，或用不适宜的声音附和，客人也会感到你对他的讲话不感兴趣而导致谈话的中断，从而损害与客人之间的友善关系。

（六）要观察客人的态度举止和讲话风格

听到不礼貌的话时，反应要冷静，要能控制住自己的感情。

有效倾听的禁忌：对谈话内容不专注、漠不关心；只听内容，忽略感觉；急于插话，无故打断对方的谈话。

此外，有效倾听的禁忌还有因为没把对方的话听清楚而造成误解，甚至导致企业声誉和利益受损。如有位住店客人来到商务中心复印资料，由于乡音重，宾客说印“4”份，服务员听成是印“10”份，印好付款时由于份数不符，而造成宾客不满，酒店也浪费了纸张。所以服务人员应该平时在语言上下功夫，同时在服务工作中多开动脑筋，借助手势等肢体语言表述来消除误解，克服语言沟通中存在的障碍，这不失为一种有效的方法。

角色练习

倾听练习——商谈团队一日游项目

★技能训练目标

（1）通过与人交谈时的倾听，使学生具有倾听的能力。

（2）通过学生自评、互评，检验学生倾听的技能。

★技能训练准备

（1）复习有关倾听方面的知识点。

（2）确定出宾客甲、宾客乙、服务人员的角色扮演者。

（3）商谈情节分别包括迎接、座谈、送别三部分。

（4）谈话用的椅子、产品宣传单等。

★技能训练步骤

（1）分组练习商谈团队一日游项目。

（2）小组展示。

（3）师生点评。

（4）分组练习，改进不足，提高倾听技能。

特别提示

本实训的关键点是适时、适度地提问，并及时对谈话信息进行反馈。以小组方式练习可以提高实训效果。

视野拓展

旅游服务“十字”方针

一、热情

热情指旅游服务人员出于对自己从事的职业有肯定的认识，对宾客的心理有深切的理解，因而发自内心满腔热情地向客人提供良好服务。

热情服务主要表现在：

（1）热情是对客人的关心。如进门有迎接语，时时问寒问暖等。

（2）热情是对客人的尊重。渴望尊重是人的一种最基本的心理需求。

（3）热情是与宾客交往的一种姿态。其传达的信息是我和我们的旅游企业很乐意与您交往，我们是有诚意的，这种信息必然会得到宾客相应的回应。

（4）热情是一种尊重他人与自我尊重的结合。热情不但包含了对宾客的尊重，也包含了对自己的尊重，它是一种气质和修养的表现，而不是一种功利的手段。

（5）热情是一种能力的表现。如果没有一定的语言能力与文化底蕴做基础，热情也不能成为高雅的气质、产生迷人的魅力。如由于不了解对方的习俗习惯而说错话，触犯了对方的禁忌，就会影响服务的质量。

二、主动

主动是指旅游服务人员自觉的主观行为。主动服务要在宾客开口之前。主动服务是旅游企业形象的“钥匙”，主动服务也意味着要有更多的情感投入。有了旅游企业的服务规范和工作标准，只能说是有了为达到一流服务而应具备的基础条件，并不等于就有了一流的服务。服务人员只有把自己的情感投入到一招一式、一人一事的服务中去，真正把宾客当作亲人，真正从心里理解他们、关心他们，才能使自己的服务更具有人情味，让宾客倍感亲切。主动服务具体体现在以下几个方面。

（1）主动招呼。

（2）为宾客着想。

（3）主动把各项工作做好，尽职尽责。

（4）要有创新精神，不断研究改进旅游服务的方法，不断提高旅游服务质量。

（5）做到“五声”。

迎客声：“您好”“欢迎您的光临”等。

致谢声：“谢谢您的帮助”“给您添麻烦了”等。

致歉声：“打扰您了”“实在很抱歉”“对不起”等。

应答声：“是的先生”“我知道了”等。

送客声：“再见”“一路顺风”“欢迎下次再来”等。

三、礼貌

礼貌就是通过旅游服务人员的口头礼貌语言及肢体语言，使宾客受到尊重，从而建立良好的客户关系，达到宾客对服务满意的效果。

四、周到（个性化服务）

周到是指在旅游服务内容和项目上，想得细致入微，处处方便宾客、体贴宾客，千方百计帮助宾客排忧解难。

个性化服务有别于一般意义上的规范服务，它要求用超出常规的方式满足宾客偶然的、个别的、特殊的需求。服务人员要根据宾客的不同爱好，细致周到地提供服务，尽量使宾客满意称心。

要达到周到服务的要求，首先要有良好的规范服务作为前提和基础。个性服务并不是想当然的、没有标准的服务，而是源于旅游企业的规范服务，却又高于规范服务。

五、耐心

耐心就是不急躁、不厌烦。服务人员对宾客要做到百问不厌、百事不烦，介绍详尽，解释清楚，不计较宾客言语轻重和态度好坏，处处表现耐心，事事让宾客满意。

任务评价

序号	任务内容	任务要求	等级	待改进技能	备注
1	掌握倾听礼仪	提高有效沟通的能力			
2	倾听的基本礼仪要求	能有礼貌地倾听			

任务三　掌握言谈礼仪

任务描述

本任务要求学生在对客服务时，能运用言谈技巧，提高服务质量，主要通过课上学习、课上实训及课后反复演练等方法，提高学生言谈的能力。

情境导入

热心的餐厅服务员

午餐时间，一位来自香港的客人到一家酒店中餐厅用餐。客人入座后，服务人员热情地为客人端茶、送香巾。在点菜时，主动为客人介绍菜肴特点及烹调方法。当看到客人愁眉不展似有心事时，服务人员便轻声询问能为其做些什么。原来这位客人要去拜访一位朋友，具体地址和联系电话却又不慎丢失，只记得大概方位。服务人员是当地人，平时喜欢上网搜地图，他对宾客进行了提示，结果使客人想起地址。对于服务人员的热心服务，客人非常满意。

☞ 分析

言谈作为一门艺术，是服务礼仪的一个重要组成部分。服务人员在服务时，要掌握言谈礼仪的基本要求，遵循顾客至上原则，谈论宾客喜欢的话题，为客人提供超预期的服务，这样才能让宾客满意。

相关知识

一、语言规范

（一）顾客至上

旅游服务人员只有深刻理解并认同“顾客是上帝”这句话的内涵，才能发自内心做到对待宾客真诚有礼。宾客提供给我们的不仅仅是旅游企业的效益、员工的工资、福利，更重要的还是从业人员职业生涯的发展延伸。虽然宾客的身份、国籍、地位、风俗习惯、自身情况等各不相同，但只要服务人员用真诚的态度、礼貌的语言来接待他们，客人都会感受到，也都会对服务人员的工作给予认可。

（二）用词文雅

社交场合，人们通常都讲究使用文明用语。在服务过程中，这一点也不能有所例外，否则可能影响到旅游服务人员甚至整个旅游服务企业的声誉。所谓用词文雅，具体是指在语言的选择、使用中，应当既体现出表达者的良好文化素养，又能令人产生高雅、温和、脱俗之感。简而言之，用词文雅就是要求人们使用语言时必须讲究文明。文明当先，是旅游从业人员在服务工作中使用语言时应当遵守的基本规范之一。

二、言谈礼仪基本要求

中国人讲究“听其言，观其行”，旅游行业把语言谈吐作为考核从业人员的一个重要内容。旅游服务人员在工作中更应该遵循言谈礼仪。

（一）形式上的要求

1. 恰到好处，点到为止

服务不是演讲也不是讲课，旅游服务人员在服务时只要清楚、亲切、准确地表达出自己的意思即可，不宜多说话。我们的目的是要启发宾客多说话，让他们能在这里得到尊重，得到放松，释放自己的心理压力，尽可能地表达自己消费的意愿和对服务的意见。

2. 有声服务

没有声音的服务，是缺乏热情的、冷冰冰的、没有魅力的服务。因而在旅游服务的过程中，不能只有鞠躬、点头没有问候，只有手势没有语言的配合。

3. 轻声服务

传统服务是吆喝服务，鸣堂叫菜、唱收唱付，但现代服务是轻声服务，要为宾客保留一片安静的天地，因而服务人员不能在远处招呼、应答。要“三轻”：即说话轻、走路轻、操作轻。

4. 清楚服务

个别服务人员往往由于腼腆，或者普通话说得不好，在服务过程中不能向客人提供清楚、明白的服务，造成了客人的不满，影响了主客之间的沟通和正常的服务工作。

5. 普通话服务

旅游行业从业人员在服务语言上，应该做到用普通话服务。即使为了体现企业的独特性，要采用方言服务，也不能妨碍正常的交流。

（二）内容上的要求

在旅游服务中，如果能做到言之有礼、谈吐文雅，就会给宾客留下良好的印象；相反，如果满嘴脏话，甚至恶语伤人，就会令人反感讨厌。

1. 说话要用尊称，声调要平稳、和蔼

如称呼对方为“您”“先生”“小姐”等。

2. 说话要文雅、简练、明确，不要含糊、啰唆

主要有以下两点要求。

一是态度诚恳、亲切。说话本身是用来向人传递思想感情的，所以说话时的神态、表情都很重要。例如，当你向别人表示祝贺时，如果嘴上说得十分动听，而表情却是冷冰冰的，那宾客一定认为你只是在敷衍而已。所以，说话必须做到态度诚恳和亲切，才能使对方对你产生表里一致的印象。

二是用语谦逊、文雅。用“贵姓”代替“你姓什么”，用“不新鲜”“有异味”代替“发霉”“发臭”。如你需要用厕所时，应说“我可以使用这里的洗手间吗？”或者说“请问，哪里可以方便？”，等等。多用敬语、谦语和雅语，能体现出一个人的文化素养以及尊重他人的良好品德。

3. 说话要委婉、热情，不要生硬、冰冷

声音大小要适当，语调应平和沉稳。无论是讲汉语还是讲外语，咬字要清晰，音量要适度，以对方听清楚为准，切忌大声说话；语调要平稳，尽量不用或少用语气词，使听者感到亲切自然。

4. 讲究语言艺术，说话力求语意完整、合乎语法

（1）旅游服务人员在与宾客交谈时，可以从四个方面进行交流，即“四谈”。

①格调高雅的话题。

②轻松愉快的话题。

③时尚流行的话题。

④对方擅长的话题。

（2）旅游服务人员在与宾客交谈时，不要谈论以下六个方面话题，即“六不谈”。

①不谈非议党和政府的话题。

②不谈涉及国家秘密和旅游企业商业秘密的话题。

③不谈非议宾客及宾客单位人员的话题。

④不背后议论他人是非对错。

⑤不谈格调不高、庸俗低级的话题。

⑥不谈论个人隐私，如客人的家人、年龄、收入、健康情况等。

5. 旅游服务人员在与宾客交谈时，要善用幽默

“幽默”一词是现代文学家、幽默大师林语堂先生从英文“humour”一词音译而来的。幽默是一种交际语言艺术，一般一个人的幽默能力与其智商成正比关系，幽默是心灵的智慧与光辉。在旅游服务过程中，幽默是服务人员运用明白易懂而又意味深长的诙谐语言抒发情感、传递信息，以一种愉悦的方式让宾客获得精神上的快感，进而活跃气氛，协调服务人员与宾客之间关系的一种语言艺术手法。

在旅游服务过程中，矛盾有时是不可避免的。当矛盾发生时，服务人员如果能运用好幽默这一语言艺术，就可以缓解僵局，化解冲突和矛盾，缩短与宾客之间的距离，增进主、客体之间的友谊，避免宾客产生不满情绪；还可以增加语言表达的感染力，树立导游人员良好的自我形象。在旅游服务过程中，运用好幽默，要掌握一些技巧。

（1）妙用双关。

双关，就是利用词的同音或多义的特点，使一句话同时带有字面意思和字外意思。而双关式的幽默就是利用一个词的语音或语义同时关联两种不同的意义并进行曲解的方法。利用双关语反驳对方一般都比较婉转，可以造成一种轻松、幽默的气氛。例如，一个单位旅游团到某宾馆就餐，席间一位旅游者大声地对餐厅服务员说："小姐，你对我有意见？这么多人，你偏偏把鱼头朝向我，这鱼头酒，你替我喝啊？"餐厅服务员一脸茫然，不知所措。导游人员见状，赶忙上前解围说："您看，这是条鳜鱼，服务小姐一定是认为您是今天的贵客。您说，鳜鱼不朝着贵客，朝着谁呢？"导游人员幽默地打破僵局，使紧张气氛迅速化解，很好地调解了旅游者的情绪。

（2）借题发挥。

借题发挥是为了活跃气氛、增加情趣，故意顺着题目把正经话说成俏皮语。例如，一位导游人员在跟旅游团告别时说："希望下次我仍能荣幸地为各位服务，请记得我和我的旅行社爱你们，也爱你们的钱。"旅游者听了哈哈大笑，同时也留下了深刻的印象。

（3）正题曲解。

正题曲解是一种通过反逻辑的思维方式，故意将"正题"曲解造成笑料的方法。在某些场合，如果对宾客提出的问题不便正面回答，可以采用似答非答、答非所问的回答方式，这种风马牛不相及的回答方式，能带来喜剧性的幽默效果。例如，某旅游团在餐厅就餐时，一盘桂花鱼迟迟未上，旅游者不满地问："桂花鱼还没有做好吗？"这时导游人员赶忙上前解释说，"真对不起，不知今天的桂花鱼为什么这么淘气，跑到隔壁的桌上去了，害得你们久盼不到，请大家再耐心多等一会儿，我会催促酒店快一点做条桂花鱼上来。"旅游者听了她的解释，怨气有所消解。其中一位旅游者很风趣，"不就是一条鱼吗？下次看住点。"这里，导游人员对旅游者的提问，用"曲解"缓和了紧张的气氛。再如，一批旅游者在游览青岛小鱼山公园时，有人指着一个由 4800 个青岛啤酒空瓶制成的龙问，"这里叫小鱼山，可为什么只有龙而不见鱼呢？"导游人员幽默地回复，"为什么不见鱼，主要原因是鱼喝青岛啤酒过多而变成了龙。"这位导游员故意将"鱼"和"龙"这两个没有联系的事物牵扯到一起，产生了极强的幽默感。

（4）自我解嘲。

幽默一直被人们称为是只有聪明人才能驾驭的语言艺术，而自嘲又被称为幽默的最高境界。在旅游服务过程中，当旅游服务人员在宾客面前蒙羞或处境尴尬时，用自嘲来对付窘境，不仅能很容易找到解脱方法，而且会产生幽默的效果。例如，一位年龄已过 60 岁的优秀导游员在跟旅游者介绍自己时说，"我整整花费了 19 年时间才发觉自己没有做导游工作的天分，但是为时已晚。我不能停止导游工作，因为我太出名了，游客太喜欢我这个老头了。”这位导游员的话看似简单，但却通过对自己年龄的自嘲让旅游者感觉到他对导游工作的热爱与执着，并对他产生好感和信任。

（5）巧用夸张。

夸张式的幽默也是常用的幽默技巧。旅游服务人员在服务过程中，故意用夸大的词句来传达信息，会增强语言的力量。例如，一个广州旅游团冬季来到哈尔滨的太阳岛旅游观光。刚下车，导游就微笑地迎上前，“各位广州的客人，大家好！欢迎大家不远千里来到北国冰城——美丽的哈尔滨观光旅游。尽管今天气温比较低，但你们从遥远南国带来的热情温暖了这座城市，也融化了城市里的冰雪。各位也许还没有体验过哈尔滨真正的冬天吧，所以，这几天我们出行时，一定要穿得暖和些，戴好帽子、手套等御寒用品，不要让北方的寒冷冻掉了你的下巴呀！”游客们本来一个个冻得瑟瑟发抖，听了导游这番话，不由得欢快地笑了起来。这里，导游用“从南国带来的热情温暖了这座城市”“热情融化了城市的冰雪”“不要让北方的寒冷冻掉了你的下巴”等夸张的语言，营造了幽默的气氛，使游客感受到导游的关心、体贴，也暂时忘记了寒冷。

（6）适时停顿。

在旅游服务过程中，导游如果能控制好讲解时间，也能达到幽默的效果。先要不动声色，造成悬疑感；设下悬念之后，要有停顿。停顿的时间，要达到足以使宾客产生强烈的期待。例如，一名导游在带团时，讲了这样一个笑话：

传说，唐伯虎出席朋友母亲的寿诞，席间画了一幅《蟠桃献寿》图献给老人，老人非常高兴，请他即席赋诗。唐伯虎不假思索张口就说“这个婆娘不是人”，话一出口，在场的宾客大吃一惊，老人满脸怒色，在这紧张的时刻，唐伯虎停顿一会，不慌不忙地接了下一句“九天仙女下凡尘”。全场的气氛立刻轻松了许多。老人家也转怒为喜。唐伯虎又来了一句“生的儿子都是贼”，在场的宾客又是一愣，老人家面子有点挂不住了，刚要发怒，唐伯虎又停顿一会说“偷来蟠桃献母亲”。唐伯虎的最后一句一出口，所有的宾客赞不绝口，老人家也是开怀大笑。这虽是一则笑话，却说明了一个道理，如果唐伯虎一气呵成说出四句诗来，恐怕就达不到这幽默的效果，唐伯虎的幽默就妙在时间的控制上。幽默之所以达到让人发笑的效果，材料的选择固然重要，讲解过程中适时的停顿也不容忽视。

（7）善用歇后语和笑话。

歇后语是由两个部分组成，前一部分是比喻（像谜面），后一部分是解释、说明（像谜底），是前面部分的真实意义之所在。平常说话的时候，往往只把前半截的比方说出来，把后半截的解释隐去，让听话的人自己去体会猜测。当你一旦领悟了后半截的隐意，就会感到妙趣横生。例如，“十一”黄金周游览泰山，索道处一定会排起长龙，这是旅游者最不高兴的事。导游事先要给旅游者打好招呼，“明天索道的情况有可能是‘打柴的下山——担心（薪）’，‘屠夫送礼——提心吊胆’。可能一大清早就已经排着几百人了，说不定上山需要等几个小时，所以，我们明天早点出发吧！”这段话中的歇后语使语言风趣幽默、充满妙趣。

幽默是旅游服务人员在语言交际时常用的一种技巧，服务人员在运用幽默语言之前，要善用独具特色的语气和带有戏剧性的情节显示出幽默，不要急于说出最后的答案，应当给宾客制造一种悬念，引导宾客自己思考，自然而又出人意料地产生幽默效果。讲笑话时，自己不笑，并要有意一本正经、一脸严肃，这样才能使宾客倍觉可笑。要注意运用幽默的场合，要避人忌讳，切忌滥用幽默。没有幽默的服务会显得平淡没有味道，而幽默太多也会使宾客反感。

6. 旅游服务人员在对宾客进行营销时态度要真诚

营销是促销的一种形式，是销售人员与消费者直接接触的一种形式，目的在于运用一定的营销手段和技巧，将商品信息传递给消费者，使消费者产生购买动机，实现购买行为。在旅游服务过程中，服务人员要用自己丰富的学识、生动的语言和过人的魅力来感染宾客，激发宾客的购买欲望，促使其产生购买行为。

服务人员进行购物营销要遵循商界的一项市场推销原则——AIDA 原则。

A（Attention）是指通过有趣的、且尽可能具体的形象介绍，引起宾客对推销商品的注意；

I（Interest）是指通过进一步展开已经引起宾客注意的营销内容，以求激起潜在消费者对营销商品的兴趣；

D（Desire to act）是指促使潜在消费者进一步了解营销商品的情况，并获得启示，激发对商品的占有欲望；

A（Action）是指继续努力，促使被激发出占有欲的潜在消费者采取占有商品的行动。

从 AIDA 原则中我们可以看出，导游人员的营销就是服务，就是为宾客提供尽可能使之满意的服务。那么，如何才能为宾客提供满意的服务呢？

（1）要了解旅游者的购物需求，帮助其制订购物计划。

世界吉尼斯汽车销售冠军乔·吉拉德认为，推销不是乞求、欺骗、强求，而是机智与真诚的结合，是一门与人交往的艺术。服务人员应认识到，现在的旅游购物营销不是想方设法把产品塞给宾客以赚取高额利润，而应该是在了解宾客消费需要的基础上，设法协助他们得到想要的东西。宾客满意，商家也因此获利，是一种双赢的行为。因此，旅游服务人员要设法了解旅游者是否有购买要求，购买能力如何，他们希望买些什么，从而有针对性地向他们提供购买服务。例如，旅游者一般总想在旅游目的地购买一些具有民族特色、地方色彩的工艺美术品、土特产品、纪念品及实用物品来做纪念或馈赠亲友。为了满足他们的需求，导游应尽可能多地熟悉各种商品的产地、质量、使用价值、价格、艺术价值以及哪些地方、哪些商店购买哪种物品最好，以便帮助旅游者在有限的时间内购买到最适合的物品。

（2）要多向宾客传授购买技巧。

旅游服务人员要站在宾客的角度来思考问题，要说有益于宾客的话，要做有益于宾客的事。旅游者在给自己或亲朋好友购买既有实际用途又有纪念价值的旅游商品时，最大的顾虑是怕买到假冒伪劣产品和花冤枉钱。因此，旅游服务人员要打消旅游者的顾虑，多讲一些鉴别真假商品的知识，取得旅游者的信任。例如，海南的珍珠和水晶很有名，导游就要先教旅游者如何鉴别海水珍珠和淡水珍珠，如何鉴别水晶和玻璃，介绍水晶制作工艺等。

（3）介绍商品时要优缺点一起介绍。

旅游服务人员如果只介绍商品优点，宾客就会认为服务人员在引导购物，因此服务人员在介绍商品时，要对旅游者晓之以理、动之以情，既介绍商品的优点，也介绍商品的缺点。例如，新疆的一位导游是这样介绍雪莲的，“我们这里有一个研究所专门研究雪莲的药用价值。我可以带大家到这个研究所去看看。”到了研究所，导游请来一位老教授给大家讲雪莲的药用价值。老教授一开口就说：“有些人把雪莲讲得像天宫里的灵丹妙药一样，什么病都治，但我告诉你们，它只治一种病，就是风湿和类风湿关节炎，另外对痛经有一点效果，其他吹嘘的作用都是假的。”他这个开场白一下子把大家的注意力都抓住了，不知他这么讲有何用意。只听他接着说：“另外，我要告诫各位游客，没有这两种病的请不要买我们的雪莲。因为雪莲来得太不容易了，给没有这种病的人买了去，得这种病的人就买不到药了，请不要浪费我们天山的宝贝。”他顿了顿，“大家知道吗？雪莲一定要生长在 4800 米以上的雪线上，在 4800 米雪线以下生长的雪莲虽然样子长得一模一样，药性却完全不同，或说基本上没有药效。采雪莲是很危险的，因为只有生长在天山的主峰博格达峰上的雪莲才好。那里海拔高、气温低，雪莲在 0℃时发芽，幼苗能经受 -20℃的严寒。有时我们跑几天才能采到几朵，真的不想把它用在没病的人身上。另外，没有这种病的人吃了雪莲会到处去说雪莲没有效，这也是我们不想听到的。所以我真诚地告诫大家，没有这种病的人请不要买。”这样的介绍，旅游者觉得很实在，当然会根据需求而购买了。

旅游服务人员在对宾客进行购物营销时要做到：对宾客购物前和购物后的态度要一致；对购物的宾客和不购物的宾客态度要一致；要帮助宾客买到货真价实的商品，不能欺骗宾客，不能让宾客买以假充真、以次充好的伪劣商品；对购物不感兴趣的宾客不能强行营销，这是旅游服务人员营销时必须注意的礼仪要求。

（三）旅游服务人员言谈礼仪注意事项

（1）谈话时注意面向客人，笑容可掬，眼光停留在顾客眼鼻三角区，不得左顾右盼、心不在焉。

（2）谈话时要保持适当距离，距离一般以 1 米左右为宜。谈话时不要倚靠他物。

谈话距离有四种距离：私人（亲密）距离，小于 0.5 米以至无穷接近；交际（常规）距离，一般为 0.5~1 米；礼仪（尊重）距离，一般为 1~2 米；公共（有距离的）距离，一般为 2 米以上。

（3）要举止温文尔雅、态度和蔼，切忌武断，能用语言讲清的尽量不加手势。

（4）服务人员讲话要吐字清楚、嗓音悦耳，这样不但有助于对方明白语意，而且可以给人以亲切感。

（5）服务语言运用规范，避免出现“先生，您要饭吗？”这样的不规范语言。

（6）服务语言要机智、灵活，富有幽默感。

（7）服务过程中，要恰当把握说话时机，话宜少不宜多。

（8）服务过程中多用赞美语言。交谈时，善于发现宾客的优点，适时赞美。宾客在赞美语言中感受到他人的肯定，其内心的愉快程度有时是物质享受所无法比拟的。

赞美宾客一定要掌握以下技巧。

①词真意切。赞美词要准确具体，恰如其分，不夸大，不拔高。例如，旅游服务人员如果遇到一位体胖的小姐，却对她说：“你身材真好！”宾客立刻就会认定服务人员说的是违心之言，不仅不能接受服务人员的话，甚至会生气，对服务人员产生反感。但如果服务人员能着眼于这位宾客的服饰、谈吐、举止的出众之处并加以真诚的赞美，她就一定会高兴地接受。也就是说，服务人员一定要发自内心地夸奖宾客的真正优秀之处，这样的赞美才能起到词真意切、锦上添花的效果。

②雪中送炭。最需要帮助的是那些遇到困难或者心情不好的宾客，旅游服务人员要善于了解宾客的心理和处境，给予物质或精神上的帮助，使宾客获得真诚的支持和帮助。例如，一个旅游团中有一对新婚夫妇因购物意见不合而发生争执，心情非常不好。这时导游发现这对夫妇的服装是情侣装，于是导游说：“你看我们的新郎、新娘到底是做教师工作的，穿的服装真是漂亮啊，款式很适合二位，颜色也很高雅，看来两位真有审美眼光啊。”导游在这对夫妇遇到矛盾、心情不好时，抓住两人穿的是情侣服装这一细节，加以赞美，缓解了这对旅游者的不良情绪，起到了雪中送炭的作用。

③直接鼓励。在旅游服务交际中，服务人员可以使用直接鼓励式方法赞美宾客。尤其是在导游服务中，导游可直接鼓励或赞美游客。因为不论导游多么年轻，地位与旅游者相比多么悬殊，但在旅行团中导游就是指导官，是旅游者的直接“领导”。例如，一个单位组织的旅游团，单位的领导非常准时地按照约定的时间到达集合地点。导游表扬道：“您真准时啊，不愧是单位领导，对自己的要求就是高啊！”这位单位领导不会因为导游是年轻人，没有什么职位，而对这种赞美不以为意，反而，他会很高兴地接受导游对他的表扬，并协助导游做好旅游团的组织工作。

④合乎时宜。赞美的效果在于见机行事、适可而止。错过时机或时机不恰当的赞美会适得其反。看到宾客买了新的饰品，却非要夸奖她原来的饰品好看，宾客会高兴吗？在旅游服务中，开始时的赞美，能帮助宾客迅速接受服务人员；旅游服务过程中间的赞美，有益于宾客配合服务人员的工作；旅游服务过程将要结束时的赞扬，则能使宾客加深对服务人员及旅游企业的印象，从而达到意想不到的效果。

⑤以小见大。在旅游服务过程中，服务人员要善于发现宾客的微小的闪光处，从小处着手，不失时机地赞美宾客，这将有助于进一步发掘宾客的各种潜能，增进宾客之间的友谊，使宾客更好地配合服务人员的工作。

赞美不要过分夸大。赞美要建立在实事求是的基础上，是对宾客的闪光点和过人之处的肯定与认同，可以满足宾客自尊感；而过分的吹捧，则使宾客感到你是在阿谀奉承，会对你产生厌烦和不信任之感。

（四）旅游服务人员的言谈禁忌

1. 忌打断宾客讲话

双方交谈时，上级可以打断下级，长辈可以打断晚辈，平等身份的人是没有权力打断对方谈话的。尤其是旅游服务人员与宾客交谈时，更不能随意打断宾客的谈话。万一你与宾客同时开口说话，也应该让宾客先说。

2. 忌随意补充宾客话语

服务人员不能好为人师，总想显得知道得比宾客多，比宾客“技高一筹”。如出现这种情况，实际上是没有摆正位置，因为站在不同角度，对同一问题的看法会产生很大的差异。譬如宾客说北京降温了，你马上说哈尔滨还下大雪了，这样的补充显得很不合时宜。当然如果谈话双方身份平等，彼此熟悉，有时候适当补充对方的谈话也并无大碍，但是在为宾客服务时绝不能随意补充。

3. 忌和宾客争论

“十里不同风，百里不同俗。”不同国家、不同地区、不同文化背景的人考虑同一问题，得出的结论未必一致。一个真正有修养的人，是懂得尊重别人的。旅游服务人员要尊重宾客的选择。除了大是大非的问题，必须旗帜鲜明地回答外，在旅游服务中的一般性问题不要随意与宾客争论对错，不要随意去判断，因为对或错是相对的，有些问题很难说清谁对谁错。在中国，点头表示同意，摇头表示反对，但有些国家，如马其顿、保加利亚、尼泊尔，则正好相反，点头表示反对，摇头表示同意。所以在服务过程中要遵循一个原则，即从心理上接受宾客。每个人的受教育程度不一样，职业背景不一样，考虑问题的角度也不相同，所以服务时必须宽容，不要把自己的是非判断标准随便强加于宾客。

4. 忌质疑宾客

对宾客说的话不要随便表示怀疑。质疑宾客实际是对宾客的不信任，是一种不理智的行为。在旅游服务中，这样的问题是要高度注意的。有时质疑对方并非不行，但是不能写在脸上，这点很重要。如果不注意，就容易带来麻烦。

（五）服务人员在旅游服务中的忌语

服务人员在旅游服务中必须杜绝以下四类服务忌语。

1. 不尊重之语

如触犯了服务对象的个人忌讳，尤其是与其身体条件、健康条件方面相关的某些忌讳。如面对残疾人时，切忌使用“残废”“瞎子”“聋子”等词。对胖人、身材矮小的人，“肥”“矬”“矮”都是禁忌之词。

2. 不友好之语

如不够友善，甚至满怀敌意的语言。

3. 不耐烦之语

服务人员在服务工作中要表现出应有的热情与足够的耐心，要努力做到有问必答、答必尽心；百问不烦、百答不厌；不分对象，始终热心。

假如使用了不耐烦之语，不论是何原因，都是违反服务语言规范的。

4. 不客气之语

如在劝阻宾客不要动手触摸商品或其他物品时，不能说“别乱动”“弄坏了你得赔”等不客气的话语。

角色练习

与宾客言谈练习

★技能训练目标

（1）通过与宾客交谈，使学生掌握言谈礼仪的基本要求。

（2）通过学生反复练习、自评、互评，提高学生语言交际能力。

★技能训练准备

（1）复习有关言谈礼仪的知识点。

（2）确定出宾客、服务人员的角色扮演者。

（3）情节分别包括迎接、让座、言谈、送别四部分。

（4）准备谈话用的椅子等物品。

★技能训练步骤

（1）分组练习迎接、让座、言谈、送别客人。

（2）小组展示。

（3）师生点评。

（4）分组练习，改进不足，提高言谈交际能力。

特别提示

本实训的关键点是掌握言谈礼仪的“六不谈”和“四谈”的基本内容，以小组方式进行可以提高实训效果。

在实际工作中，谈话时要先弄清宾客身份，以便自己谈话得体，有针对性。与宾客交谈时还应注意，不要只谈自己感兴趣的话题，不要涉及疾病、死亡等不愉快的话题，也不要谈对方不愿触及的问题，特别要注意避讳隐私。与人交谈时还应注意不要溅出口沫，嘴里不要咀嚼东西，不要吸烟。

言谈礼仪看似简单，但要真正做到并非易事。这就需要我们平时多加学习和练习，提高修养，使中华民族“礼仪之邦”的优良传统，进一步发扬光大。

视野拓展

餐饮服务语言的“五要”、“五不要”

一、餐饮服务语言的“五要”

（一）尊敬

对客人要多用尊称，禁用贬称、鄙称，多使用敬语。服务人员称呼对方多以“您”相称。

如听了客人一些话语不满意，回敬一句“你这个人真怪”，这句话不是标准服务用语。“你这个人”含贬义，是鄙称；不说“您”而说“你”，是不尊重，再讲对方“怪”，是三重不尊重，违反了礼仪的尊重原则。

（二）主动

要主动先开口询问客人，寻觅服务对象。客人呼唤时，服务人员反问“干什么？”这不是服务语言。因为让客人呼唤已被动了，再反问“干什么”表现出不耐烦情绪，违反了言谈礼仪规范，可以说“有什么可以帮您的吗？”

（三）清晰

要讲得清楚，讲得明白，不用宾客重复询问。

（四）文雅

用词、造句和说话的语气都要有讲究，多用赞美词。服务人员文质彬彬，就能营造出一种高雅的文化气氛，宾客进入餐厅就会受到感染，愉悦心情自然就会产生。加上服务人员对客人只称赞不指责，不用否定句、训诫句、命令句，不用“不”字，服务又热情周到，就可以使客人在精神上、心理上得到满足。

（五）诚信

要讲诚信，说到就要做到。服务人员不能为了一时讨好宾客而随意许愿，开空头支票，最后弄巧成拙。

二、餐饮服务语言的“五不要”

（一）不要口语化

有些服务人员缺乏语言技巧方面的学习，自身素质不高，在工作中有意无意地伤害了宾客，或引起某些不愉快的事情发生，如“你要饭吗”这类征询客人点菜的语言，使人听起来很不愉快、不舒服。另外，服务员在向客人介绍餐厅的包间、包房时，“单间”一词也是忌讳的词语，因为“单间”在医院指危重病人的房间，在监狱为关押要犯、重犯的房间，所以应用“包房”代替“单间”为好。

（二）不要厌烦

如果个别宾客用“喂”“哎”等不文明语言招呼服务人员，服务人员不能因客人不礼貌就对其表现出冷淡或不耐烦，相反，服务人员更应通过主动热情的服务使宾客意识到自己的失礼。如果正忙于其他工作，可以说："请您稍等片刻，我马上来。"

（三）不要偷笑

宾客在聚会谈话时，服务人员除了提供应有的服务外，应注意不随意偷笑、不交头接耳、不品评，以免引起宾客的反感。

（四）不要旁听

旁听是餐厅服务人员的大忌。宾客在交谈时，不旁听、不窥视、不插话是服务人员应具备的基本职业道德。服务人员如与宾客有急事相商，也不能贸然打断客人的谈话，最好先采取暂待一旁，以目示意的方法，等客人意识到后，再上前说"对不起，打扰你们谈话了"，然后再说要说的话题。

（五）不要盯瞅

在接待一些服饰较奇特的宾客时，服务人员最忌目盯久视，品头论足，这些举动容易使宾客不满和厌烦。

任务评价

序号	任务内容	任务要求	等级	待改进技能	备注
1	了解和掌握言谈礼仪知识点	提高有效沟通的能力			
2	掌握言谈礼仪的基本要求	掌握言谈礼仪的基本技巧			

项目关键词

礼貌用语　倾听　言谈礼仪

课后练习题

1. 简答礼貌用语的特点。

2. 基本礼貌 10 字用语是什么？

3. 常用 11 个礼貌用语是什么？

4. 礼貌用语常用的类型有哪些？

5. 礼貌用语要做到哪"五声"？

6. 在和客户交谈时如何倾听？

7. 言谈礼仪的基本要求有哪些？

8. 小组讨论：如果你是任务一"情境导入"案例中的小王，你该如何去做呢？你会说些什么话呢？

项目九　涉外交往礼仪

随着我国对外开放和经济快速发展，与世界各国的商贸活动越来越活跃，外国宾客已成为我国旅游服务的一大主体。作为旅游服务工作人员应掌握涉外交往礼仪的基本常识。

任务导读

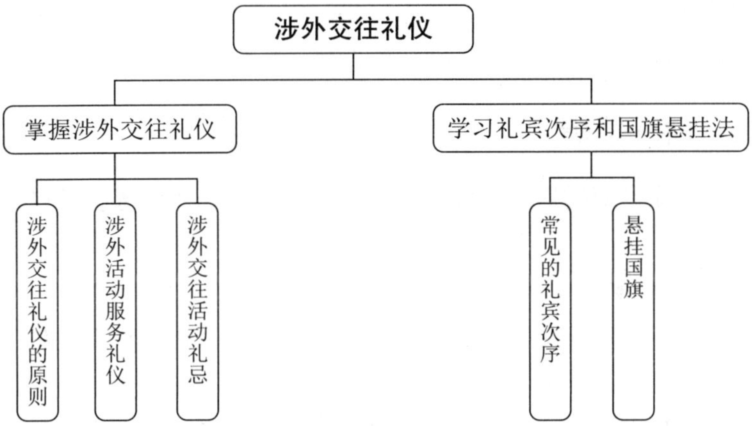

学习目标

1. 知识目标：了解涉外交往礼仪的基本原则。
2. 职业认知：熟悉服务工作中涉外交往礼仪的一般禁忌和礼宾次序。
3. 技能目标：通过训练能熟练接待外国宾客。

任务一　掌握涉外交往礼仪

任务描述

本任务要求学生了解涉外交往礼仪，主要通过课上学习、课上实训及课后反复演练等方法提高涉外交往能力。

情境导入

一次宴请

有一次，某公司小王在与美国客人洽谈业务之后宴请客人，他精心挑选了一家火锅店，并热情地点了狗肉和蔬菜。当狗肉端上桌后，小王特意向美国客人介绍说狗肉好吃，让美国客人品尝。美国客人皱了一下眉头，便借故离开了餐厅。一场宴请不欢而散。

分析

随着我国对外经济快速发展，涉外交往活动越来越多，旅游服务人员要了解并遵守涉外礼仪规则，使涉外交往活动取得理想的效果。本案例中小王没有尊重美国客人的习俗，造成了宴请不欢而散。

相关知识

涉外礼仪是涉外交往礼仪的简称，即中国旅游服务人员在对外交际中，用以维护自身形象，并对外宾表示尊敬与友好的约定俗成的做法。

一、涉外交往礼仪的原则

在涉外交往中，除了遵循通用的仪容、仪表、仪态等一般服务礼仪原则外，还要遵循涉外交往礼仪原则。

（一）维护国家利益

旅游服务人员在参与涉外交往活动时，应时刻提醒自己在外宾眼里是国家、民族、单位组织的代表，自己的言行要做到从容得体、不卑不亢、端庄大方、堂堂正正。在外宾面前，既不应该表现得自卑胆怯、低三下四，也不应该表现得自大狂妄、放肆张扬。应表现得既谦虚又不拘谨，既主动又不盲动，既注意自律又不呆板。对外宾有诋毁国家、民族荣誉的言行要坚决制止。

（二）信守约定

在涉外交往礼仪中，要讲究“诚信、守时、守约”的基本原则，这是涉外交往中极为重要的礼仪。

在涉外交往中，必须讲究诚信，要将对宾客的重视、恭敬、友好作为涉外礼仪的核心，认真而严格地遵守自己的所有承诺，承诺别人的事情不能遗忘，许诺要兑现，说话要算数，约会要如约。

参加各种仪式、活动，应按约定时间到达。过早抵达，会使主人因没有准备完毕而难堪；过晚抵达，则因让主人和其他客人等候过久而失礼。如果确实因故不能准时到达，应向主人和其他客人表示歉意。

同样，如果确实因故不能应邀赴约，应礼貌地尽早告知主人，并以适当方式表示歉意。同时，与人约会也不能超时，超时是很不礼貌的行为。

（三）女士优先

一般在比较正式的场合里，都应遵循“女士优先”的原则。在涉外场合中（有些公务场合除外），每一位成年男士都有义务主动自觉地以自己的实际行为尊重妇女、照顾妇女、体谅妇女、关心妇女、保护妇女，必要时还要想方设法、尽心竭力地去为妇女排忧解难。

（四）尊重隐私

在涉外交往礼仪中，要在言谈话语当中遵守尊重隐私原则，这一点是最需要注意的。对于西方人来讲，凡涉及经历、收入、年龄、婚恋、健康状况、政治见解等均属个人隐私，不得在交谈的时候查问。

（五）尊重习俗

在国际交往中，尊重习俗原则是指要充分地了解与交往对象相关的一些习俗方面的问题，无条件地对交往对象所特有的习俗加以尊重。即对衣食住行、言谈举止、待人接物等方面所特有的讲究与禁忌予以尊重，既不能对其习俗妄加非议，也不能唯我独尊、我行我素。

（六）爱护环境

在国际交往中，要注意保护自然环境，不可毁损自然环境，不可虐待动物，不可损坏公物，不可乱放私人物品，不可乱扔废弃物品，不可随地吐痰，不可随意吸烟，不可任意制造噪声。

（七）不宜先为

在涉外交往中，当自己一时难以应付、举棋不定，或者不知道到底应该怎么做时，如果有可能，最明智的做法，是尽量不要急于采取行动，尤其是不宜急于抢先冒昧行事。

（八）注重实效

在涉外交往中，我国形成了一整套不同档次的涉外礼仪规格。由于涉外宾客情况千差万别，且有不同要求，因此接待人员应事先做好调查，准确了解来访宾客的实际情况，做好方案并恰当处理各种问题，使礼仪工作的安排有针对性，既重礼仪又重实效，不讲排场，更不能铺张浪费。

（九）求同存异，遵循惯例

在涉外交往中，各国的礼仪与习俗各有不同，存在着差异性。涉外礼仪的基本原则之一就是求同存异。“求同”就是要遵守国际通行的礼仪规则，重视礼仪的“共性”，逐渐向国际接轨。“存异”则是要求对他国的礼俗不可一概否定，不可完全忽略礼仪的“个性”，并且要在必要的时候，对交往宾客所在国的礼仪与习俗有所了解，并表示尊重，切不可评判是非、鉴定优劣。

二、涉外活动服务礼仪

（一）迎宾服务礼仪

迎宾服务礼仪是指涉外交往中在服务外国宾客过程中形成和遵循的礼仪规范。

1. 迎宾前的礼仪准备

（1）确定服务规格。服务前要确定接待外宾的规格，要讲究双方规格对等。

（2）排定礼宾次序。接待不同国家、不同地区、不同部门的外宾，必须按照国际惯例和我国的常规做法，排定先后顺序。

（3）必须慎重悬挂国旗。为维护我国的国家尊严，一般不允许在我国境内随意悬挂或摆放外国国旗。

（4）拟订接待计划。接待外宾之前，应当认真拟订一份详细的接待计划，以使工作减少周折，按部就班地进行。在拟订接待工作计划时，要充分了解外宾有无特殊的习俗和要求，按照涉外交往礼仪的原则，做好任务书。任务书应包括食宿安排、交通工具、会见会谈、参观访问、文娱活动、异地游览、新闻报道、安全保卫、突发事件、礼品准备、人员配备、经费预算等内容。正式的接待计划一经拟订，应尽快报请上级主管部门批准，并报送与接待工作有关的部门及通报给外方。

（5）掌握人员基本状况。要做好涉外接待工作就必须了解外宾状况，安排好我方相关接待人员。一方面，应对主要来访者的基本情况、风俗习惯及禁忌尽可能地了解。若对方曾来华访问过，最好借鉴当时接待方的接待规格和接待方案。另一方面，选择负责接待工作的服务人员，确定专门负责接待的陪同人员、翻译、工作人员及司机。接待人员要进行专门的外事纪律培训和国际礼仪等方面的培训。

2. 迎宾服务时的礼仪

迎接外宾的礼仪操作，主要包括三个方面。

（1）机场（车站）迎接。接待服务人员要提前抵达机场或车站，并陪同外宾前往下榻之处。重要外宾可献花。

（2）举办欢迎宴会。按照国际惯例，为外宾举办的宴会主要有两种。一种是在外宾抵达后举行，称欢迎宴会。另一种则在外宾离开之前举行，称送别宴会。我国惯例一般只安排欢迎宴会。举办宴会前，要提前发出邀请，准备菜单，排好座次，安排好出席宴会的陪同人员。

宴会的具体程序主要有：宴会开始前，接待人员在宴会厅门口列队迎接客人。宴会开始时，应由主人先致欢迎词，然后再请主宾致辞。宴会结束时，主宾向主人赠送礼品，主人应向客人回赠礼品。主宾告辞，主人应陪同其走出门外，与之握手道别。其他人员依次列队在门口与客人握手话别。

（3）送别外宾。陪同人员应专程前往机场或车站为外宾送行，握手道别，并预祝外宾旅途愉快、顺利。

（二）引导服务礼仪

引导服务礼仪指的是迎宾人员在接待外宾客人时，为之指示方向或引导就座时所遵守的礼仪规范。

1. 礼仪手势

礼仪手势是接待外宾时不可缺少的肢体语言。引导有标准的礼仪手势。手势美是动态美，规范而优美的引导姿势能展示礼宾服务水平。正确的引导手势是掌心斜向上，四指并拢，大拇指张开，以肘关节为轴，前臂自然上抬伸直；上体稍向前倾，面带微笑，自己的眼睛看着目标方向并兼顾对方是否意会到。

2. 引导宾客

引导宾客时主人应走在客人左前方 2~3 步的位置，身体稍转向外宾一方，步调与客人的速度一致。若是熟悉的客人，可以并肩同行。在走廊行走时，应将走廊的中央线位置让给客人行走，拐角处需要稍作停顿，待客人走至拐角处再向前引导。

3. 开门关门

任何情况下，开门和关门的动作要轻，要优雅。往外开的门，应让客人先进；往里推的门，服务人员可以先进，但要扶住门，请客人进入。

三、涉外交往活动礼忌

（一）举止忌

在涉外交往中，忌姿势歪斜、手舞足蹈、以手指人、拉拉扯扯、相距过近、左顾右盼、玩弄东西、抓耳挠腮。

（二）言谈忌

在涉外交往中，忌谈论女人或色情淫秽话题，忌询问和打探他人履历、个人私事、收入、财产等，不得非议尊长、非议宗教、非议习俗。

（三）语气忌

在涉外交往中，忌高声辩论、高谈阔论、恶语相加、寻根问底、出言不逊、争吵谩骂。

（四）礼遇忌

在涉外交往中，忌旁若无人、冷落他人、轻易表态、随意插话、随意离去。

（五）拍照忌

在涉外交往中，拍照时，不能触犯特定国家、地区、民族的禁忌。凡在边境口岸、机场、博物馆、住宅私室、新产品与新科技展览会、珍贵文物展览馆等处，严禁随意拍照。在被允许情况下，对古画及其他文物进行拍照时，严禁使用闪光灯。凡有“禁止拍照”标志的地方或地区，不应拍照。

（六）卫生忌

在涉外交往中，忌蓬头垢面、衣装鞋帽不洁。在正式场合，忌挖眼屎、擤鼻涕、抠鼻孔、挖耳垢、剔牙齿、剪指甲等不雅的动作。患有传染病的人严禁参加外事活动。忌随地吐痰、乱弹烟灰、乱丢果皮纸屑或其他不洁之物，忌把雨具及鞋上的泥水、泥巴等带入室内，忌把痰盂等不洁器具放在室内醒目的地方。

（七）商界礼忌

世界各国有不同的商界礼忌，主要有如下方面。

1. 英国礼忌

在涉外交往中，英国人忌系有纹的领带。因为带纹的领带可能被认为是军队或学生校服领带的仿制品。忌谈皇室的家事。

2. 法国礼忌

在涉外交往中，忌过多地谈论个人私事。

3. 德国礼忌

在涉外交往中，忌长篇阔论或闲谈。

4. 瑞士礼忌

在涉外交往中，若给瑞士的公司寄信，收信人应写公司的全称，忌写公司工作人员的名字。

5. 芬兰礼忌

在涉外交往中，忌讳迟到，且不要忘记向女主人送上 5 朵或 7 朵（忌双数的）鲜花。在主人正式敬酒之前，客人不宜先行自饮。在畅谈时，忌谈当地的政治问题。

6. 南美礼忌

在涉外交往中，忌穿浅色服装，忌谈当地政治问题。

7. 俄罗斯礼忌

在同俄罗斯人洽谈时，切忌称呼对方“俄国人”。

8. 美国礼忌

与美国人洽谈时，不必过多地握手与客套，贸易谈判可直截了当地进入正题，甚至从吃早点时即可开始。

9. 东南亚礼忌

与东南亚商人洽谈时，忌跷起二郎腿，忌跷腿鞋底朝人，忌悬着脚晃来晃去。

10. 中东礼忌

中东阿拉伯国家的商人往往在咖啡厅里洽谈贸易。与他们会面时，宜喝咖啡、茶或清凉饮料，严禁饮酒、吸烟、谈论女性、拍照，也不要谈论中东政局和国际石油政策。

角色练习

迎接外宾礼仪训练

★技能训练目标

（1）通过引领服务前的准备，使学生提高涉外迎宾服务能力。

（2）通过学生反复练习引领服务，提高引领接待外宾的能力。

★技能训练准备

（1）物品准备，如鲜花等。

（2）实训场地准备——会议室。

（3）学生 10 人左右一组，分别扮演引领服务人员和外宾。

★技能训练步骤

（1）分组迎接外宾→在走廊行走→上楼梯或电梯→进门→入座。

（2）师生点评、纠错。

（3）分组练习。

（4）师生点评。

特别提示

在涉外服务时，除要遵循言谈举止礼仪外，还要特别注意外宾的风俗习惯。

视野拓展

送花礼忌

根花忌：探视病人时，日本人忌以根花（包括盆花）为礼，因为日文的“根”字与“睡”字的发音相同。

山茶花忌：日本人在探望病人时，忌用山茶花。因为山茶花凋谢时整个花头落地，不吉利。

菊花忌：在欧洲许多国家，人们忌用菊花为礼。一般认为菊花是祭祀过世人用的花。日本人认为菊花是不吉祥的，忌用菊花装饰室内。

双花忌：波兰人与罗马尼亚人以花为礼时，所用的花束必须是单数，即使一枝也可，忌讳双数，但罗马尼亚人庆祝生日时除外。

干花忌：波兰人忌送干花或枯萎的花（人造花除外）。波兰人认为，送干花或枯花意味着情谊的终结。

郁金香忌：德国人往往忌以郁金香为馈赠品，认为它是无情之花。

黄玫瑰忌：英国人忌以黄玫瑰为礼花。英国传统习俗认为，黄玫瑰象征亲友分离。

白花忌：在欧洲，人们以花为礼时，除生日与命名日之外，一般忌用白色鲜花。

黄花忌：法国人忌送黄色花。法国传统的习俗认为黄色花象征着不忠诚。

紫花忌：巴西人忌用紫色的花为礼，因为巴西人惯以紫花为葬礼之花。

任务评价

序号	任务内容	任务要求	等级	待改进技能	备注
1	涉外交往礼仪的原则	掌握涉外交往礼仪的规则			
2	涉外服务礼仪	根据情境能进行对外宾礼貌服务			
3	涉外交往活动的一般禁忌	能尊重外宾的习俗习惯			

任务二　学习礼宾次序和国旗悬挂法

任务描述

本任务要求学生了解涉外礼宾次序和国旗悬挂法，主要通过课上学习、课上实训及课后反复演练等方法，提高涉外交往能力。

情境导入

一次外宾接待

公司张经理要在会议室接待德国客人一行三人。为了做好接待工作，张经理让秘书打印座位牌，并排好次序。秘书打好座位牌后，随便摆放在会议桌上便离开了。当张经理引导客人入座时，发现座位牌没有按照德国客人职位高低摆放，张经理很生气，会后狠狠批评了秘书。

☞ **分析**

在涉外接待服务中，旅游服务人员要遵守涉外礼仪规则，正确安排礼宾次序，使涉外交往活动取得理想的效果。本案例中，秘书没有掌握礼宾次序规范，没有按要求正确摆放座位牌影响了企业的形象。

相关知识

礼宾次序又称礼宾序列，是指在同一时间或同一地点接待来自不同国家、不同地区、不同团体、不同单位、不同部门、不同身份的来宾时，接待方应依照一定的惯例和规则，对其尊卑、先后的顺序或位次按约定俗成的方式排列。

次序虽然在形式上是一个空间或时间排列的先后问题，但在内容上既关系到旅游服务人员的素质、企业形象，又关系到外宾的身份和应受到的礼遇，是涉外服务必须要注意的问题。

一、常见的礼宾次序

常见的礼宾次序有两大类：一类是旨在明确区分参与者的职位高低、长幼等方面的关系，目的是给位高者、长者以尊重和礼遇。另一类是为了表示所有参与者是平等的。具体应按哪一类排定次序，应根据实际情况而定。

（一）不对等关系

有些涉外活动，如一些庆典、纪念等活动中的主席台座次，以及行走、坐车的前后左右次序等，是必须明确按照地位的高低、职位的上下、关系的亲疏、年龄的长幼以及实力的强弱来排列的。

1. 主席台位次

就前后排关系而言，一般规则是：前排就座者为尊、为高、为长，第二排次之，第三排更次，依此类推；就同一排的关系而言，中者为尊、为大，两侧次之；就两侧同位者而言，右者为尊、为长、为大，左者为小、为次。

在政务礼仪中，中国的习惯是以左为上，国际惯例是以右为上。在主次位置排列上，我国大多数是沿用国际惯例，在照相和主席台排位时有时按中国习惯操作。

位尊、位高的具体确立标准应是根据活动目的、内容以及主人的价值取向和客观需要等来决定的。例如，政治活动一般以职位为标准；经济活动一般以实力为标准；纪念性活动一般以长幼为标准。

团队接待客人时，按照国际惯例，一般按先团长，然后再按职务高低顺序。如果有原职领导和现职领导，原职比照现职但低于现职，如果有多位原职领导则按任职时间先后次序排列。

2. 在接待过程中

在接待过程中，服务人员要适当注意行走、就座、乘车等方面的一些次序规范。一般情况是两人并行，右者为尊；两人前后行，前者为尊；三人并行，中者为尊，右边次之，左边更次；三人前后行，前者为尊；三人并坐，中者为尊，右边次之，左边更次；室内围坐时，面对门口的中间位置为尊；上楼梯时，前者为尊；下楼梯时，特别是楼梯较陡时，尊者在一人之后；乘电梯时应让客人、长者、妇女先上；一般来说，进入电梯后，面向电梯，左边靠里的位置可以看作尊位，但这点并不是很严格。

就乘小轿车而言，如由驾驶员开车，按汽车前进方向，后排右座为尊位，中座次之，左侧更次，前排司机旁最次。司机旁的位置一般是助手、接待服务或陪同人员乘坐的。当轿车有三排座时，最后一排是上座，中间一排次之，前排最次。这个礼仪规范在西方非常普及，它的形成主要是考虑安全的原因，因为大多数车祸或遭袭击时，首先受伤害的是坐在前排的人。

当然，如果是主人亲自驾车，则主人旁边的位置是尊位。如果接待两位贵宾，主人或接待人员应先拉开后排右边的车门，让尊者先上；再迅速地从车的尾部绕到车的另一侧打开左边的车门，让另一位客人从左边上车。只开一侧车门让一人先进去的做法是有失礼仪的。

（二）对等关系

如果礼仪活动的双方或多方的关系是对等的，一般采用以下两种排列方法。

1. 按汉字的笔顺排列

如果是国内的礼仪活动，参与者的姓名或所在单位名称是汉字的，可以采用这种方法，以示各方的关系平等。

2. 按字母顺序排列

在涉外活动中，一般按照参加者的组织或个人的英文或其他语种的字母顺序排列。具体方法如下：先按第一个字母先后顺序进行排列。当第一个字母相同时，则依第二个字母的先后顺序排列；当第二个字母相同时，则依第三个字母的先后顺序排列，依此类推。需要注意的是，每次只能选一种语种的字母顺序排列，不能在中间穿插其他语种的字母顺序。

3. 按先来后到顺序排列

在非正式交往场合，可以按报到早晚顺序排列（各种例会、招商会、展示会），也可以不排序。

在实际工作中，礼宾次序的排列常常不能按照一种方法排列，而是多种方法交叉使用。在一般社交场合，国际上约定俗成的做法是凡涉及位次顺序时，都讲究右尊左卑。

二、悬挂国旗

国旗是一个国家的标志性旗帜，是国家的象征。人们一般通过悬挂国旗，表示对自己国家的热爱或对他国的尊重。在涉外活动中，必须慎重悬挂国旗。

（一）不允许随意悬挂或摆放外国国旗

为维护本国的国家尊严，任何主权国家均不允许在本国国境之内随意悬挂或摆放外国国旗。除国际法规定外，我国目前允许五种场合悬挂或摆放外国国旗。

（1）外国国家元首、政府首脑正式到访。

（2）外国贵宾访问期间，我国举行重要的礼仪活动。

（3）国际会议在我国举行。

（4）重大的国际活动在我国举行。

（5）为在我国进行的国际经济重要项目而举行的庆典或仪式。

（二）悬挂或摆放中、外国旗的常规

（1）并排升挂两面国旗，应以国旗自身面向为准。一般将外国国旗悬挂在右侧，我国国旗悬挂在左侧。汽车上挂旗，则以汽车行进方向为准，汽车右侧为客方，左侧为主方。

（2）并排升挂三面以上国旗时，应按礼宾序列，自右而左依次升挂。通常，东道国国旗居于末尾。但举行国际会议时，东道国国旗不必居后。我国规定，在中国境内悬挂外国国旗时，必须同时升挂中国国旗，其高度要相等，面积要大致相似，以示彼此相互平等。

国旗象征着国家，在涉外交往中升挂国旗时，绝对不容许将任何一方的国旗弄错或挂错，不允许倒挂。一些国家的国旗由于文字和图案的原因，也不能竖挂和反挂。正式场合悬挂国旗要把正面面向观众。

角色练习

礼宾次序训练

★技能训练目标

（1）通过接待外宾服务练习，掌握接待礼宾次序。

（2）通过接待外宾服务练习，提高礼仪服务的能力。

★技能训练准备

（1）物品准备，如座位牌等。

（2）准备实训场地——会议室。

（3）学生 10 人左右一组，分别扮演服务人员和外宾。

★技能训练步骤

（1）分组练习座位次序摆放。

（2）师生点评、纠错。

（3）分组练习。

（4）师生点评。

特别提示

在涉外迎宾服务时，要特别注意外宾次序。在实际训练时，可以结合站姿、坐姿、引领、见面等礼仪规范系统训练，这样效果会更好。

视野拓展

涉外宗教礼仪

在涉外活动中，旅游服务人员经常会与形形色色的宗教人士接触。因此，掌握一些基本的宗教礼仪知识非常必要。

所谓宗教礼仪，是指宗教信仰者对其信仰的宗教对象表示崇拜与恭敬所进行的行为仪式，以及与宗教信仰密切相关的禁忌与讲究。当今世界存在着很多种宗教，自然也就存在着多种宗教礼仪。在社会生活里，宗教礼仪不仅是各种宗教之间相互区别的显著标志，而且也是各种宗教用以扩大宗教组织、培养人们宗教信仰的重要的常规性手段。因此，旅游服务人员有必要对宗教礼仪在总体上有所认识。

一、重视宗教

在旅游服务过程中，服务人员应当对宗教问题给予一定程度的重视。

（一）宗教影响到习俗

在日常生活里，宗教与人们的风俗习惯相互影响。有的学者认为习俗本身就是退化的宗教，而宗教则是固定化的习俗。在一些宗教具有巨大影响力的国家，这一点表现得尤为显著。

（二）宗教作用到生活

宗教对人们的思想、文化、道德等产生重大影响，甚至直接作用到整个社会政治生活。例如，有的国家的人民大多信仰某种宗教，有的将其确定为本国国教，或实行政教合一的制度。

二、依法办事

不论是接触还是为有宗教信仰的宾客服务，旅游服务人员不得歧视有宗教信仰和没有宗教信仰的宾客。在遵守我国宪法和有关法律、法规的基础上，充分尊重宾客宗教信仰，提供令其满意的服务，但绝不允许任何国外的宗教组织及其所控制的机构以任何形式在我国传教或进行宗教宣传，对非法宗教活动必须制止。

三、注意态度

凡涉及宗教问题或者与宗教界人士进行交往时，旅游服务人员有必要注意自身的态度，给予对方必要的尊重。

尊重外国宗教信仰者。对宗教信仰者的尊重，应当在中国人与外宾面前一律平等。对外宾正当的宗教信仰，服务人员不得制止、干涉或妄加非议。与外宾接触时，倘若涉及宗教问题，不要不懂装懂。参加外宾宗教活动时，一定要尊重外宾的有关讲究与禁忌，不要乱说、乱动、乱模仿或对其指手画脚。

任务评价

序号	任务内容	任务要求	等级	待改进技能	备注
1	礼宾次序	掌握礼宾次序的一般方法			
2	悬挂国旗法	能根据情境正确悬挂国旗			

项目关键词

涉外礼仪原则　涉外服务礼仪　涉外交往活动礼忌　礼宾次序　国旗悬挂法

课后练习题

1. 简答涉外交往礼仪的基本原则。
2. 迎宾服务礼仪的准备工作有哪些要求？
3. 迎宾服务时的礼仪要求有哪些？
4. 涉外引导服务礼仪有哪些规范？
5. 常见的礼宾次序有几种？请详细叙述一下。
6. 涉外活动中悬挂国旗的常规有哪些？

附录一

各国（地区）的习俗与礼仪

一、英国的礼俗

英国人很重视“绅士”“淑女”风度，对于妇女非常尊重，“女士优先”的社会风气很浓。

在日常生活中，英国人注意仪表，讲究着装，男士每天都要刮脸，凡参加社交活动都要穿深色的西装；女士要着西式套裙或连衣裙。

英国人的见面礼是握手礼，戴着帽子的男士在与英国人握手时，要先摘下帽子再向对方示敬。不要与英国人交叉握手，因为那样会形成晦气的十字形，也要避免交叉干杯。与英国人交谈时，应目视对方的头部，并不时与之交换眼神。与英国人交往时，注重用敬语“请”“谢谢”“对不起”等，奉行“不问他人是非”的信条。英国人也不愿接纳别人进入自己的私人生活空间，而是把家当成自己的“私人城堡”。

非工作时间即为“私人时间”，英国人一般不进行公事活动，日常生活绝对按事先安排的日程进行。

英国人说话、办事比较讲传统、重程序，很重视谈判对手的身份、风度和修养。在公关谈判中，通常不太重视谈判的准备工作，但他们能随机应变，能攻善守。

在英国从事公关交际活动时，应注意以下特殊礼俗和禁忌。

（1）不要随意闯入别人的家。若受到对方的邀请，则应欣然前往。这无疑可被理解为对方在发出商务合作可能顺利实现的信号。但在访问时，最好不要涉及商务，要给女士带上一束鲜花或一盒巧克力等小礼物。

（2）给英国女士送鲜花时，宜送单数，不要送双数和 13 枝，不要送英国人认为象征死亡的菊花和百合花。

（3）不要以英国皇室的隐私作为谈资。英国女王被视为其国家的象征。

（4）忌用人像作为商品的装饰。英国人喜欢蔷薇花，忌白象、猫头鹰、孔雀商标图案。

（5）忌随便将任何英国人都称为英国人，一般将英国人称为“不列颠人”或具体称为“英格兰人”“苏格兰人”等。

二、美国的礼俗

美国的见面礼节要比许多国家和地区简单。一般情况下，美国人见面时只需点头示意，相互微笑，或者只是用单词“Hi”互相问候。只有在较为正式的场合下，美国人才会使用握手礼，并且若非亲朋好友，美国人一般不会主动与对方亲吻、拥抱。

美国人的称呼用语也比较特殊，日常生活中他们很少使用全称称呼别人，而是略去其姓氏直呼其名，以示双方关系密切。此外美国人一般不喜欢以职位、职业、官衔称呼对方，而是用“阁下”称呼。在知晓对方的情况下，美国人也不用先生、女士或小姐这类称呼，而是直呼对方的名字。与美国人交谈时，不要涉及个人私事，特别忌谈年龄、收入、婚姻、信仰、物品的价值等。

在美国人的文化审美和习俗中，很多人喜爱和欢迎狗、驴、象等动物。比如美国人认为狗是忠实的动物，很多美国人十分抵触吃狗肉的行为；而驴代表坚强，象代表稳重，因而分别将它们作为民主党、共和党这两大党派的标志。此外美国人十分钟情山楂花与玫瑰花，并且钟爱白色，并将其视为纯洁的象征，在婚礼中，常会身着白色礼服。美国人比较忌讳黑色，黑色主要用于丧葬活动。

在美国人眼中，“13”是凶险、不吉利的数字，并且不喜欢星期五。相传，这是因为耶稣的门徒犹大为了贪图30枚银币而出卖了耶稣。而在意大利著名作品《最后的晚餐》中，出卖耶稣的叛徒犹大站在第十三的位置上，而耶稣遇难的那天正好是星期五。同时，美国人还很忌讳数字“3”。据说在一次战争中，一名士兵划着了火柴为战友点烟，当点到第三根烟时，他不幸被敌人击毙。因此，“一火不点三根烟”成了美国人的习俗，也成了预示死亡的俗语。

三、加拿大的礼俗

加拿大人与别人见面时，一般只握手致意，熟人之间用拥抱礼节，分手时也行握手礼。相互引荐时，是先将男士介绍给女士，将年轻人介绍给年长者，将职位低者介绍给职位高者。熟人相见，直呼其名。握手时，女士、年长者、职位高者先伸出手。

在穿着上，加拿大人在不同的场合讲究不同的着装。在正式场合，如上班、上教堂、观看表演、赴宴等，他们着装整洁、讲究。男子穿西装，女子穿裙服。在参加婚礼时，男子或穿着西装，或穿便装，穿便装时不打领带，女士则不宜打扮得过分耀眼，以免喧宾夺主。到朋友家做客或参加宴会，男子要穿整套深色西装，女士则应穿样式庄重的衣裙，化淡妆，不宜太浓。在非正式场合，他们穿着随意，常着夹衫、圆领衫、便装裤等；女子服装不太讲究面料，但讲究款式新颖、颜色协调、舒适方便。

加拿大人在就餐时，男女主宾一般分别坐在男女主人的右手边。饭前先用餐巾印一印嘴唇，以保持杯口干净。进餐时，左手拿叉，右手拿刀，刀用完后，放在盘子边上。吃东西时不要发出声音，不宜说话，不要当众用牙签剔牙，切忌把自己的餐具摆到他人的位置上。加拿大人认为正确、优雅的吃相是绅士风度的体现。

加拿大人在交谈时，会和颜悦色地看着对方。喜欢谈经济文化发展、天气、体育、旅游、风俗等话题。不谈年龄、收入、家庭状况、婚姻状况、女士体重等私人生活问题，不谈政治、宗教等社会敏感问题。他们不喜欢别人把他们的国家和美国进行比较，尤其是拿美国的优越方面与他们相比。在公共场所不可大声喧哗、乱扔废弃物。在乘坐公共交通工具时，主动给老人、儿童让座，上车要排队。

加拿大人时间观念强，一般要事先约定见面事宜，并准时赴约。公务约会一般在餐馆，宴会举办一般在饭店、俱乐部。加拿大人在生日、结婚、分别等都要送礼，讲究礼品包装，一般用彩色礼品纸包裹，扎彩带，装饰彩花，礼品上附有签名贺卡。

加拿大人忌讳数字“13”和“星期五”。忌打破玻璃制品；忌打翻盐罐；忌说“老”字，养老院称“保育院”，老人称“高龄公民”。白色百合花用于丧礼，不能用于一般礼品。

四、法国的礼俗

对于法国人来说社交是人生的重要内容，没有社交活动的生活他们是难以想象的。

法国人见面打招呼，最常见的方式莫过于握手。握手时间不应过长，也不宜使劲晃动。一般是女子向男子、年长者向年幼者、上级向下级先伸手。法国是一个公认以吻表示感情的国家。亲友同事间是贴贴脸颊，长辈对小辈是亲额头，爱人情侣间才接吻。法国人善于雄辩，高谈阔论，好开玩笑。

法国人着装讲究，注重搭配。在正式场合，法国人通常要穿西装、套裙或连衣裙，颜色多为蓝色、灰色或黑色，质地则多为纯毛。出席庆典仪式时一般要穿礼服，男士穿配以蝴蝶结的燕尾服，或是黑色西装套装；女士穿连衣裙式的单色大礼服或小礼服。在选择发型、手袋、帽子、鞋子、手表、眼镜时，都十分注重与自己的着装搭配相协调。

与法国人打交道，约会必须事先约定，并且准时赴约，被邀请参加大型晚宴派对，最礼貌的方式就是在当天早上向男主人或女主人送去鲜花。法国人忌讳男人向女人送香水，因为这有过分亲热和图谋不轨之嫌。他们还不愿意别人打听他们的政治倾向、工资待遇以及个人的私事，在同客人谈话时，总喜欢相互站得近一点，他们认为这样显得更为亲近。

法国人大多信奉天主教，其次才是基督新教、东正教和伊斯兰教。忌“13”和“星期五”。忌黄色和墨绿色。忌孔雀和仙鹤。视菊花、杜鹃花、核桃等为不祥之物。法国家庭对小动物宠爱有加，不惜耗费巨金收买哺养。他们偏爱公鸡，将其用作“光明”的象征。他们还非常喜爱鸢尾花，认为它是自己民族的骄傲，是权力的象征、国家的标志，并敬其为国花。

五、德国的礼俗

在德国按规则办事被视为做人的一种美德。比如参加约会或商务会议时，大多数德国人都极为准时，即使是几分钟的延误也会被认为是粗鲁的行为。德国人在许多场合要行握手礼，尤其是在问候和道别的时候。按照惯例，一个人加入一个团体时，他要和每个人握手。与德国人握手时，要特别注意两点：一是握手时务必要坦然地注视对方；二是握手的时间宜稍长一些，晃动次数宜稍多一些，握手时所用的力量宜稍大一些。此外，与亲朋好友见面时，德国人往往会行拥抱礼。在交际场合中，他们对于交叉握手或进行交叉谈话是比较反感的，这两种行为都被看作是不礼貌的。

德国人重视称呼语。对德国人称呼不当，通常会令对方大为不快。一般情况下，切勿直呼德国人的名字，德国人十分注重头衔，认为它属于一个人的名字一部分，在称呼时一定要不忘使用其头衔，这被视为尊重对方的一种做法。私人聚会时，年长的一方一般会先提议对方使用非正式的“du”（你）来称呼彼此。在商务场合，就与年龄和性别无关了，职位高的一方总是会首先提议用“du”（你）来称呼彼此。在和同事相处的时候，可以称呼对方的名字。

当被德国人邀请参加社交活动时，要给主人带鲜花。如果是用纸包裹的鲜花，要在进入房屋前取下包装。向德国人赠送礼品时，不宜选择刀、剑、剪、餐刀和餐叉。

六、俄罗斯的礼俗

俄罗斯人在人际交往中，素来以热情、豪放、勇敢、耿直而著称。在交际场合，初次会面时行握手礼，对于熟悉的人，尤其是在久别重逢时，他们则大多要与对方热情拥抱。在迎接贵宾之时，俄罗斯人通常会向对方献上“面包和盐”，以示给予对方极高的礼遇，来宾则要欣然接受。

在称呼方面，在正式场合，他们采用“先生”“小姐”“夫人”之类的称呼，对有职务、学衔、军衔的人，最好以其职务、学衔、军衔相称。与初次见面的宾客打交道时，或是非常正规的场合，要将俄罗斯人的姓名连在一起称呼。

俄罗斯人讲究仪表，注重服饰。在俄罗斯民间，已婚妇女必须戴头巾，并以白色的为主；未婚姑娘则不戴头巾，但常戴帽子。

俄罗斯人在用餐时，多用刀叉。他们忌讳用餐时发出声响，并且不能用匙直接饮茶，或让其直立于杯中。通常，他们吃饭时只用盘子，而不用碗。

俄罗斯人信奉东正教，视东正教为国教。他们有“左主凶右主吉”的传统思想，认为左手握东西或递东西、食物等是失礼行为。在数目方面，俄罗斯人最偏爱“7”，认为它是成功、美满的预兆。对于“13”与“星期五”，他们则十分忌讳。在俄罗斯，被视为“光明象征”的向日葵最受人们喜爱，它被称为“太阳花”，并被定为国花，拜访俄罗斯人时，送给女士的鲜花宜为单数。

七、阿拉伯人的礼俗

阿拉伯人初次见面时多行握手礼；同性亲朋好友见面时行亲吻礼；关系特别亲密的男士见面时要互相贴面，先贴左脸颊，再贴右脸颊，之后再贴一下左脸颊，以示友好；彼此熟悉或合得来的女士之间平时行握手礼，久别重逢时则互相亲吻对方的脸颊，先亲一下对方的右脸颊，再亲一下左脸颊，之后再亲一下右脸颊。此外，部分阿拉伯国家的一些地区还有特殊的见面礼节。例如，一些科威特人见面时，除了握手外，还喜欢吻对方的额头和鼻子。因为信奉伊斯兰教的阿拉伯人做礼拜时，额头和鼻子是头部最先着地的部位，吻这两个部位，一是表示尊重对方，二是期望双方吉祥如意。

大多数阿拉伯人家庭讲究家庭礼仪，敬重双亲，尊老爱幼，亲人之间互相关心，互相帮助。不过，在一些男尊女卑的传统观念较严重的阿拉伯人家庭里，男主女从的现象普遍存在。阿拉伯人讲究公共道德，出门时衣冠整洁，购物自觉排队，在公共场合特别尊重妇女，在公共汽车上为老人让座等。当人们相遇时，步行者先问候骑乘者，年轻者先问候年长者，行者先问候坐者，后到者先问候先到者，个人先问候大家等。

阿拉伯人具有好客的优良传统，他们不仅逢年过节会邀请亲朋好友到家里做客，盛情款待，而且对于素不相识的不速之客和萍水相逢的过路人，也同样以礼相待。倘若有谁待客冷淡或将远方客人拒之门外，则被认为有伤风化，会受到众人的批评。

大袍是阿拉伯人的传统服装。大袍衣袖宽大，袍长至脚。它既是平民百姓的便服，也是达官贵人的礼服。阿拉伯男子多穿白色大袍，而阿拉伯妇女常穿黑色大袍，同时各国阿拉伯人的衣着又有所区别。如沙特阿拉伯、科威特、阿联酋和巴勒斯坦等国的男士，常用白布缠头，并套上一个黑色头箍。而也门人、阿曼人和毛里塔尼亚人只包头巾、不戴头箍。埃及、利比亚和阿尔及利亚等国的男子很少包头巾，常戴高筒毡帽。此外，也门、阿曼、阿联酋等国流行男士穿裙子，女士穿裤子，而利比亚、突尼斯等国的男士则喜欢穿肥大的灯笼裤。

埃及、利比亚、叙利亚、伊拉克等阿拉伯国家的不少知识分子和公务人员，上班时西装革履，回到家中再换上传统服装。不少年轻人则常穿 T 恤衫、牛仔服、夹克衫等。

阿拉伯各国妇女的衣着也有所不同。如沙特阿拉伯妇女的黑袍是一件宽大的黑斗篷；埃及妇女的黑袍可穿、可披；利比亚妇女外出时，常用一块布（城市妇女多用白布，农村妇女喜欢用花布）把全身裹得严严实实。

阿拉伯人吃饭、握手或传递物品时均用右手，而忌用左手递给别人东西和用左手行握手礼等。

八、日本的礼俗

日本是一个注重礼仪的国家。在日常生活中，都互致问候，脱帽鞠躬，表示诚恳、亲切。初次见面，向对方鞠躬 90 度，而不一定握手。如果是老朋友或比较熟悉的人就主动握手，甚至拥抱。遇到女宾，女方主动伸手才可以握手。如果需要谈话，应到休息室或房间交谈。日本人一般不用香烟待客，如果客人要吸烟，要先征得主人的同意。

日本人注意穿着打扮，平时穿着大方整洁。在正式场合一般穿礼服，男子大多穿深色西服套装，女子穿和服。在天气炎热的时候，不随便脱衣服，如果需要脱衣服，要先征得主人的同意。

在日本，“先生”的称呼，只用来称呼教师、医生、年长者、上级或有特殊贡献的人，如果对一般人称“先生”，会让他们感到难堪。

茶道，是日本人用来修身养性、交际而特有的沏茶、品茗的高尚技艺，是一种讲究礼仪、陶冶情操的民间习俗。他们喝茶不直接把茶叶放进茶杯，而是放到小巧玲珑的茶壶里。倒的时候，用一个小过滤网防止茶叶进入杯里，而且总是半杯为敬，一般不再续茶。

不管家里还是餐馆里，座位都有等级，一般听从主人的安排就行。日本商人比较重视建立长期的合作伙伴关系。他们在商务谈判中十分注意维护对方的面子，同时希望对方也要注意维护他们的面子。

日本人主要信奉神道教和佛教，少数信奉基督教和天主教。

日本人不喜欢紫色，认为这是悲伤的色调，最忌绿色，认为是不祥之兆；忌荷花图案，认为是妖花；忌“9”“4”等数字。赠送礼品的时候，不要赠数字为“9”的礼物，因为日语里“9”的读音和“苦”一样。“4”的发音和“死”相同，所以在安排食宿时，要避开 4 层楼 4 号房间 4 号餐桌等。日本商人还忌讳“2 月”“8 月”，因为这是营业淡季。

九、韩国的礼俗

韩国人在交往活动中，握手讲究使用双手，或是单独使用右手。在晚辈、下属与长辈、上级握手时，后者伸出手来之后，前者须先以右手握手，随手再将自己的左手轻置于后者的右手之上。在韩国，妇女一般不与男士握手，以点头或是鞠躬作为常见礼仪。在称呼上多使用敬语和尊称，很少会直接称呼对方的名字。

韩国人与长辈吃饭时，不会先动筷子，不可以用筷子对别人指指点点，用餐完毕后会将筷子整齐放在餐桌的桌面上。吃饭时，不宜高谈阔论。吃东西时，嘴里不发出太大的响声。在韩国人的家里宴请时，宾主一般都是围坐在一张矮腿方桌周围，盘腿席地而坐。在这种情况下，切勿用手摸脚、伸直双腿，或是双腿叉开，这些都是不礼貌的行为。

韩国人珍爱白色。国花是木槿花，松树为国树。忌讳数字“4”和“13”，因为“4”和“13”的发音与“死”相同。在赠送礼品时，韩国人多选择鲜花、酒类和工艺品。

附录二

世界各国国花与花语

鲜花作为礼品越来越受现代人青睐。我们应了解各种花卉的寓意，从而正确地选用，使其恰到好处地传情达意。

一、世界部分国家国花

德国国花——矢车菊
土耳其国花——郁金香、康乃馨
泰国国花——金链花
英国国花——玫瑰
新加坡国花——万代兰
加拿大国花——糖槭树花
马来西亚国花——扶桑
尼泊尔国花——杜鹃花
日本国花——樱花
瑞典国花——铃兰
韩国国花——木槿花
荷兰国花——郁金香
巴基斯坦国花——素馨花
意大利国花——雏菊
美国国花——玫瑰
阿根廷国花——赛波花
法国国花——鸢尾花
葡萄牙国花——薰衣草
希腊国花——橄榄花
比利时国花——虞美人
墨西哥国花——仙人掌、大丽花
西班牙国花——石榴花

二、花意花语

不同国家、不同民族的花卉用语虽然不尽相同，但其象征意义大致相近。

红玫瑰——象征真挚而纯洁的爱。

白玫瑰——象征敬仰与崇高。

粉红玫瑰——表示初恋。

康乃馨——象征温馨与母爱。

向日葵——象征光明与活力。

天堂鸟——象征幸福、自由与吉祥。

白百合——象征神圣与友谊以及对事业的支持。

郁金香——象征圣洁与胜利。

马蹄莲——象征吉祥如意、永结同心。

紫罗兰——象征永恒的美与青春永在。

三、节日适宜的花卉

春节（农历正月初一）——松、竹、梅、百合、桃花、蝴蝶兰。

情人节（2 月 14 日）——红玫瑰、郁金香、满天星、白丁香、马蹄莲、紫罗兰、红掌。

清明节（4 月 5 日前后）——金鱼花、满天星、文竹、柳枝、柏枝。

母亲节（每年 5 月的第二个星期日）——粉色或红色康乃馨，茉莉、牵牛花、勿忘我。

父亲节（每年 6 月的第三个星期日）——黄色或白色的玫瑰花，柳枝、黄杨。

端午节（农历五月初五）——菖蒲、跳舞草。

中秋节（农历八月十五）——芒草、石楠花。

教师节（9 月 10 日）——蔷薇、木兰花、悬铃木。

圣诞节（12 月 25 日）——一品红、太阳菊。

四、特殊场合适用的花卉

开幕式、庆典仪式等场合，可送红色玫瑰、剑兰、石竹、郁金香等，多以花篮的形式，还应配上有祝词的红绸丝带。

宴会、酒会等场合，应以红色鲜花为宜，最好选择花篮或花束的形式。

生日、祝寿等场合，可以选择兰花等，可选用花束、盆景、盆花的形式。

葬礼时，应送菊花、百合花、夜来香、玫瑰等，颜色以白色、黄色为好，对年龄长者可选择紫色，多以花圈形式出现。

五、花朵数字的含义

1 朵——你是我的唯一，对你情有独钟。

2 朵——我眼中的世界只有我俩。

3 朵——我爱你，一日不见如隔三秋。

4 朵——誓言，承诺，山盟海誓。

5 朵——我的爱恋无怨无悔。

6 朵——顺顺利利。

7 朵——期盼牵挂你的人是我，是我，还是我。

8 朵——大吉大发，寓意财源茂盛。

9 朵——爱情天长地久。

10 朵——十全十美，我的爱恋实实在在。

11 朵——一心一意。

12 朵——心心相印，每月思念对方。

13 朵——暗恋。

14 朵——我的爱一生一世。

17 朵——好聚好散。

18 朵——我俩的爱地久天长。

19 朵——一世长久，此情不渝。

20 朵——此情不渝，永远爱你。

21 朵——最爱，合二为一。

22 朵——两情相悦。

24 朵——日思夜想。

29 朵——我俩的情义天长地久。

33 朵——我爱你，三生三世。

36 朵——我心属于你。

44 朵——事事如意，爱你生生世世。

50 朵——无怨无悔。

56 朵——吾爱。

57 朵——我爱我妻。

60 朵——分分秒秒我爱你。

66 朵——真爱不变，情场顺利。

77 朵——相识自是有缘。

88 朵——我俩的爱环环相扣。

99 朵——长相厮守，天长地久。

100 朵——白头偕老。

101 朵——你是我唯一的爱。

108 朵——请嫁给我吧。

110 朵——我的爱，求助你的声援。

111 朵——无尽的爱。

119 朵——我的爱十万火急。

144 朵——爱你生生世世。

365 朵——天天想你、爱你。

999 朵——天长地久，长长久久。

1000 朵——无尽的爱。

1001 朵——我俩的爱，千年等一回。

10000 朵——爱你一万年。

参考文献

［1］金正昆．商务礼仪教程［M］．北京：中国人民大学出版社，2009.
［2］黄玉华，牛立萍．商务礼仪［M］．北京：科学出版社，2013.
［3］栗书河．饭店服务礼仪训练手册［M］．北京：旅游教育出版社，2006.
［4］邵斌，张春雨．商务礼仪与职业形象［M］．南昌：江西高校出版社，2011.
［5］董乃群．社交礼仪实训教程［M］．北京：北京交通大学出版社，2011.
［6］韩旭．社交与礼仪学习指导［M］．北京：人民邮电出版社，2012.
［7］周思敏．你的礼仪价值百万［M］．北京：中国纺织出版社，2009.
［8］张岩松，李桂英．现代商务礼仪［M］．北京：清华大学出版社，2009.
［9］李莉．现代酒店礼仪规范［M］．长沙：湖南科学技术出版社，2005.
［10］李霞．商务礼仪实务［M］．北京：清华大学出版社，2009.
［11］赵金玲，潘雪梅．旅游服务礼貌礼节．修订 4 版．北京：旅游教育出版社，2021.
［12］汝勇健．沟通技巧．北京：旅游教育出版社，2019.
［13］国家旅游局人事教育司．旅游服务礼貌礼节．修订 6 版．北京：旅游教育出版社，2018.